规划大学

大学四年高效度过指南

大学新生
教育读本

《规划大学》编委会 ☆ 主编

图书在版编目(CIP)数据

规划大学 /《规划大学》编委会主编. -- 上海：上海财经大学出版社, 2024. 8. -- ISBN 978-7-5642-4435-4

I. G645.5

中国国家版本馆 CIP 数据核字第 20244181U6 号

□ 责任编辑　朱晓凤
□ 封面设计　贺加贝

规 划 大 学

《规划大学》编委会　主编

上海财经大学出版社出版发行
（上海市中山北一路 369 号　邮编 200083）
网　　址：http://www.sufep.com
电子邮箱：webmaster@sufep.com
全国新华书店经销
上海颛辉印刷厂有限公司印刷装订
2024 年 8 月第 1 版　2025 年 8 月第 4 次印刷

710mm×1000mm　1/16　19.5 印张（插页:2）　308 千字
定价：78.00 元

编委会

主 编
陈半光

副主编
张怀鑫　张家祥
潘　杰　张宏辉

编委会成员

陈红兵	邱　飞	冯　昊	盖均超	高　雯	葛　欢
李皓月	李天瑜	蒋　峰	李秋虹	李金凤	林舒思
林　莹	梁玉荣	莫　佳	秦　婧	沈　超	施春燕
孙俊芳	田蒙燕	武胜军	吴玉涛	王　蕴	卫广麒
夏恩馨	邢文馨	薛　靓	赵倩莹	姚正平	严　芳
苑霞霞	张　露	张　秦	张瑞桐	赵婉汝	庄　美

序

大学生涯是大学生从传统意义上的学生转化为一个合格职业人的过程,这一特殊的任务决定了大学生不但要完成学习知识、提升素质的人生任务,还要实现积累知识、提高技能、顺利就业的目标。大学生活顺利与否直接影响着学生的未来发展,如何支持学生顺利适应大学生活,善用大学资源,快速让学生成长,离开校园的时候顺利开启职业生涯,成为高校学生培养的重要任务。

大学生涯中每个年级、每个关键阶段皆有其需要完成的生涯任务,前一个阶段任务完成的质量关乎下一个阶段任务能否顺利完成,比如:大学生入校之后能够很好地适应新校园环境和角色转换,会为下一阶段的大学生活打下良好的基础。因此,大学是什么?如何走好大学第一步?大学阶段每一个学年的重要任务是什么?如何实现每个学年的目标等这些问题自然成为大学生需要思考进而行动以实现目标的问题。全程化的生涯教育和就业指导成为高校学生工作的必然。

欣闻《规划大学》即将出版,作为三十多年来从事高校学生教育工作和大学生职业发展与就业指导全程化研究的教师,我非常敬佩编委会老师们的敬业精神,也特别感谢老师们为大学生成长所做出的努力,在实践的基础上将大学四年各阶段的任务梳理出来组成的"大学四年高效度过指南",覆盖了大学新生活适应、角色转变、学业规划、社团活动、社会实践、保研考研、考公考编、出国留学、求职就业和职场适应等方方面面。为初入大学校门,怀揣梦想又懵懵懂懂的莘莘学子提供了大学生活的指南,不但让学生们知道什么时间需要做什么和如何做,清晰的指导可以让同学们少走很多弯路;也可以为老师们,特别是辅导员、班主任等同仁们提供有效的工作思路和方法，极大地提高工作效率；更为重要的是，为初涉职场的老师们提供了清晰的工作地图，从此不需要在迷茫中摸索，而是能够明确地帮助学生在大学生涯的每一个阶段有效地实现生命的成长与蜕变。同时，这本书也可以为不知道如何帮助孩子更好成长而干着急的家长们提供方向性的帮助，了解大学生活，有效地指导孩子清晰自己大学的主要任务，支持孩子顺利完成学业、成功开启职业生涯。

对大学生而言，这是一本大学生涯发展地图；对大学老师而言，这是一本高效的工作手册；对家长而言，这是与孩子有效沟通的桥梁，相信《规划大学》的问世会让我们的学子们学习更加轻松，老师们工作更加高效，家长们对孩子更加放心和安心。

再次感谢编委会老师们的贡献！

教育部就业创业专家、"职业指导金手指奖"获得者　蒋建荣
2024 年 6 月 26 日于南开园

以终为始　规划大学

"凡事预则立,不预则废。"对于每一个人来说,想要最终达成一个目标,都离不开科学合理的规划、有效的时间管理、强大的执行能力和高超的应对策略。

"以终为始,久久为功。"我们最终想要什么结果,就可以这个结果为导向倒推,并为实现这个结果做出对应的准备和努力。想要保研,那就需要提前规划,从大一开始就设定保研这个终极目标,根据保研上岸所需的绩点、科研、英语、竞赛等各项必备条件,倒推出每个学年、每个学期甚至每个月需要完成的任务,坚持不懈,最终成功上岸。

《规划大学》不是一本偏重理论教学的职业规划书,没有涉及太多繁复的理论阐释,而是一本侧重"拿来就用"的实操性学业规划指南。全书以新生入学就读的时间线为轴,按照学年将大学生从大一到大四会碰到的诸多主要问题予以全面而深入的分析。从疑惑分析到解决方案,鼓励学生们提前进行规划,谋定而后动,以避免走弯路或陷入本可避免的窘境,从而更加高效、妥善地应对大学生活中的各种挑战。

《规划大学》一书,从覆盖绝大多数同学的考研、保研、出国深造、考公考编、就业五个主要毕业去向为着眼点,将这些终极任务系统分解,对应到每个学年、每个学期需要达成的短期目标:考四六级、参与科研、参加竞赛、准备简历……步步深入,层层递进,为学生的学业规划与职业规划提供强大助力。

《规划大学》提供的只是方向和建议，不一定适合所有人。但相信可以给即将进入大学的"准大学生"和大一新生一些指导，给处于迷茫期的低年级同学一些帮助，给茫然不知何处去的高年级同学一些建议，给想搭一把手却怕帮倒忙的孩子家长一些启迪。

每一个令人羡慕的成果背后，都隐藏着无数次的坚持与努力。成功从来不是一蹴而就、一劳永逸的。在你驾驭奋斗之舟乘风破浪、奔赴梦想之岸的时候，既要保持航向正确，同时也需要保持积极乐观的心态和坚韧不拔的毅力和耐心。纵有乌云一时遮望眼，你也能在狂风骤雨后迎着彩虹继续前行，最终抵达梦想彼岸。

祝愿所有同学都能在大学里学业有成，前程似锦！

编　者
2024 年 7 月于上海

目　录

大一篇

大一　挑战与适应
第一节　迎接挑战 ……… 003
第二节　攻克"四大难关" ……… 009
第三节　学业至上 ……… 013
第四节　打造社交圈 ……… 029
第五节　投身实践 ……… 038
第六节　遵纪守法，不踩"红线" ……… 050

大二篇

大二　探索与发展
第一节　初步确定发展方向 ……… 058
第二节　考试与证书 ……… 086
第三节　了解论文、科研与竞赛 ……… 102
第四节　修读双学位 ……… 128

第五节　实践活动　·········　132
第六节　参军入伍　·········　138

大三篇

大三　提升与冲刺
第一节　明确自己的发展方向　·········　147
第二节　继续提升学习　·········　184
第三节　着手论文与科研　·········　187
第四节　参加校内外实践　·········　193

大四篇

大四　飞跃与奔赴
第一节　毕业实习与毕业论文　·········　199
第二节　毕业去向　·········　206
第三节　就业扶持政策　·········　267
第四节　就业流程与档案管理　·········　272
第五节　就业指导与服务　·········　280
第六节　平稳度过职场新手期　·········　289

大一篇
挑战与适应

» 迎接挑战

» 攻克"四大难关"

» 学业至上

» 打造社交圈

» 投身实践

» 遵纪守法,不踩"红线"

第一节　迎接挑战

亲爱的大一新生,欢迎进入大学!

相较于高中教室—食堂—宿舍"三点一线"、单一的学习生活,四年的大学生活将更加多元、更加自主、更加丰富多彩。

在大学期间,你将学习更加深入和专业的知识,培养自己的批判性思维、解决问题的能力和创新精神;你将通过参与各种社团、活动、实习,培养自己的领导能力、团队合作精神和社交能力;你将结识很多志同道合的朋友,亦师亦友的老师,搭建起自己崭新的人脉圈;你将参加各种学术竞赛、学术研讨会为未来的职业发展打下良好基础。

大学四年,将是你人生中一个重要的学习阶段,也是你自我成长和发展的重要阶段。因此,合理规划大学四年生活对于你的成长和未来发展至关重要。

每到毕业季,我们都会找一些毕业生开个茶话会,了解他们大学四年的感受和得失。在聊天的过程中,不时听到他们后悔的声音:悔不该把过多的精力投入游戏中而导致挂科不断、绩点难看;悔不该沉溺于谈情说爱而忽视了学习本身;悔不该浪费太多的时间去进行一些没必要的社交,耽误了实习、竞赛、考研……可惜世上没有后悔药可买。

《礼记·中庸》有云:"凡事豫(预)则立,不豫(预)则废。言前定则不跲,事前定则不困,行前定则不疚,道前定则不穷。"做任何事情,事前有准备就可以成功,没有准备就可能会失败。

大学四年的学习也是如此。我们唯有做好合理的规划,明确自己的目标和努力方向,合理安排时间和精力,该学习学习,该休息休息,该实践实践,才能有效输出、事半功倍、无怨无悔。

一、大学大不同

从高中生到大一新生,我们的身份有了一个明显的转换。随着身份转换,我们会发现,即将开始的大学生活与我们非常熟悉的高中生活发生了很大的变化。

(一)学习上的改变

1. **学习方式的改变**：在中学阶段，班主任老师通常会统筹安排学生的学习内容、学习进度、学习计划，并监督检查学生的学习进度、学习效果。而相对于中学老师统筹安排好的"填鸭式"教学，大学老师则不再"贴身"监督、指导学生们的学习。学生需要培养自我管理和自我学习的能力，根据课表自己制订学习计划，自行安排学习时间，主动学习，独立完成作业和课程任务。

2. **教学方式的改变**：在中学阶段，出于高考应试的需求，老师可能会为学生详细讲解题目的解题步骤、解题难点，甚至反复强调模拟，力求学生能够举一反三，完全掌握。而大学的课程内容更加深入和专业化，学习任务更多，学习进度更快。这就需要学生适应这一教学方式的改变，注重自主学习和独立思考，课前预习，课后复习，主动探索和研究课程内容，并学会利用各种学习资源和工具。

3. **学习目标的改变**：在高中阶段，学生的奋斗目标就是挤过独木桥，考上一所好大学；而到了大学，学习专业知识，提升自己的各项能力，为最终的成功就业做好准备就成了新的学习目标。

4. **学习环境的改变**：大学的学习环境通常比高中更加自由和开放。在高中阶段，学习基本上局限于自己的教室；而到了大学，你将面对更多的学科选择和课程要求，由于选择课程的不同，授课地点也将在不同的教学楼、实验室、体育馆、图书馆等交叉进行，这就要求我们适应这种变化，做好时间管理和应对之策。

5. **评估方式的改变**：在高中阶段，学习成果的验收大部分是通过试卷测评的形式；而到了大学，考试评估方式通常不仅仅是考试，还包括课程论文、项目演示等形式。新生需要适应这种多元化的评估方式，积极参与互动和合作，学会独立完成研究和写作任务，展示自己的学习成果。

(二)生活上的改变

从高中进入大学，学生通常会离开家庭，大部分时间需要独自生活在学校或外地,需要独立面对、处理生活中的各种问题,如活动安排、卫生管理、物资采购、饮食安排、资金管理、健康管理等。这对很多习惯了高中阶段"后勤司令"全面保障的大一新生来说,有一个很大的心理落差。这就需要新生尽快摆脱过去对家长的依赖心理,学会独立生活、自主决策、自我管理。

大一新生李明,来自一个温馨的小家庭,高中时期,父母为他打理好一切,从学习到生活,他几乎不需要为任何事情操心。然而,当他踏入大学校园的那一刻起,一切都变得不同了。

高中时,他的课余时间大多被父母安排去参加各种补习班或兴趣班,而在大学,他需要自己决定是参加社团活动、学术讲座还是进行自主学习。这种转变让他感到有些迷茫,但也激发了他要自主规划时间的意识。

以前,家里的卫生都由母亲打理得井井有条,而现在,他需要自己打扫宿舍、整理衣物。起初,他对此感到有些手足无措,但随着时间的推移,他逐渐学会了如何保持环境的整洁和舒适。

高中时,他只需要告诉父母需要什么,父母就会为他购买。而在大学,他需要自己学会挑选商品、比较价格,甚至学会砍价还价。这些新的经历让他逐渐成熟起来。

资金管理对李明来说也是一个全新的挑战。高中时,他从未关心过家里的经济状况,而现在,他需要学会管理自己的生活费和零花钱。在经历了一个月严重超支之后,他制订了预算计划,并努力控制支出,避免不必要的浪费。这种经历让他更加珍惜每一分钱,也让他对未来的生活有了更清晰的规划。

总的来说,从高中进入大学对李明来说是一个充满挑战和机遇的过程。他逐渐摆脱了过去的依赖心理,学会了独立生活、自主决策和自我管理。这些经历不仅让他更加成熟和独立,也为他未来的生活奠定了坚实的基础。

(三)人际交往的改变

进入大学后,学生们的人际交往通常会发生很大变化。在高中,学生一般与同班同学和任课老师交往较多,社交圈相对较小。而进入大学,学生除了会遇到来自不同地区、不同背景、不同性格的同学，也会遇到各个院系、专业的教授学者，再加上大学环境的包容开放，与社会上各个职业身份的人进行交往都是有可能的，因此有更多的机会与不同的人建立联系。

二、了解校训与专业

大一新生在填报志愿的时候，可能通过学校官网、公众号、招生宣讲会、学校宣传资料、新媒体等途径了解了自己的大学、院系和所报专业的一些基本信息，如大学的历史、地理位置、规模、办学理念、院系设置、师资力量、学科建设等情况，对于自己在大学的学习与生活也有了一定的认知和预期。但仅仅这些还不够，同学们在进校后还需要继续了解一些你以前没有掌握的关键信息，为自己的大学学习生活和未来的职业规划做好准备。

首先，理解校训。

校训是一所大学的精神象征，它承载着学校的价值观和文化传统，凝练了学校的办学理念和核心价值，具有概括性和激励性。校训通常由简短的语句组成，包含了学校的办学理念和对学生的期望。通过校训，学校向内部师生传递的积极向上的精神信念，激励着师生们积极进取，勇攀高峰。同时，校训也是学校文化传统的一部分，代代相传，传承不衰。

校训是大学的行为准则，它规范了学校成员的行为和行事风格。每所大学都有自己独特的校训，它代表了学校的特色和形象，是学校文化的重要组成部分。校训蕴含了对学生、教师和管理者的期望，引导他们树立正确的世界观、人生观、价值观和行为规范，鼓励学生积极进取，努力学习，做一个有担当的人。同时，校训也对教师提出了要求，要求他们在教书育人的过程中，秉持着学校的价值观和理念，为学生树立榜样。通过校训，学校向外界展现了自己的精神风貌和价值取向，树立了学校的良好形象，吸引了更多的学生和教职员工加入学校这个大家庭中来。

校训蕴含了对学生的教育理念和期望，它要求学生在学业上追求卓越，在品行上锤炼自我，在实践中践行社会责任。通过校训的熏陶，学生可以树立正确的人生目标和行为准则，培养积极向上的品格和乐观向善的心态，增强社会责任感和使命感。

其次，了解专业。

在当今竞争激烈的社会中，了解自己所学专业的必要性和对未来职业发展的重要意义变得越来越重要。对于每个大学新生来说，了解自己所学专业的意义在于确定自己的职业方向、提高自己的职业能力、增强自信心和追求职业发展的成功。

1. 了解自己所学专业的必要性在于确定自己的职业方向。通过深入了解自己所学专业的知识和技能，我们可以更好地理解自己的兴趣和潜力所在。例如，如果我们对计算机科学感兴趣并且具备相关技能，那么我们可以选择从事与计算机相关的职业，如软件工程师或数据分析师。

2. 了解自己所学专业对未来职业发展的重要意义在于提高职业能力。随着科技的不断进步和行业的不断发展，我们需要不断更新自己的知识和技能，以确保自己在职场上保持竞争力。通过深入了解自己所学专业的知识和技能，我们可以更好地掌握相关的专业知识和技术。这可以帮助我们提高职业能力，更好地适应职业发展变化，使我们在将来的工作中保有核心竞争力。

3. 了解自己所学专业对未来职业发展的重要意义还体现在增强自信心方面。通过深入了解自己所学专业的知识和技能，我们可以更好地了解自己的优势和能力，可以更有信心地与他人交流和合作，更有信心地面对职业挑战，更有信心地追求自己的职业目标。

三、转换七步走

从高中生到大一新生身份的转换是一个重要的过程，很多学生在进入大学后没有认识到这个转换的必要性和重要性，从而导致在后面的学习、生活上走了很多的弯路。以下一些建议可以帮助你成功地完成这个转换。

1. **调整心态**：要充分意识到你已经进入了大学阶段，不再是高中生，要对自己有更高的期望和要求。积极适应新的学习和生活方式，接受新的挑战和责任。

2. **独立生活**：大学生活通常需要更多的自理能力和独立性。要学会管理自己的时间、处理日常事务、解决问题等。尽量减少依赖家人的程度，自己承担更多责任。

3. **学业规划**：制订一个学习计划，了解自己的学习目标和课程要求。合理安排时间，确保能够兼顾学习和其他活动。积极参与课堂讨论，主动与教授和同学互动。

4. **社交活动**：大学拥有一个相对更加开放的社交环境，尽早参与各种社团、学生组织和学术活动，结识新朋友，建立自己的社交网络。积极参与学校的社会实践活动，扩展自己的视野和经验。

5. **健康管理**：保持良好的身体和心理健康非常重要。合理安排作息时间，保证足够的睡眠和休息；均衡饮食，保持适量的运动，以及寻求必要的心理支持和咨询。

6. **学习资源**：利用大学提供的学习资源，如图书馆、实验室、辅导中心等。学会使用学习工具和软件，掌握信息检索和学术写作的技巧。

7. **目标规划**：思考自己的职业目标和兴趣，为未来做好规划。利用大学提供的实习和就业资源，积极参与实践机会，为将来的就业或继续深造做准备。

因此，面对从高中到大学的转换，大一新生们在迎接变化的同时更要适应变化，要保持积极的生活态度和努力的学习态度，不断培养下列能力。

1. **高效学习能力**：大学学习与高中有很大的不同，需要掌握更高的学习能力。学会高效学习、整理笔记、制订学习计划和解决问题的能力。

2. **时间管理能力**：大学生活相对自由，需要学会合理安排时间，平衡学习、社交、兴趣爱好和个人发展等各个方面。

3. **自我管理能力**：学会独立生活，如保持卫生、健康饮食、规律作息等。同时，也要学习管理自己的情绪，寻找适合自己的心理调节方法。

4. **人际交往能力**：大学是一个广泛交流的平台，学会与不同背景的人交流、合作和建立人际关系是十分重要的。

5. **解决问题能力**：遇到问题时，学会分析和解决问题的方法，包括寻求适当的帮助。

6. **积极主动的态度**：培养积极主动的态度，参与校内外的活动、社团和志愿者工作，拓宽自己的视野和人际网。

第二节　攻克"四大难关"

一、攻克方言关

很多大学生到异地求学、生活,在想要快速融入同学、学校、城市时,会碰到一个拦路虎——"方言"。尤其是对一些相隔千里求学的学生来说,更是一个极大的挑战。

大一新生张浩,来自东北的一个小城市,高考后成功考入了位于上海的某知名大学。初到上海,张浩满怀期待,希望尽快适应这个繁华都市的生活,并与新同学建立良好的关系。然而,他很快发现,语言成了他融入新环境的一大难题。

上海的方言与东北话有着天壤之别,张浩在听上海当地的同学们用上海话交流时,往往感到一头雾水,无法上前搭话。这种语言上的隔阂不仅让张浩感到孤独和无助,也影响了他与同学之间的交流和友谊的建立。

而张浩在适应上海这座国际大都市生活方面也遇到了挑战。在上海的街头巷尾,人们往往用方言进行交流,这让张浩在购物、问路等日常活动中感到不便。他不得不更加依赖手机导航,这在一定程度上增加了他的生活成本和时间成本。

对于像张浩这样相隔千里求学的学生来说,方言无疑是一个极大的挑战。他们需要付出更多的努力和时间来适应新的语言环境,同时也要学会调整自己的心态和期望,以更加开放和包容的态度去面对这个全新的世界。

大学是一个相对开放的小社会,你可能会接触到各式各样的人,不可能每个人都会说普通话,因此,适当了解一些大学所在地的方言是十分有用的。要克服方言,可以尝试以下几个方法。

1. **培养学习方言的兴趣**：兴趣是最好的老师，因为兴趣会激发学生的好奇心和动力，去更加努力地学习和探索，对于学习方言也是如此。作为大一的学生，在此阶段不要故步自封，不要沾沾自喜于自身的当前成绩，要勇敢地尝试离开象牙塔的保护，去与社会上各个阶层的人交流，在熟悉当地方言的同时，也可以拓宽交际面，甚至找到自己梦想的领路人。

2. **多与同学对话**：在日常与同学的交往中，方言能拉近彼此的关系。当地同学会非常乐意教你方言，并纠正你的发音和用词。无论是同班同学还是室友，同学之间互相学习方言，学着用方言与别人进行交流沟通时，能够很快缩短彼此的距离。

3. **多听多说多练**：学习任何一门语言都是一样的，你需要通过大量的听力练习来熟悉其语音特点，通过多说来提高口语表达能力，以及通过多练习来掌握方言独特的语音、词汇和语法特点。

4. **多渠道学习方言**：观看当地方言的节目或视频可以快速提升方言水平。当地电视节目为了照顾非本地观众，播放时一般会有普通话字幕，词、调、音、意俱全，这样，收看电视节目时边听边对照边跟读，学习起来事半功倍。

二、攻克饮食关

在不同地区、不同文化和不同民族之间存在着饮食习惯和饮食方式上的差异。这些差异可能包括食材的选择、烹饪方法、饮食习惯、餐饮礼仪等方面。以我国的南方和北方来说，南方饮食多以米饭为主食，菜肴以清淡、微酸、微甜为主，偏好煮、蒸、炖等烹饪方式；北方则多以面食为主，菜肴则以重油、咸鲜为主，喜欢烧烤、炸、炒等烹饪方式。

很多新生初到异地求学，对当地的饮食习惯不太适应。曾有湖南的一位同学在上海就读，刚开学一周，就打电话回家求救："妈！实在吃不惯，快给我寄一箱辣椒酱来！"可见不同地域饮食的差异有多大。克服饮食关需要积极主动地去尝试和适应，保持开放心态，并寻找适合自己的解决方案。尽量让自己适应环境，而不是强求环境为你改变。

外地大学新生要克服饮食关，可以尝试以下几个方法。

1. **寻找适合的饮食**：如果对当地的食物实在无法适应，可以尝试在学校附近寻找自己喜欢的家乡餐馆或食堂就餐,也可以考虑网购、携带一些自己喜欢的零食或食品,以备不时之需。

2. 保持开放心态:尽量保持开放的心态,尝试接受和适应当地的饮食习惯。不要排斥或嘲笑当地的食物,尽量去尝试,可能会发现一些意想不到的美味。

3. 探索当地美食:了解当地的饮食文化,尝试当地的特色美食。可以通过网络、自媒体等查找喜欢的餐馆或小吃摊,或者参加当地的美食活动。

三、攻克贫富关/经济关

一些大一新生进入大学以后,会因为家庭背景、地区发展、学习机会等因素,产生一种贫富差距明显的无力感,尤其是面对来自发达省市地区的同学的时候。

李强来自一个经济非常落后的农村家庭,他凭借自己的努力,以优异的成绩考入了一所位于大城市的知名大学。然而,当他踏入大学校园的那一刻起,他逐渐感受到了一种前所未有的贫富差距带来的无力感。

许多同学来自发达省市地区,他们穿着时尚,使用的电子产品都是最新款。而自己,由于家庭经济条件有限,他的衣物和用品都显得相对朴素和陈旧。这让他在同学面前感到有些自卑和局促不安。

因为家庭经济的限制,在社交和娱乐方面李强往往只能选择婉拒或者尽量少参与,这让他与同学们之间的距离越来越远,也让他感到更加孤独和无助。他知道自己无法改变家庭背景和经济条件,但他也不想因此放弃努力和追求更好的未来。然而,现实的压力和困境仍让他感到迷茫和失落。

贫富差距真实存在,同学们要勇于面对,不要因为经济差异而放弃自己的梦想和目标。与他人比较只会让人陷入无尽的竞争和焦虑,导致对自己和他人的不健康评价,影响人际关系,甚至可能导致心理健康问题。因此,面对与同学之间的差距时,你可以尝试以下几个方法提升自己。

1. 保持积极心态:无论家庭经济条件如何,都要保持积极的心态。接受自己的家庭经济条件,不要感到羞愧或自卑。每个人的家庭背景和经济状况都不同,这是正常的。相信自己的能力和潜力,相信通过自己的努力可以改变自己的未来。

2. **尊重他人**:尊重每个人的个人品质和努力,不论他是富裕还是贫困。不要通过财富来评判一个人的价值,与来自不同财富背景的人建立友善的关系。尊重他们的观点和经历,不要害怕和他人交流。通过深入交流和相互理解可以消除贫富差异带来的隔阂。

3. **寻求资源和支持**:如果自己面临经济困难,可以向学校或社会组织寻求帮助和资源。许多学校和社会机构有提供资助项目,包括奖学金、助学金等。

四、攻克想家关

大学新生身在异地,思念家乡是正常的情绪,逐渐适应新环境需要时间,可以给自己一些调整的空间和机会,不要过于苛求自己,同时也要积极寻求支持和寻找新的乐趣,让自己渐渐适应新的生活。以下是一些应对想家情绪的建议。

1. **联系亲朋**:与家人和朋友经常保持联系,通过电话、视频通话、社交媒体等方式与他们交流,分享生活中的点滴,让他们了解你的近况。

2. **建立新的兴趣爱好**:通过参加课外活动、加入兴趣小组或社团,发展新的兴趣爱好,充实自己的生活,转移注意力,减少思乡的情绪。

3. **探索新环境**:积极参与校园生活,探索新的环境和文化,体验新的事物,让自己融入新的生活方式,逐渐适应新的环境。

4. **寻找支持**:建立一个支持系统,可以是与同学、室友或老乡会、学生组织,结识新朋友,分享彼此的经历和感受、困惑与不解,互相支持和鼓励。

5. **寻求帮助**:如果你的想家情绪过于强烈、持续影响你的生活和学业,可以考虑咨询学校的辅导员或心理健康服务部门,寻求专业的帮助和支持。

王琳是一个来自湖南的小城姑娘,她凭借自己的努力和优异的成绩,成功考入了一所位于北京的知名大学。然而,当她踏上这片陌生的土地时,心中不

禁涌起一股浓浓的思乡之情。

初到北京,王琳面临着诸多挑战。气候、饮食、文化等方面都与她熟悉的湖南大相径庭。她时常想念家乡的辣味菜肴,怀念那里的山水和亲人。每当夜深人静时,她总会不由自主地想起家中的温馨和安逸,时常感到孤独和无助,不知道该如何融入这个新的环境。

然而,王琳也明白,作为一名大学生,她需要逐渐适应这个新环境。她给自己一些调整的空间和机会,不过于苛求自己立即融入这里的生活。她试着去接受新的饮食文化,学习适应北方的气候。她还会利用周末的时间,去探索北京这座城市的魅力,参观名胜古迹,感受这里的历史和文化。

同时,王琳还加入了学校的社团组织,结识了一群志同道合的朋友。他们一起参加各种活动,分享彼此的故事和经历。这些新朋友给了王琳很大的帮助和鼓励,让她不再感到孤单和无助。

第三节　学业至上

一、绩点、学分和综测

(一)学分、综测和绩点的概念

学分,是用于计算学生学习量的一种计量单位,简单来说就是修读完一门课程取得的对应分数。大学里每一门课程都有一定的学分,每门课程及实践环节的具体学分数以专业教学计划的规定为准,只有通过这门课的考核(笔试、论文、报告等),才能获得相应学分。值得注意的是,学分是我们毕业的一个硬性要求,所有高校都要求到大四毕业时,学生必须修满规定的总学分数才能毕业。

综测,即综合素质测评,是大学里面评奖评优的重要参考指标,综合素质测评的内容包括德育测评、智育测评、体育测评和能力测评四个方面。

对在校大学生来说,综测代表了你在大学期间的全面表现。综测根据四个测评类别的情况给予一定的比例,再将学生在校参加的各项活动、证书、实习或者各种竞赛奖项给出一定的分数,根据所占的比例算出总分,然后根据总分评定学生优秀与否,并根据综合素质测评来评定奖学金。

值得一提的是,综测的目的就是全方面评价一个学生的在校表现,如你只是依靠成绩,不去参加任何大学活动、讲座、比赛,你的综测分可能也不会太高。

绩点,一般指的是平均学分绩点,又称GPA,一般以取得一定的学分和平均学分绩点作为毕业和获得学位的标准。一般情况下学分高的课程的总绩点占比也高,如表1—1所示:

表1—1　　　　　　　　　　成绩、等级、绩点对照表

成绩(分)	等级	绩　点
90—100	A	4.0
85—89	A—	3.7
82—84	B+	3.3
78—81	B	3.0
75—77	B—	2.7
72—74	C+	2.3
68—71	C	2.0
64—67	C—	1.5
60—63	D	1.0
补考60	D—	1.0
60以下	F	0

(二)绩点的计算方法

国内大部分高校通用的绩点计算方法是:

绩点=(分数÷10)−5

学分绩点=学分数×课程绩点数

　　　　=学分×绩点

　　　　=学分×[(分数÷10)−5]

总学分绩点=所修全部课程的学分绩点总和

平均学分绩点＝所修课程学分绩点总和÷所修课程学分总和

＝(课程学分1×绩点＋课程学分2×绩点＋课程学分n×绩点)÷(课程学分1＋课程学分2＋课程学分n)

举个例子大家就一目了然了：

小陈同学的专业属于文科，在高中时数学、英语成绩就不好，结果他第一学期高等数学成绩只考了68分，那么他该科目的绩点＝(68÷10)－5＝1.8。

假如这学期他一共修了5门课程，分别是计算机3学分，3绩点；高等数学4学分，1.8绩点；大学英语3学分，3绩点；思想道德修养2学分，3绩点；职业规划3学分，4绩点，那么他的总学分绩点就是这5门课程的学分绩点之和，平均学分绩点＝(3×3＋4×1.8＋3×3＋2×3＋3×4)÷(3＋4＋3＋2＋3)＝2.88(计算时保留到小数点后两位)。

各个大学里学分绩点的计算方法并不相同，有四分制和五分制的，有些学校采用分段绩点法，按照分数区间区分绩点层次，还有些学校采用百分制。

(三)绩点的重要性

1. 绩点是大学生评选奖学金的重要依据之一。首先，绩点是评选奖学金的基本门槛，只有达到要求的学生才有资格参与评选；其次，绩点可以反映学生的学术表现和学业水平，在众多奖学金申请者中，高绩点的学生往往排名靠前，有更大的机会获得奖学金；最后，奖学金设有多个等级，一般与绩点高低成正比，绩点高的学生有机会获得更高级别的奖学金。

2. 绩点是保研筛选方面的重要指标之一。许多大学的研究生招生部门会将学生的绩点作为基本的筛选标准之一，认为绩点可以反映学生在大学期间的学术表现，包括对课程的理解和掌握程度、学习态度和学业成就等方面，而具有较高绩点的学生可能会在未来的学术研究和学业上能够取得更好的成绩。

3. 绩点是转专业/分流的重要评判标准之一。一般在大一下学期，有转专业或者分流的机会，这种情况也是会看绩点的。通常来说，学生转专业时，学校会要求学生必须达到一定的绩点才能申请转专业。这是因为新专业可能有不同的课程要求和学术标准，学校需要确保学生有足够的能力来完成新专业的学习。

4. 绩点是出国留学的重要参考指标之一。许多国外大学和研究机构会要求申请者提供他们的绩点,以评估他们的学术能力和成绩水平。高绩点可以显示申请者在学业上的优秀表现,从而增加他们被录取的机会。在一些情况下,高绩点还可以帮助申请者获得奖学金或其他教育资助。因此,对于计划出国留学的学生来说,保持一个较高的绩点是非常重要的。

5. 绩点是求职面试的重要通过指标之一。求职面试时,面试官查看简历,除了看学校的水平外,还会看绩点,以及四、六级考试分数。如果你的绩点低,招聘人员很可能根据你的低绩点,怀疑你的学习能力,进而怀疑你是否具备胜任招聘岗位的工作能力。

因此,无论你未来是要考研、保研还是直接就业,高绩点无疑是很强的竞争力,想要在毕业工作、考研有更多的机会,一定要保证高绩点。

(四)如何获得高绩点

绩点在大学有着非常重要的作用,大学绝对不是你高三毕业时想象中的休息站,而是一个全新的起点和战场,特别是大一上学期的 GPA 尤其重要。因为很多学校转专业是在大一下学期开展,而评定的核心标准就是大一上学期的 GPA。一旦大一上学期的 GPA 不高甚至偏低,就可能会影响你未来的规划路线,无论是求职就业,还是考研、保研、出国留学……俗话说得好:一步慢,步步慢。一旦在起步阶段因为自己的疏忽大意而落后于人,再想后续赶上就需要花费更多的时间和精力,是一件得不偿失的事。

一般来说,绩点 = 平时成绩 + 考试成绩。但各个学校两者的比重并不固定,任课老师可能会在学期的第一节课交代本门课成绩的评分标准,同学们一定要高度重视。在获知该门课程的评分标准之后,我们就可以做一些有针对性的努力,以争取一个好成绩。

1. 平时成绩

首先,学习态度是影响平时成绩的关键,老师在这方面的考察方式主要包括:每节课的出勤情况、课后作业、小组作业、实验成绩、论文报告、回答问题的积极程度等。因此,建议根据课程安排,提前 5—10 分钟进入教室,不要迟到早退、旷课逃课,上课尽可能坐前排,积极与老师互动交流,请教问题,给老师留下深刻印象。

其次,老师也可能布置一些日常任务,将我们的表现也纳入平时成绩中。个人独立完成的任务应当至少展示出自己所花费的功夫,包括字数多少、精美程度等。团队合作的任务则需要注意分工,老师会衡量我们在最后的成果中扮演了什么样的角色来打分。所以要尽可能地本着敢于承担责任的精神,积极争取担任团队中的组长、汇报人等,带动队友共同完成目标。

此外,课后作业也是平时分的重要来源之一,很容易拉开彼此差距,一定要认真对待。每次作业都要及时上交,不漏交不错交。撰写论文报告要态度端正,认真对待,引用借鉴合理,逻辑清楚,排版工整,注意字号行距等细节。

2. 考试成绩

不同专业、课程的考试形式其实差异很大,主要可以分成闭卷/开卷考试、课程论文/设计以及其他。这里要告诉同学们的是,好记性不如烂笔头,绝不是没有道理的。

日常上课,尽可能课前预习,课上认真听讲记笔记,课后复习多做练习。考试季认真复习备考,开卷考试更要认真对待,甚至更用心。

写论文时,认真对待,不要应付了事。一篇条理清晰、论据有力、精彩纷呈的好论文是你打开高绩点之门的钥匙。

另外,大学会开很多选修课,同学们可以在选课前,多向学长学姐们请教,根据自己的学习能力、兴趣爱好来选择课程,以做到兴趣与学业兼顾,绩点与效率齐飞。

二、入学测试

很多大学,开学之后有"开学第一考"的传统。不同的学校,可能考核的东西是不一样的。这里主要说三种类型。

(一)英语、数学分级摸底考试

部分学校可能会进行英语、数学等学科的摸底考试。学校进行入学摸底考试的目的,一是更好地把握新生水平,根据新生摸底的成绩合理分班授课。学校对于不同级别的班级实施差别化课程设置和师资配置,不同层次的班级教学进度和课时安排会有一些不同。如部分学校规定"快班"或"A 班"的同学可以在大学一年级的时候就参加英语四级考试,而"慢班"或"B 班"英语成绩比较差的学生,只能到大学二年级再参加英语四级考试。二是部分学校把入学摸底考试成绩作为学生转专业的参考依据。因为新专业可能相比原专业的学习难度更大,会在英语、数学等方面要求更高。有意愿转专业的同学需要根据学校公布的考查内容提前进行针对性备考。

还有一些学校会要求对大一新生进行计算机能力测试。如上海大学、中央财经大学、北京师范大学、华中师范大学等就要求新生入学前进行计算机水平测试。

对于开学第一考,新生同学应做好心理准备,认真备考即可,即使考的不理想,没有进入"快班"或"A 班",也不要气馁。一般来说快、慢班或 A、B 班用的教材都是一样的,授课老师水平也差不多,只是教学进度不同,可能会增加一些口语、翻译、写作等自选课程。

(二)专业类入学资格审查和专业复测

一些艺术类大学院校会对艺术类专业新生进行入学资格审查和专业复测,复测内容通常与专业统考内容相关,对于审查或专业复测不合格、入学前后两次测试成绩差异显著的考生组织专门审查。

如西南民族大学在 2023 年招生章程中规定,建筑类专业须参加徒手画测试,测试成绩不能满足专业学习要求者,学校根据其高考成绩调整到录取分数相当的专业就读。

华南理工大学也明确规定,录取至建筑学、城乡规划、风景园林三个专业的考生,入校后须加试素描。素描成绩不合格者参照学校当年各专业在生源地录取分数线及考生高考志愿,依据高考投档成绩,按照高分转低分的原则结合录取要求,调入新专业。

华侨大学规定,部分理科专业还将进行物理分级测试。

新生入学资格审查和专业复测,对新生的专业水准进行一次学前考察,其目的是检验学生的专业水平,以让授课老师对学生的专业水准有一定程度的了解,并在此基础上制订相应的教育方案。新生专业复测,确保了学校招生工作的公平性,是对生源质量的重视。同时也给同学们提供了一个锻炼的机会,搭建一个交流与学习的良好平台,为提升同学们的专业水平创造了良好的氛围。

(三)特殊人才培养二次选拔考试

近几年,为服务国家发展战略,培养拔尖创新人才,更好地满足考生个性化成长需求,越来越多的大学开展二次选拔项目招生。部分高校的实验班、拔尖班等特殊人才培养模式,会在入学后针对大一新生进行二次选拔。不同高校、不同专业(专业类)的二次选拔方式有所不同,对面试、笔试等分数的比例也不尽相同,且更看重学生的综合素质。

一般来说,高校二次选拔的专业均为本科培养中的王牌专业,且部分专业仅在新生中进行二次选拔招生。二次选拔给了广大新生挑战自我的机会,新生甚至可以借助二次选拔招生的机会选到自己非常心仪的学科和班级,有些学校会给予转专业的机会。

如南开大学"8+4+X"二次选拔所有项目(除个别班级有特殊专业要求)面向新生"零门槛"开放,一入校即可按个人兴趣和能力选择参加选拔,每年提供约800~1 000个名额,接近新生人数的25%。

而清华大学的"二次选拔"分类比较细致,分别有:经济学堂班、世界文学与文化实验班、清华大学—香港中文大学经济学本科双学位、计算机科学实验班(姚班)、人工智能班(智班)、量子信息班、丘成桐数学领军计划、钱学森力学班、数理基础科学班、计算机与金融双学士学位班等。

中国人民大学二次选拔专业集中在人文科学试验班、金融学类和财政学类专业。主要有政治学、经济学与哲学专业(PPE实验班)、古典学实验班、国学—古典学实验班、金融学—数据科学与大数据技术双学位实验班、金融学—数学双学位实验班和财政学—数学双学位实验班等。

复旦大学的二次选拔计划有数学英才试验班,双学士学位班(法学—经济学、国际经济与贸易—数据科学与大数据技术、预防医学—公共事业管理)等。

南京大学的二次选拔计划主要包括拔尖计划(包含了大理科、数学、物理学、化学、生物科学、计算机科学、天文学、中国语言文学、哲学、经济学、地质学、地理科学、大气科学等专业)、传媒实验班、生物演化与环境国际班等。招生的对象是不包含强基、外语类保送、艺术类、高水平运动队等特殊批次的其他全日制本科新生。

对这类人才培养模式设置的专业感兴趣的同学可以浏览本校官网或向辅导员、参加过二次选拔的学长学姐了解本校二次选拔的具体形式、考核内容等，提前准备，积极备考。

1. 多数高校的二次选拔为"笔试＋面试"的模式，笔试一般考查和选拔专业相关的学科基础知识，如数学、物理、哲学等学科。考题涉及的知识点一般为高考范畴，但难度要略高于高考，与强基计划笔试考查难度相接近。

2. 面试考核考生的综合素质，部分高校还会考查英语水平。所以想要参加二次选拔的同学，要坚持学习英语，锻炼英语的听说能力，提升自己的表达能力。

3. 询问参加过二次选拔的学长学姐，获取二次选拔考情的一手信息。

三、转专业

转专业是学生由原专业转入另一专业学习的简称。每年都有很多同学因为对填报的专业课程实在不感兴趣、志愿被调剂、有计划的"曲线救国"（考的分数不够，先报考该校分数低的专业，再通过转专业就读心仪专业）、学习跟不上等各种因素，对自己报考的专业并不满意。这时候，转专业就成了学生们的"救命稻草"。

李明是一名大一新生，他原本选择的是计算机科学专业。然而，在经过一段时间的学习后，他发现自己对编程并不感兴趣，反而对经济学产生了浓厚的兴趣。他意识到，继续在计算机科学专业学习可能会让他感到压抑和缺乏动力，因此他决定尝试转专业。

李明先主动与学校的教务部门和经济学院的老师进行了沟通，了解转专业的相关政策和要求。他得知，转专业需要满足一定的学业成绩要求，并通过经济学院的考核。

为了准备转专业，李明开始自学经济学的基础知识，并积极参加经济学院组织的讲座和活动。他还经常向经济学院的老师请教一些问题,并得到了他们的悉心指导。

在准备充分后,李明向经济学院提交了转专业申请。经过考核,他的学业成绩和经济学基础知识的掌握程度都达到了要求,最终成功转入了经济学院。

转专业后,李明感到非常兴奋和满足。他发现自己在经济学领域的学习更加得心应手,也更有动力去探索和学习新的知识。

(一)允许转专业的条件及要求

教育部《普通高等学校学生管理规定》[中华人民共和国教育部令(2017年)第41号]第二十一条规定:

(1)学生在学习期间对其他专业有兴趣和专长的,可以申请转专业;以特殊招生形式录取的学生,国家有相关规定或者录取前与学校有明确约定的,不得转专业。

(2)学校应当制定学生转专业的具体办法,建立公平、公正的标准和程序,健全公示制度。学校根据社会对人才需求情况的发展变化,需要适当调整专业的,应当允许在读学生转到其他相关专业就读。

(3)休学创业或退役后复学的学生,因自身情况需要转专业的,学校应当优先考虑。

根据教育部和各省市教育部门的相关精神和制度,许多高校放宽了转专业的限制,越来越多的学生可以通过正常的途径,转到自己心仪的专业学习。

总体上来看,大多数高校转专业的条件基本相似,总结如下,同学们可以做个大致参考。具体到自己就读的学校,以本校相关转专业规定为准。

(1)学生确有专长,本人申请,由所在专业推荐,经转入专业考核证实,转入该专业更能发挥其专长者;

(2)学生有某种疾病或生理缺陷,经学校指定的医疗单位检查证明,不能在原专业学习,但尚能在其他专业学习者;

(3)学校认为有某种特殊困难,不转专业则无法继续学习者。但新生入学未满一学期者,本科三年级及其以上或专科二年级及其以上者,自费转入公费者,无正当理由者,均不得转专业。一般须报学校教务部门审批或备案。

当学生的现实情况符合国家关于允许转专业的规定后,通常还要注意以下几点要求,以免做无用功。

(1)成绩要求。有一些学校对转专业有一定的成绩要求,比如不挂科,或者成绩排名在多少名以内等。比如规定只有平均学分绩点在同专业同年级学生的前10%的学生才可以申请转专业。

(2)人数限制。由于转专业涉及学院之间的协调问题,有些学校会严格限制转专业的人数,严格限制热门专业的人数,比如规定各学院接收转专业人数控制在全年级学生总人数的5%—15%之内。

(3)年级限制。大多数高校要求大一下学期才可以报名转专业,进入大二后则增加了不少限制,大三、大四可转专业的高校更是寥寥无几。

(二)不允许转专业的情况

转专业当然不是想转就转,它有许多限制条件,未达到规定的学生是无法申请转专业的。

(1)未在原录取学校报到入学、注册和入学未满一学期的;

(2)招生时国家已有明确规定不能转专业的本、专科学生,含外国语保送生、定向生、国防生、小语种、艺术类、体育类专业学生、免费师范生等;

(3)招生时有特殊要求的本、专科学生和非经全国统一高考招收的特殊录取类型学生(含专升本、五年一贯制、三二分段制、单独招生、注册入学、中职推荐免试);

(4)由低学历层次转入高学历层次;

(5)保留入学资格、保留学籍、休学期间的;二次以上(包括二次)转专业的;

(6)应予退学或应受到开除学籍处分的;

(7)处于毕业学年的;

(8)其他规定不能转专业的情形。

(三)转专业的弊端和风险

转专业的好处显而易见,可以跳出当前专业,转到自己与兴趣爱好更符合、更喜欢的专业学习。但是转专业过程中也存在一些弊端和风险。对于此,同学们要有清醒的认识。

1. 学习压力增大。想要转专业的同学不仅要学好当前专业的所有课程,保证不挂科,并取得较好的成绩,还要自学补齐目标专业第一学期的专业基础课程,加上要准备面试面谈等,这就要付出更多的时间和精力,会大大增加同学们的学习压力。

2. 所转专业不一定适合自己。有很多同学盲目申请转专业,缺乏对目标专业的充分调研,结果在转完专业之后发现新专业还不及自己之前的专业,自己在新专业学习更加吃力,甚至有的同学觉得新专业更不适合自己。

3. 转专业成功率不高。有了可转资格只是成功的第一步,好专业、热门专业有一定的人数限制,想转的人又多。想成功转专业,首先,要成绩够突出;其次,笔、面试要通过,难度很大,大多数学校转专业的成功率不到5%。

4. 可能面临转专业降级。有些学校可能要求转专业降级,即学生选择从当前所在的专业转到另一个专业,需要在年级上降为与新专业大一新生相同的状态。这种情况下,会带来一些坏处,如延长学业时间、增加经济负担、学业压力更大等。

(四)怎样提升转专业的成功率?

1. 了解自己的兴趣和职业目标:首先确定自己是真的想转专业还是看着别人转而盲目从众,要仔细思考自己对当前专业的了解、兴趣程度和未来的职业规划,确定自己是否真的需要转专业。

2. 研究目标专业:参考学校的官方网站、教学计划和学生手册等资料,仔细了解自己想要转入的专业,包括该专业的课程设置、就业前景和相关要求等。

3. 咨询辅导员或指导老师:与院系辅导员或指导老师进行沟通,向他们咨询关于转专业的具体流程和要求,以及可能的影响和挑战。

4. 了解转专业的条件和要求:每个学校的政策都有所不同,有些学校要求学生在本专业成绩优秀,才能申请转专业;有些学校则允许学生在一定时间内自由转专业。因此,学生需要仔细阅读学校的相关规定,了解转专业的具体条件和要求,要确保自己符合转专业的条件。

5. 提交申请:在了解转专业的政策之后,按照学校规定的流程和时间节点,准备好所需的申请材料。一般来说,申请材料包括个人简历、申请书、成绩单等。其中,个人简历需要详细介绍自己的个人信息、学习经历和兴趣爱好;申请书则需要明确表达自己对新专业的热爱和转专业的理由;成绩单则需要证明自己在原专业的学习能力和表现。然后将申请材料提交相关部门。

6. **考试或面试**:有些学校在审批转专业申请时,会要求学生参加面试或考试。面试主要考查学生的综合素质和专业知识;考试则主要考查学生的专业知识掌握情况。因此,同学们可以向往年转专业成功的学长学姐询问转专业成功的经验,以便在面试和考试中取得好成绩。在面试或面谈中,要清晰表达自己的理由和动机,展示自己的积极态度和适应能力。

7. **等待结果**:一般来说,学校会在一定时间内对申请进行审核,并通知申请结果。耐心等待学校的通知,如有需要,可以向学校咨询申请进展情况。

8. **接受或拒绝录取**:如果申请成功,学校会发出录取通知,你可以根据自己的最终意愿决定是否接受。如果被拒绝,也不需要气馁,可以考虑其他备选方案,如继续努力学习当前专业或考虑其他学习目标专业的机会,如选择双学位、辅修第二专业、旁听等。

(五)转专业失败怎么办?

大学转专业的成功率并不高,绝大多数人不能成功转专业。如果转专业失败,也不需要气馁,毕竟对学习原来的专业不会有影响,继续原专业的学习就好。同时可以考虑其他备选方案,如选择辅修双学位、辅修第二专业、选修喜欢的专业、考研报考喜欢的专业等。

特别值得一提的是辅修双学位。在本科学习期间,学习本专业的同时跨学科门类辅修另一专业的学位课程,达到规定要求后同时获得另一学科的辅修学士学位,既满足了自己对喜欢专业的求知欲,双学位也可以提升自己的就业竞争力。

四、英语四、六级考试

大学英语四、六级考试是由教育部主办,教育部教育考试院(原教育部考试中心)主持和实施的全国性标准化考试。分为四级考试(CET-4)和六级考试(CET-6),每年各举行两次,分别在同一天的上午和下午进行。试卷分四大块,听力、阅读、综合和写作。从 2005 年 1 月起，成绩满分为 710 分，不设及格分数线，给每个学生报总分和各部分的单项分。由教育部高教司委托"全国大学英语四、六级考试委员会"给 425 分以上的考生发成绩单。

四、六级考试十分重要，同学们应认真对待。

1. 与毕业证、学位证挂钩

虽然教育部并未规定四、六级成绩与毕业证、学位证挂钩。但是很多高校在实际工作中会要求毕业生必须过大学英语四级。一些 985、211 大学重点院系、重点班级还会要求学生必须过大学英语六级。

2. 保研考研需求

对于想考研的同学来说，英语是必考（修读其他语种的除外），而且研究生英语考试的难度与六级大致相当。况且作为一名高学历研究人才，很多文献是外语的，如果英语不行，那么做研究恐怕就会很吃力了。另外，很多高校在选择保送研究生、评优、评奖学金、评选学生干部时也会把四、六级证书当做必要的组成部分。

3. 出国留学需求

虽然出国留学申请对于英语有更高的水平要求，但是托福、GRE 成绩有一定的时效性，那么为了保持外语学习的状态，随时能参加留学申请的语言考试并考出好成绩，英语四、六级考试就是一个不错的锻炼机会。毕竟，学习掌握一门语言需要天天讲，时时练。

4. 求职就业需求

就业市场中许多企业和机构会要求应聘者具备一定的英语能力，虽然四、六级考试并不是衡量一个人英语能力的唯一标准，它只是评估英语水平的一种方式。但是目前四、六级考试成绩的确是一种相对比较直观可以证明大学生英语水平的指标，四、六级证书早已成为许多用人单位招聘人才的基本要件。

而且，同学们如果有机会去外企面试，那么英语四、六级证书就是最基本的"敲门砖"。在外企工作，由于要经常与外国人打交道，因此除了英语会读会写外，还需要具有流利的口语交际能力。

所以，同学们还是要认真对待，尽可能学好英语，努力备考，考取一个较高的四、六级分数，以适应这种需求，为自己以后就业、考研、保研、出国、找工作、晋升职位增加砝码。

此外，由于大部分学校不允许大一新生报名考四级（一些重点院系的实验班、重点班学生除外）。因此，学校一般安排在大学的二年级开始四、六级的报名考试。基本上学校每年会组织两次四、六级考试，只有通过四级（现在是425分以上）后，才能报考英语六级的考试。

五、关于奖学金

大学奖学金是指国家和大学为了鼓励和奖励优秀学生或经济困难学生而设立的一种荣誉和资助制度。大学奖学金可以减轻学生的经济负担，激励学生努力学习，提高学习质量。大学奖学金的种类和金额根据不同的学校和专业有所差异，一般分为国家奖学金、励志奖学金、社会奖学金、校内奖学金、单项奖学金等。奖学金的种类多种多样，不同种类的奖学金对应的申请条件和奖金也各不相同。我们这里就大多数高校常见的奖学金的概念、金额、申请条件、奖学金的重要性等做一些简单介绍，供新生同学参考。具体本校本专业可以申请哪些奖学金，同学们可以通过学校、院系官网或者向本校的学长学姐、辅导员了解。

（一）奖学金的分类、概念与评选条件

1. 国家奖学金

国家奖学金主要由中央政府出资设立，用来奖励学业完成情况优秀的学生。2024年起，本专科生国家奖学金名额从每年6万人增加到12万人，硕士生从3.5万人增加到7万人；提高本专科生奖励标准，本专科生国家奖励标准从每生每年8 000元提高到1万元。

国家奖学金每学年评审一次，实行等额评审，坚持公开、公平、公正、择优的原则。各高校于每学年开学初启动评审工作，当年10月31日前完成评审。获得国家奖学金的学生为高校在校生中二年级以上（含二年级）的学生。同一学年内，获得国家奖学金的家庭经济困难学生可以同时申请并获得国家助学金，但不能同时获得国家励志奖学金。

《教育部、财政部关于印发〈本专科生国家奖学金评审办法〉的通知》第六条，申请国家奖学金的基本条件如下：

(1) 具有中华人民共和国国籍；

(2) 热爱社会主义祖国，拥护中国共产党的领导；

(3) 遵守宪法和法律，遵守学校规章制度；

(4) 诚实守信，道德品质优良；

(5) 在校期间学习成绩优异，创新能力、社会实践、综合素质等方面特别突出。

国家奖学金是大学期间的最高奖学金，在很多大学一般是专业前10%或者前30%有杰出表现的大二及以上的同学才具备申请资格，一般一个学院只有1~2个名额。国家奖学金是申请难度系数最大的，同时含金量也是奖学金里面最高的，社会认可度极高。获奖者在以后的保研、求职就业、考公等方面都具有很大的优势。

2. 国家励志奖学金

国家励志奖学金由中央和地方政府共同出资设立，除了品学兼优（学习成绩排名位于专业前30%，且个人综合素质测评为"良好"等次以上），还得是家庭经济有困难的同学才可以申请；其中奖励标准为每人每年5 000元。申请对象同样是二年级以上（含二年级）的全日制普通高校本、专科（含高职、第二学士学位）在校生。申请时需要提交家庭贫困证明。

国家奖学金、国家励志奖学金不能同时申请，但是家庭困难的学生可以同时申请国家助学金。

3. 校级奖学金

校级奖学金由学校设立，主要用于表彰品学兼优、表现突出的在校学生。学校不同，校级奖学金的规定和金额也有所不同，一般都分为三个等次，一般是一等3 000元、二等2 000元、三等1 000元，有些学校可能更低一些。校级奖学金主要按照综合的绩点＋综合素质测评分来评选的，名额相对较多，只要体测成绩良好及以上，没有挂科，本专业前30%都有机会获得，相对容易。

4. 社会奖学金

社会奖学金由社会团体、企业或个人设立，主要用于资助学习成绩优秀、家庭经济困难的学生，每人每年500—5 000元不等。

5. 校长奖学金

部分大学设有校长奖学金、创新创业奖学金等,不同学校名额、金额不同。比如有些大学设有校长奖学金,奖励金额每人每年在 10 000 元左右,用于奖励那些成绩特别优秀,在道德风尚、社会服务、研究创新、文体竞赛等某一方面表现特别优异的几名学生。

6. 企业奖学金

企业奖学金一般是校友/企业设立的,金额不定。由于是企业设立,可能会更看重大型竞赛获奖、核心期刊发表文章经历。

7. 专项奖学金

专项奖学金是为了表彰在特定领域表现出色的学生而设立的,例如社会活动、科研成果、文艺比赛、体育比赛等,每人每年 500—2 000 元不等。

(二)如何申请奖学金?

大学奖学金的申请和领取一般分为以下几个步骤。

1. 填写申请表。 学生需要根据自己的情况和奖学金的要求,填写相应的申请表,一般包括个人基本信息、学习成绩、科研成果、社会活动、荣誉证书等内容。申请表可以在学校或专业的网站上下载或在线填写,也可以在指定的地点领取或提交。

2. 提交材料。 学生需要将申请表和其他相关的证明材料,如成绩单、论文、获奖证书等,在规定的时间和地点提交给学校或国家专门的奖学金评审委员会。提交的材料应该真实、完整、规范,否则可能会影响申请的结果。

3. 接受审核。 学校或国家专业的奖学金评审委员会会对提交的材料进行审核,根据奖学金的标准和名额,进行初审、复审和终审等环节,最终确定奖学金的获得者名单。审核的过程可能会涉及面试、答辩、考核等方式,学生应该做好充分的准备,展示自己的优势和特色。

4. 领取奖学金。 学校或国家会在确定奖学金的获得者名单后,进行公示和通知,学生可以在规定的时间和地点,凭借有效的身份证件,领取奖学金。领取的方式可能是现金、转账、兑换券等,学生应该按照要求进行操作,如有疑问,可以咨询相关的工作人员。

(三)如何提高申请奖学金的成功率?

大学奖学金是一种对学生的认可和鼓励,也是一种对学生的激励和挑战。申请和领取大学奖学金的成功率,取决于学生的学习成绩和综合素质表现,也受到学校和国家相应政策和规定的影响。想要提高申请大学奖学金的成功率,可以从以下几方面着手。

1. **保证学习成绩优异**。学习成绩是申请大学奖学金的基本条件和重要依据,学生应该努力提高自己的学习水平,保持良好的学习态度和习惯,积极参与课堂讨论和实践活动,不断拓宽知识面,深化专业能力,争取在每门课程中取得优异的成绩。绝对不能挂科、补考。否则,基本上与奖学金无缘。

2. **争取科研创新取得成果**。科研创新是申请大学奖学金的重要加分项,学生应该根据自己的兴趣和专业,选择合适的科研课题,积极参与导师或团队的科研项目,撰写高质量的论文、报告或申请专利,参加各类学术竞赛或会议,争取在科研领域取得突出的成果和荣誉。

3. **积极参与社会服务**。社会服务是申请大学奖学金的有效补充项,学生可根据自己的特长和爱好,利用自己的课余时间或周末,选择适合的社会服务机会,如志愿者、社会调研、扶贫支教等,积极为服务社会和他人贡献自己的力量和智慧,培养自己的社会责任感和团队协作能力,提高自己的人际交往和沟通能力。

4. **关注奖学金信息**。奖学金信息是申请大学奖学金的必要条件,学生应该及时关注学校或国家的官方网站、公告栏、微信公众号等,了解奖学金的种类、金额、要求、流程、时间、方式等信息,按照规定进行申请和领取,避免错过或延误的情况。

第四节 打造社交圈

一、最亲近的伙伴——同学室友

大学生活是每个人人生中宝贵的时光之一,是美好而难忘的,而与室友相处更是大学生活中不可或缺的一部分。室友是同学们在大学中最常接触的伙伴,你们将共同度过整整四年的时光,你们将一起经历成长、学习和探索,互相关心、互相帮助、互相督促,一起学习,这种同窗情、室友情如同战友情一样,是值得珍惜的真挚情感。

生活上,来自天南地北的你们彼此成了最亲密的朋友,大家朝夕相处,共同生活,一起锻炼,一起逛街,一起参加社团活动……当一个人遇到困难时,不管是生活上还是情感上,总会有另一个人伸出援手,给予你们帮助和支持,鼓励着你们迎坚克难,不断前行,让你感受到一种家人般的温暖与安慰。

学习上,一起上课,一起泡图书馆,一起考研,一起组队参加各种竞赛,一起面试……在学习中讨论课业,互相督促,互相分享知识和经验,这种无私互助、共同进步的合作精神,不仅让你们在学业上有了更大的进步,也让你们建立起了更深厚的友情。

良好的室友关系对大学生活至关重要。那么,大学生应该如何与室友同学相处,共度这美好的四年呢?

首先,要学会尊重。每个人都有自己的生活习惯和个性特点,因此在与室友相处时,需要尊重彼此的差异。如果室友喜欢安静,就应该注意不要在宿舍里大声喧哗;如果室友喜欢整洁,也应该尽量保持宿舍的整洁。尊重是室友相处的基础,只有相互尊重,室友关系才能更加和谐。

其次,要学会沟通。在与室友的相处中,沟通是非常重要的。如果有什么不满或者矛盾,应该及时坐下来沟通解决,而不是将矛盾积压在心里。通过沟通,可以更好地了解彼此的需求和想法,进而找到解决问题的方法。此外,沟通也可以促进室友之间的交流,增进彼此的友谊。

再次,要学会包容。大学生活中,每个人都会有情绪低落或者遇到困难的时候,这时候就需要室友的理解和支持。因此,当室友遇到困难时,应该给予适当的帮助和支持,而不是冷漠或者嘲讽。

最后,要学会分享。在与室友相处的过程中,可以共同分享零食、家乡特产、彼此的快乐和悲伤,一起度过大学生活中的日日夜夜。例如,可以一起出去游玩、一起准备考试等。通过分享,可以增进彼此的感情,建立深厚的友谊。

良好的室友关系不仅可以让我们在大学生活中收获快乐和温暖,还可以培养我们的人际交往能力和团队合作精神,对我们的成长和发展具有积极的影响。希望每一位同学都能与室友和睦相处,共同度过这段难忘的大学时光。

林浩来自南方的一个小镇,性格内向而细心;而小张则是东北的大男孩,豪爽直率;小李来自上海,时尚且善于交际;小王则是西部山区的一个朴实少年,勤奋刻苦。他们四人初识时,因为生活习惯和性格差异,也曾有过小摩擦和误会。但随着时间的推移,他们逐渐学会了相互理解和包容。

在学习上,他们互相督促,共同进步。每当有人遇到难题或困惑时,其他人都会伸出援手,一起讨论解决方案。在准备期末考试时,他们会一起复习,互相提问,确保每个人都能够充分掌握所学知识。

在生活中,他们更是彼此关心,互相帮助。有一次,林浩生病了,高烧不退,是小张和小李连夜陪他去医院,小王则负责帮他买药和送饭。这种室友之间的关心和照顾,让林浩深感温暖和感激。

课余时间,他们也会一起参加各种活动,探索城市的每一个角落。无论是周末的短途旅行,还是假期的长途跋涉,都留下了许多难忘的回忆。

四年的大学生活转瞬即逝,转眼间他们即将毕业。在毕业典礼上,他们紧紧地拥抱在一起,感慨万分。这四年的时光,他们一起经历了成长、学习和探索,留下了许多宝贵的回忆。

如今,他们虽然各奔前程,但彼此之间的联系从未断过。无论是微信上的问候,还是偶尔的聚会,他们都能够感受到那份深厚的情谊。他们知道,无论未来走到哪里,这段大学室友之间的情感都将是他们心中最为珍贵的回忆。

二、最好的"知音"——辅导员

大学辅导员是大学生活中不可或缺的重要人物。

大学辅导员在生活上能够为学生提供很多帮助。他们可以为学生提供关于住宿、生活费用、就餐等方面的建议和指导,帮助学生更好地适应大学生活。此外,在学生面临人际关系、情感困扰等问题时,辅导员也可以给予学生耐心的倾听和建议,帮助学生解决问题,缓解心理压力。

最重要的是，大学辅导员在心灵上是学生的知音。大学生在面临困难、挫折、迷茫等问题时，可以向辅导员倾诉心声，寻求理解和鼓励。辅导员会给予学生及时的心理支持，帮助学生树立正确的人生观和价值观，引导学生走出困境，迎接人生的挑战。另外，对于面临学业困难或者学习压力大的学生，辅导员可以给予及时的帮助和支持，帮助学生调整心态，克服困难，找到适合自己的学习方法。

同学们在面对学业、生活、情感等方面的问题时，可以积极地寻求辅导员的帮助和支持，使自己能够更好地适应大学生活，充实自己的大学生活。

李华是一名大二的学生，他在大学生活中遇到了许多挑战和困惑，但幸运的是，他遇到了一位非常优秀的辅导员——王老师。

在学业上，王老师给予了李华很多宝贵的建议和指导。当李华遇到难以理解的课程内容时，王老师总是耐心地为他解答疑惑，帮助他厘清思路。同时，王老师还会根据李华的兴趣和特长，为他推荐一些适合的学术活动和项目，鼓励他积极参与，提升他的学术能力。

除了学业上的指导，王老师还是李华身边的"知音大姐"。

有一次，李华因为家庭原因感到情绪低落，对未来充满了不确定感。王老师得知后，主动找到他，与他进行了深入交流，不仅给予了李华情感上的支持，还帮助他分析了家庭情况，提供了一些解决问题的思路。在李华最需要帮助的时候，王老师就像一盏明灯，指引他走出了困境。

在李华看来，王老师不仅是他在学业上的指导者，更是他人生道路上的良师益友。她的关心和支持让李华感到温暖和力量，也让他更加坚定了自己的目标和信念。

三、最宝贵的"财富"——师兄师姐

大学生活对于大一新生来说是一个全新的开始，完全不同于高中生活，同学们会遇到各种挑战和困难。在这个过程中，师兄师姐们就成了你们最宝贵的财富。有了师兄师姐的帮助，同学们可以少走许多弯路，更快地适应大学生活。

首先，师兄师姐们可以分享他们的经验和故事，让大家更好地了解大学、院系、专业，他们可以告诉新生们学习上需要注意的事项，生活中需要掌握的技巧，还有一些社团活动和社交技巧等。这些经验可以让同学们少走弯路，更快地适应大学生活。

其次，师兄师姐们可以给予大一新生们学业上的指导。在大学里，由于学习内容和教学方式的不同，同学们在学习上会遇到各种各样的问题，有了师兄师姐们的帮助，大一新生就可以更快地解决这些问题。同院系、同专业的师兄师姐们可以推荐一些好的学习方法和资源，帮助你更好地选择课程和规划学业，可以根据你的个人情况给予一些建议，让你能更好、更快地适应大学的生活、学习。

张涛，一名刚刚踏入大学校园的大一新生，对于即将开始的大学生活充满了期待和好奇。然而，随着大学生活的展开，他逐渐发现，这里的生活与高中时期截然不同。大学课程更加复杂，时间更加自由，社交圈子也更加广阔。面对这些新的挑战和困难，张涛感到有些无所适从。

幸运的是，张涛遇到了一群热心肠的师兄师姐。他们看出了张涛的困惑和不安，主动伸出援手，为他提供了许多宝贵的建议和指导。

在学习上，师兄师姐们向张涛介绍了大学的学习方法和技巧，帮助他更快地适应大学的教学节奏。他们分享了自己的学习经验，告诉张涛如何合理安排时间，如何高效地学习。有了这些指导，张涛的学习成绩逐渐提升，他也更加自信地面对未来的学业挑战。

在生活上，师兄师姐们也给予了张涛很多关心和帮助。他们告诉张涛如何独立生活，如何处理人际关系，如何平衡学习和娱乐。当张涛遇到生活上的困难时，师兄师姐们总是及时出现，为他排忧解难。

此外，师兄师姐们还带领张涛参加了各种社团活动和志愿服务，让他更快地融入了大学的生活。通过这些活动，张涛不仅结交了许多新朋友，还锻炼了自己的组织能力和团队合作精神。

四、最博学的"朋友"——任课老师

在学习过程中,你可能会遇到各种各样的问题,包括专业课程上的难点、学术科研方面的困惑、未来的职业规划、个人发展等。这时候可以积极主动地向任课老师寻求帮助和建议。虽然大学的老师不像高中老师一样专职就是教授学生,除了教学任务外,他们都还承担着国家、学校一定的学术科研任务,工作比较繁忙。但是只要你勇敢提问,他们一般都会在百忙之中为你答疑解惑,给予你学业上的指导,个人发展上的建议。

尤其值得一提的是,与大学老师保持良好关系还可以为你提供更多的学术资源和机会。大学老师通常有丰富的学术背景和经验,他们可能会推荐学生参与一些研究项目、实习机会或者学术交流活动,这些都是学生成长的机会。通过与老师建立良好的关系,学生可以更容易地获得这些机会,从而提升自己的学术水平和综合素养。

此外,与大学老师保持良好关系也有助于建立学术合作和人际网络。大学老师通常有广泛的学术和社会资源,他们可能会为学生介绍相关领域的专家、学者或者同行,帮助学生拓展人际关系。这对于学生未来的学术研究、职业发展都有着积极的影响。

然而,要与大学老师保持良好的关系也需要学生付出努力。首先,学生需要尊重老师,尊重他们的学术成就和个人空间。其次,学生需要表现出对学习的积极态度,并努力取得好的学业成绩。最后,学生需要主动与老师沟通交流,积极寻求老师的帮助和指导。

陈浩是一名计算机专业的大二学生,他对于自己的专业课程非常投入,但也时常遇到一些难题和困惑。特别是在学习高级算法这门课程时,他发现课程的内容相当深奥,自己难以理解其中的一些关键概念。

陈浩并没有因此气馁,他选择了主动向任课老师李老师寻求帮助。尽管李老师平时工作繁忙,不仅要备课教学,还要参与多个重要的学术科研项目,但每次陈浩去找李老师请教时,李老师都会尽量抽出时间耐心解答他的问题。

有一次，陈浩对于某个复杂的算法原理感到十分困惑，他提前预约了李老师的时间，带着自己的疑问和笔记去了办公室。李老师详细地为他解释了算法的原理，并给出了具体的解题步骤。在李老师的指导下，陈浩逐渐掌握了这门课程的精髓，成绩也有了显著的提升。

除了专业课程上的帮助，李老师还给陈浩提供了很多关于学术科研方面的建议。他鼓励陈浩多参与科研项目，提升自己的科研能力。在陈浩表示对未来职业规划感到迷茫时，李老师结合自己的经验，为他分析了不同行业的发展趋势，建议他根据自己的兴趣和能力来做出选择。

五、"同乡情"——大学同乡

大学生活对于刚刚进入大学的新生来说是一个全新的环境和挑战。尤其是对来自外省市的同学来说，当乡音在耳边响起的时候，会有一种天然的归属感、安全感。

对于大一新生来说，大学是一个充满挑战和机遇的阶段，因为初来乍到，没有熟悉的人和事物，一旦遇到自己解决不了的困难时，常常会感到沮丧、孤独、想家、无助。而来自同一个地方，有着相似的沟通语言、文化背景和生活习惯的大学同乡，他们作为已经在大学中生活过一段时间的"过来人"，经历了新生所面临的各种问题和困惑，积累了丰富的经验和教训，可以给予小老乡一些宝贵的建议和帮助，帮助他们更好地适应大学生活，解决问题和面对挑战。

甜不甜，家乡水；亲不亲，故乡人。在大学生活中，新生遇到各种困难和挑战时，如果不方便同室友、同学、辅导员老师交流，可以多同大学老乡沟通交流，寻求帮助和支持。他们可以给你熟悉感和安全感，给予你宝贵的经验和建议。慢慢地，你会发现，有了老乡的关心、帮助和陪伴，所有遇到的困难都变得没那么难了，自己的社交圈子扩大了，大学生活丰富了，路更好走了。

张涵，一个来自湖南的大一新生，刚刚踏入北京的大学校园。对于她来说，这座城市充满了未知和新鲜，但同时也充满了挑战和不安。北京的繁华与喧嚣，让她既兴奋又有些迷茫。

刚开始的几天,张涵感到有些不适应。陌生的环境、陌生的人,让她感到有些孤独和无助。尤其是在课堂上,老师的语速和口音都与她熟悉的湖南话截然不同,这让她在听课的时候感到有些吃力。

然而,有一天,她在食堂偶然遇到了几位同样来自湖南的老乡。当那熟悉的乡音在耳边响起时,张涵感到一种前所未有的亲切和温暖。她们用家乡话交流着,分享着彼此的感受和经历。那一刻,张涵感到自己仿佛又回到了家乡,那种孤独和无助的感觉瞬间烟消云散。

此后,张涵和这些老乡们经常一起学习、一起吃饭、一起游玩。她们互相帮助、互相支持,共同面对大学生活中的各种挑战。当张涵遇到学习上的困难时,老乡们会耐心地为她解答疑惑;当她感到迷茫和不安时,老乡们会给予她鼓励和支持。

在张涵看来,这些老乡不仅是她的朋友,更是她在陌生城市中的亲人。他们的存在让她感到了一种天然的归属感和安全感,也让她更加坚定地相信,自己能够在这个全新的环境中茁壮成长。

六、职场引路人——毕业校友

进入大学,同学们慢慢地会发现,学校或者院系会经常请一些毕业校友回来与在校生交流心得,分享经验。他们或者在学术科研上有所建树,或者在职业发展上比较成功,但无一例外,都能给在校生未来的学习、求职、发展带来一些启迪、一些思考。

第一,认识毕业校友可以加深对专业的了解与认知。毕业校友已经进入工作岗位并有一定的工作经验,他们对专业知识和技能有着更深入的了解。通过交流活动,毕业校友可以分享自己在工作中遇到的问题和解决方案,大一新生则可以了解在学校学习中不容易获得的实践经验和行业动态,对自己的专业有更深入的认识,为未来的学习奠定坚实的基础。

第二,认识毕业校友可以获得更多实习、求职资源与机会。在大学期间,学生们都希望能够找到一份好的实习或工作机会。而毕业校友可以帮助大一新生了解行业的招聘需求和趋势,提供实习或工作的推荐和内部信息。同时,他们可以结合自己的求职经验和技巧,帮助大一新生准备面试和打磨简历。借助与毕业校友的交流和合作,大一新生可以更快地掌握现实职场的要求,培养、提升自己的求职竞争力。

第三,认识毕业校友可以获得职业发展的建议和人脉。毕业校友已经在工作岗位上有了一定成就和经验,他们可以为大一新生提供职业规划和发展方向的建议。通过与毕业校友的交流,大一新生可以了解到不同岗位的职业要求和发展路径,为自己未来的职业规划提供参考。毕业校友还可以帮助大一新生建立职业网络和人脉资源,为将来的职业发展提供支持和帮助。

在与毕业校友交流的过程中,应该注意以下几点。首先,要尊重毕业校友,不要打扰他们的生活和工作。其次,要虚心听取毕业校友的建议,不要自以为是。最后,要保持联系,建立起良好的人际关系,更好地规划自己的未来。

进入大学后,李华逐渐发现,学校经常组织一些校友交流活动。这些活动往往邀请了在各个领域有着卓越成就和丰富经验的校友回到母校,向在校的学弟学妹们分享他们的心得和经历,传授他们的宝贵经验。

有一次,学校举办了一场校友分享会,邀请了一位在科研领域取得杰出成就的校友。这位校友详细介绍了自己在科研道路上的艰辛与收获,分享了自己在学术研究中遇到的挑战和解决方法。他强调了创新思维和实践能力在科研中的重要性,并鼓励大家要勇于探索、敢于创新。

李华在聆听校友的分享时深受启发。她意识到,要想在科研领域有所建树,不仅需要扎实的专业知识,更需要具备独立思考和解决问题的能力。这次分享会让李华对自己的未来规划有了更清晰的认识,也激发了她对科研的热情。

另一次,学院组织了一次职业发展讲座,邀请了一位在企业界取得成功的校友。这位校友分享了自己的职场经历,从初入职场的困惑到逐渐找到自己的定位,再到成为企业高管的过程。他强调了职业规划的重要性,并分享了一些求职技巧和职业发展建议。

李华在听完讲座后受益匪浅。她明白了职业规划对于个人发展的重要性,并开始思考自己的职业兴趣和目标。同时,她也学到了很多实用的求职技巧,这对于她未来的求职之路无疑具有很大的帮助。

第五节　投身实践

一、军训

大学生军训是每位大学新生入学后都要经历的一项重要活动,它不仅能锻炼学生身体,更能培养学生的坚强意志和团队合作精神。

各大学新生军训通常安排在新生开学的第一个月或者开学前的暑假期间举行,持续时间一般为两到四周。大学生军训是国家国防教育的重要组成部分,内容主要包括军事理论教育、体能训练、队列训练、军姿、军事技能训练以及军事纪律等方面。

大学生军训的重要意义不仅可以提高个人素质,更是对大学生全面发展的促进。

首先,大学生军训是锻炼学生身体的绝佳机会。在军训期间,学生们要进行长时间的体能训练,如晨跑、拉练、仰卧起坐、俯卧撑等,这些锻炼可以增强学生的体质和耐力。同时,有些学校的军训也包括一些军事技能的学习,如行军、射击、枪械的使用、防身术、野外求生技能等,这些技能的学习不仅能够提高学生们的实践能力,还能够培养他们的自我保护意识和安全意识。

其次,大学生军训有助于培养学生的坚强意志和顽强精神。军训中,学生们要面对各种困难和挑战,如高强度的体能训练、严格的纪律要求等。这些艰苦的环境能够考验学生的意志力和毅力,让他们在逆境中坚持下去。而且,军训还要求学生们服从指挥、团结协作,这培养了学生的集体主义精神和团队合作能力,让他们明白只有团结一致才能取得成功。这些品质对于学生未来面对挑战和困难时都至关重要。

最后,大学生军训有助于提高学生的纪律观念和自律能力。军训中,学生们要遵守军事纪律,如队列训练、军姿、紧急集合、按时起床、整理内务等,这些要求培养了学生的自律意识和时间观念,提高了他们的组织纪律性。同时,军训也要求学生们保持良好的仪容仪表,让他们懂得如何端正自己的形象。这种严格的要求能够让学生们养成良好的生活习惯,提高他们的纪律观念和自我约束能力。

军训不仅是一次锻炼,更是一次自我成长的机会,能让大家在以后的大学生活中面对各种挑战时从容应对。

李梅是一个性格内向、不太善于交际的大一新生。在军训开始之前,她对于即将到来的集体生活充满了不安和担忧,担心自己无法融入集体,也无法应对军训的种种挑战。

军训的第一天,李梅就感受到了前所未有的压力。站军姿、走方阵,每一项训练都让她感到力不从心。尤其是当教官要求大家高喊口号时,李梅总是感到喉咙发紧,声音微弱。

然而,就在李梅感到无比沮丧的时候,她的室友小玲主动向她伸出了援手。小玲是一个开朗活泼的女孩,她鼓励李梅要勇敢一些,不要害怕在集体面前表现自己。小玲还教给李梅一些喊口号的技巧,帮助她逐渐找到了自信。

在接下来的军训日子里,李梅和小玲一起努力训练,互相鼓励和支持。她们一起度过了烈日下的煎熬,也一起分享了训练间隙的欢笑。在这个过程中,李梅逐渐克服了内心的恐惧和不安,变得更加自信和开朗。

二、加入社团、俱乐部

大学生社团和俱乐部是大学校园中丰富多彩的一部分,社团和俱乐部的种类繁多,涵盖了文学、艺术、体育、公益、科技、理财等各个领域,为学生们提供了丰富多彩的社交和学习交流平台。在大学中,学生社团和俱乐部是学生自我管理、自我教育的重要组成部分,旨在帮助学生们更好地发展自己的兴趣爱好,提高个人能力和技能。

参加社团对大学生有着多方面的意义。第一,社团可以帮助学生们拓宽人际关系,结交志同道合的朋友,丰富大学生活。第二,社团可以提供学生们锻炼自己的平台,例如在学术社团中可以提高专业技能,在体育俱乐部中可以锻炼身体素质。第三,通过参加社团,学生们还可以培养团队合作精神和领导能力,这对未来的职业发展也是非常有益的。

大学生社团的招新时间一般在每学期开始的时候进行，具体时间会根据不同学校的安排而有所不同。一般来说，招新活动会在新生开学后的第一、二周举行。学生可以通过学校官方网站、社团宣传海报、社交媒体等渠道了解具体的招新时间和地点。建议学生在招新活动前提前关注相关信息，以便及时参加感兴趣的社团的招新活动。

那么，我们该如何选择社团呢？

首先，学生们可以根据自己的兴趣爱好和特长，选择自己喜欢的社团投入其中。比如喜欢足球，那就加入足球类社团，驰骋在绿茵场上，奋力奔跑。

其次，按照补缺原则选择自己的社团。比如觉得自己内向，沟通能力欠缺，可以加入学校的演讲与口才、朗诵类社团，学习沟通技巧，补足自己的短板；觉得自己身体孱弱、胆小怯懦，可以选择武术类社团，传统武术、跆拳道、空手道等，慢慢锻炼，强身健体。

最后，按照发展的原则选择自己要加入的社团。当下社会，要求大学生不但要专业精通，还要"一专多能"。比如就读在综合性大学的同学，可以选择专业以外的社团俱乐部参加，如金融研习社、象棋协会、投资理财协会、计算机协会、外语类社团……广交朋友，学习培养多种知识与技能，为走上社会做好知识与能力储备。

大一新生选择适合的学生社团或学生组织可以按照以下步骤进行。

(1)了解学校的社团和组织：浏览学校的网站、社交媒体平台或参加学校组织的宣传活动，了解学校提供的各种社团和组织的类型和活动内容。

(2)确定自己的兴趣和目标：思考自己对哪些方面感兴趣，比如体育、艺术、志愿者服务等。同时，考虑自己想要达到的目标，比如提高某项技能、广交朋友、拓展人际网络等。

(3)参加招新活动或会议：参加一些社团或组织的招新活动或会议，了解活动内容、成员构成和组织文化。与现有会员交流，了解他们的经验和感受。

(4)参观社团或组织的活动：如果可能的话，参观一些社团或组织的活动，这样可以更好地判断自己是否适合加入。

(5)考虑时间和精力：考虑自己的学业和其他活动安排，确定自己有足够的时间和精力参与社团或组织的活动。避免加入太多社团或组织而导致时间和精力分散。

（6）尝试新的领域：大学是一个尝试新事物的好时机，不要害怕，尝试一些自己之前没有考虑过的领域或活动。这样可以开阔眼界，丰富大学生活。

提醒一下，记住选择适合的学生社团或组织是为了丰富自己的大学生活，提高个人能力和拓展人际关系，所以选择的过程应该是积极主动的，不要被太多他人的意见或压力影响了自己的选择。

三、竞聘班干部

班干部是班级组织的核心，承担着组织协调、沟通交流、服务同学的重要职责。作为大学这个"小社会"中最小的组织单位，班级虽小，但事务不少。对于大学生来说，竞选担任班干部还是有很大的益处的。

首先，担任班干部是一个锻炼和成长的机会。通过竞选和担任班干部，我们可以学会领导和管理团队，培养自己的组织能力、沟通能力和协调能力。这些能力对我们未来的发展非常重要。

其次，担任班干部可以为班级和同学们做出更多的贡献。作为班干部，我们可以更好地代表班级的利益，协助老师管理班级事务，组织班级活动，解决同学们的问题，促进班级的和谐发展。这不仅可以提升班级的凝聚力，还可以让同学们的学习和生活更加顺利。

最后，担任班干部可以提升自己的社交能力和拓宽人际关系。在竞选和担任班干部的过程中，我们需要与老师、同学和家长等各方面进行良好的沟通和合作，这有助于扩展我们的人脉，结交更多的朋友，为将来的发展打下良好的基础。

很多同学认为做班干部会占用自己大量的时间和精力，耽误自己的学业，得不偿失。确实，担任班干部意味着你将承担起更多的责任和义务，处理班级事务、协调同学关系、解决各种问题，都需要你投入更多的时间和精力。但是，这种付出将会为你换来更多的成长和收获。你将学会更好地管理时间，更好地与人沟通，更好地处理复杂的情况。这些都是未来职业生涯中非常宝贵的技能和经验。

竞选班级干部不仅是对自己的挑战，更是对自己的肯定。不管你是一个擅长组织的人，还是一个擅长创新的人；是一个擅长沟通的人，还是一个擅长解决问题的人，都请你珍惜这宝贵的成长机会，为你在大学生活中的精彩添上充实、有意义的一笔。

王琳是一名大一的学生，自高中以来她一直都对班级事务充满热情，担任过学习委员、团支书、班长等学生职务。进入大学后，她决定继续挑战自己，参加班级干部的竞选。

王琳是一个擅长组织的人，她善于制订计划并协调各方资源，确保活动的顺利进行。在竞选过程中，她充分发挥了自己的这一优势，精心策划了一场别开生面的竞选演讲。她不仅详细阐述了自己的竞选理念和目标，还展示了过去参与和组织班级活动的经验。她的演讲赢得了同学们的热烈掌声和广泛认可。

竞选成功后，王琳作为班级干部，面临着一系列新的挑战。她需要协调班级内部的各种事务，解决同学们在学习和生活中遇到的问题。同时，她还要与学院、学校等各方进行沟通，为班级争取更多的资源和权益。

在这个过程中，王琳遇到了很多困难和挫折。但她并没有气馁，而是不断寻求解决方案，努力克服困难。她学会了更好地与人沟通、协调和解决问题，也锻炼了自己的领导能力和团队合作精神。

四、勤工俭学

在大学生活中，勤工俭学已经成为一个十分普遍的现象。很多大学生不再局限于课堂上的知识学习，他们越发重视在课堂之外的技能提升和经验积累。调查报告显示，有49%的同学认为参加勤工俭学的目的是"增加社会实践经历"，有21%的同学是为了"丰富自己的个人生活"。大学生利用课余时间和假期兼职打工，接触社会、体验社会、了解社会，正在成为一种潮流。通过勤工俭学，学生不但能获得一定的经济收入，还能够获得实际工作经验来丰富他们的简历，为将来的职业生涯奠定坚实基础。

大学阶段是培养专业知识和技能的时期，然而，仅仅依赖课堂上的理论学习远远无法满足现实世界对大学生的技能诉求。勤工俭学提供了一个独特的机会，使学生能够将所学知识付诸实践，将课堂上的理论与实际应用相结合。这种结合不仅有助于加深他们对理论的理解，还能够帮助他们将知识应用于实践中。

除了积累经验,一些家庭条件不好的学生还可以通过勤工俭学为家庭减轻一定的经济负担。在大学期间,学费、生活费等开销会给一些家庭带来一定的经济压力。通过自力更生,学生可以在一定程度上减轻这种负担,甚至减轻家庭的经济担忧。

勤工俭学还可以培养同学们的独立意识和人际交往与沟通能力。通过参与工作,同学们会更加深刻地理解社会的运作和人与人之间的相互关系,学会尊重他人、团队合作以及如何处理各种人际关系,这些都是我们未来工作和生活中必不可少的能力。

(一)勤工俭学主要形式

大学校园中的勤工俭学形式和岗位种类繁多,主要包括以下几种。

1. **学生助教**:大学中许多课程需要助教来协助教授进行教学工作,学生可以申请成为助教来辅助教学并获取一定的报酬。获得途径通常是通过教务处或学院的招募公告,学生可以根据自己的专业背景和兴趣选择适合的助教岗位。

2. **图书馆助理**:学生可以在图书馆担任助理,负责图书借还、馆内整理和维护等工作。获得途径通常是通过图书馆的招募公告,学生可以直接向图书馆咨询并提交申请。

3. **校园导游**:大学一般会有校园导览服务,学生可以申请成为校园导游,带领游客参观校园并讲解相关信息。获得途径通常是通过学校的招募公告,学生可以向校园导览中心或相关部门咨询申请流程。

4. **实验室助理**:大学中的科研实验室通常需要学生助理来协助研究工作,学生可以申请成为实验室助理,参与科研项目。获得途径通常是通过教授或实验室负责人的推荐,学生可以向自己感兴趣的实验室咨询并提交申请。

除了以上列举的形式和岗位,还有其他一些勤工俭学的机会,如校园活动志愿者、校园媒体记者、辅导员助理等。获得途径通常是通过学校相关部门的招募活动,学生可以关注学校的公告和通知,积极参与报名。

总之,大学校园中的勤工俭学提供了丰富多样的岗位和机会,同学们可以根据自己的兴趣和能力选择适合的岗位,并通过不同的途径获得这些机会。

(二)小心兼职陷阱

社会上有形形色色的兼职陷阱,涉世之初的学生稍不注意就会上当受骗。由于大学生利用业余时间打工已成为大学校园里的一种普遍现象,不少中介公司以此为"契机",抓住大学生社会经验不足的弱点,明目张胆地进行欺诈活动。

王磊是一名大一新生,他渴望通过做兼职来锻炼自己,同时也希望能减轻家庭的经济负担。一天,他在校园内看到了一家中介公司发布的兼职广告,声称提供多种高薪兼职岗位,非常适合大学生。

王磊心动了,他主动联系了这家中介公司,并按照要求缴纳了一定的中介费用。然而,当他满怀期待地等待兼职岗位时,却发现自己陷入了一个陷阱。

中介公司并没有按照承诺提供合适的兼职岗位,而是不断地以各种理由推脱,甚至开始玩起了"失踪"。王磊多次联系中介公司,但始终无法得到一个明确的答复。他意识到自己可能上当受骗了,但此时中介费用已经无法追回。

更让王磊感到愤怒的是,他后来了解到这家中介公司经常在校园内发布虚假兼职广告,专门针对社会经验不足的大学生。他们利用大学生对兼职的渴望和缺乏警惕性,明目张胆地进行欺诈活动。

王磊的经历并非个例。社会上确实存在很多形形色色的兼职陷阱,这些陷阱往往利用了大学生渴望锻炼自己、减轻经济负担的心理。因此,大学生在寻找兼职时一定要保持警惕,提高自己的防范意识和自我保护能力,选择正规、信誉好的中介公司或平台,避免陷入类似的陷阱。

因此,大学生选择勤工俭学时,尽量通过学校的职能部门来寻找工作机会。比如家教,有些学校学生处(工作部)会有勤工俭学办公室之类的部门,负责学校相关工作。在校外兼职时,一定要擦亮自己的眼睛,小心上当受骗。

五、加入学生组织

这里说的学生组织,指的不是社团,而是学校或者院系层面的团委、学生管理部门、学生会等学生组织。

校级学生会是学校内部的主要学生组织,接受学校党委的领导和团委的指导,并对学生进行领导、督查和服务,是学校和学生之间的桥梁和纽带。大部分学校的学生会组成部门包括主席团、办公室、纪检部、组织部、宣传部、文艺部、体育部、外联部、企划部、女生部等。院系学生会的部门设置也基本如此。

对于刚刚进入大学的新生而言,是否加入学生会是摆在很多人面前的一个问题。很多"过来人"的说法让新生犹豫不决。"会占用太多时间和精力,很容易耽误自己的学习""不是在打杂,就是在去打杂的路上""开不完的会,做不完的事,感觉一直在忙,但是又不知道在忙什么"……但是,任何事情都是有两面性的,加入学生会也是这样,加入学生组织虽然会占用一部分休息时间,但它也会给学生带来许多好处。

1. 扩大社交

通常来说,加入学生会后需要你更多地与别人打交道。所以,如果你喜欢结识朋友,学生会是一个不错的选择。加入学生会可以认识更多的人,增强自己的社交沟通能力,包括直系学长学姐、同届同学、学校老师、校外人士等。

2. 锻炼才干

学生会是一个能锻炼人的好地方。不仅能够锻炼学生的个人能力,比如语言表达能力、组织管理能力、社交能力以及领导能力等,还能够让学生收获很多在书本中学习不到的人生经验。比如和其他成员一起筹备一场大型活动,如新生杯合唱比赛,涉及诸多流程,包括策划、组织、执行、经费募集与使用、突发事件处理等,都要考虑周全。如果完整地经历过活动策划、拉赞助、请嘉宾、活动执行这一系列环节,那么对个人的沟通能力、组织能力和协调能力的提升是很有帮助的。

3. 增强求职竞争力

加入学生会后,会积攒起策划活动、执行任务等方面的相关经验。如果表现非常优异,比如成为学生会主席、副主席、部门部长独当一面,更能大幅提升自己的综合素质和能力,增加自己的闪光点。千万不要小瞧这点闪光点,相对于那些"一张白纸一样"的其他求职者来说,你为自己的个人简历增添的学生干部经历,足以吸引招聘者的注意力,从而加大应聘成功的概率。

4. 增加砝码

某些学校或学院会将学生会的职务经历纳入学生评优评先的加分条件中，如评选优秀团干部、优秀学生干部等荣誉。同时也是支教保研、选调生的重要加分项之一，是行政保研的必备项，是你未来留校任教（专职辅导员、团委工作）的重要参考。例如，部分高校的保研政策规定，担任学生会主席团、团委等主要学生组织负责人可以获得额外的保研加分。

当然，在你决定申请加入之前，一定要搞清楚学生会的各个部门的职能和工作任务，不要盲目加入。最好根据自己的兴趣爱好和特长申请加入相关部门，否则很可能会损害你自己的积极性，影响你的规划与发展。

六、积极参与社会公益项目

大学不仅是知识的殿堂，更是培养学生综合素质的摇篮。很多高校通过各种举措让学生走出书本知识的局限，积极参与社会公益活动，关注贫困、环保、教育资源不均等社会问题，深刻地理解社会的多样性和复杂性，增强自身的社会责任感。并在社会活动中，让学生锻炼自己的沟通能力、团队协作能力以及解决实际问题的能力，全方位地提升学生的综合能力。

例如，一些学校规定参与特定公益项目、在公益活动中表现突出或者获得相关公益奖项，都可以在综测中获得相应加分。许多高校对学生的志愿时长有明确要求，像洛阳理工学院规定全日制本科生在校期间参加志愿服务时长不少于60小时，专科生不少于40小时，以最终志愿时长给予素质拓展学分认定。而志愿时长最主要的获得方式就是参加社会公益。这促使学生积极参与各类公益活动，从校园内的环保行动到社区的关爱服务，在积累时长的过程中，不断拓展自己的社会视野，增强社会责任感。

我们要清醒的认识到，公益从来不是单向的奉献，而是一场青年与社会的共生共长。正如哈佛大学"服务学习"理论所强调的：当你在思考如何帮助他人时，你也在重塑自己的人生剧本。

大学生参与社会公益的主要方式如下。

(一)志愿服务

校园志愿服务：高校的志愿者协会或社团定期组织活动，如迎新志愿服务、校园环保志愿服务等。

社区志愿服务：大学生可为社区居民提供老年人陪伴、儿童课外辅导等。

大型活动志愿服务：在各类大型体育赛事中承担赛事引导、观众服务、后勤保障等工作。

(二)公益项目参与

公益募捐活动：大学生可以组织或参与公益募捐，为贫困地区儿童、受灾群众等筹集资金和物资。

社区环境整治项目：大学生参与社区环境整治。

文化传承公益项目：大学生参与文化传承公益项目。

(三)社会实践与公益结合

暑期社会实践公益活动：大学生组建暑期社会实践团队，开展公益实践。

专业相关的公益实践：结合专业知识，大学生开展特色公益实践。如医学院学生组织医疗志愿服务队开展义诊，法学院学生开展法律援助等。

(四)公益创业

大学生创建公益组织或社会企业，运用商业手段解决社会问题。

七、追求进步，积极向党组织靠拢

(一)认清使命，勇挑重担

北宋张载以"为天地立心，为生民立命，为往圣继绝学，为万世开太平"勾画出知识分子的历史责任感和使命感；周恩来总理在年少时发出"为中华之崛起而读书"的呐喊，掷地有声，展现了老一辈无产阶级革命家为国为民的博大胸襟和远大志向。

当代青年是国家的未来、民族的未来，是未来社会的主要建设者和领导者。

当今世界正经历百年未有之大变局，当前世界政治、经济、军事格局的变化充满了不确定性和复杂性。一方面，随着世界各国实力的不断增长和发展，各国在经济、科技、军事等领域的竞争日益激烈，相互之间的利益冲突和竞争加剧，国际体系逐渐呈现多极化的趋势。另一方面，各国之间的相互依存日益加深。世界各国的经济、政治和文化联系更加紧密，贸易、投资、信息流动更加便捷，国际合作更加频繁。各国也在国际事务中加强合作，共同应对气候变化、贫富差距、恐怖主义等全球性挑战。

中国正处于全面建设社会主义现代化国家的关键时期。国家经济持续增长，科技实力不断提升，国际影响力逐步增强。同时，中国也面临着诸多挑战，如经济结构转型、环境污染、社会公平等问题需要解决。

时代需要青年学子凝鸿鹄之志，立不世之言，充分发挥主人翁精神，肩负起弘扬民族精神和文化的责任，传承和弘扬中华民族的优秀传统文化，传承和发展爱国主义、集体主义、社会主义等精神，为实现中华民族伟大复兴的中国梦贡献力量。

时代需要青年学子具备国际视野和全球意识，积极学习国际先进科学技术和管理经验，提高自身综合素质，为国家的创新发展和国际竞争做出贡献。

时代需要青年学子关注社会问题，积极参与公益事业和社会服务，关心弱势群体，促进社会公平正义，以实际行动支持和拥护国家的发展战略，积极参与国家的现代化建设和改革开放进程，为构建和谐社会，为中国的强大和繁荣，为中华民族伟大复兴的中国梦贡献力量。

(二)明确党的核心地位

当代青年要清醒地认识到当前中国能够和平崛起屹立于世界民族之林来之不易，是无数先烈和前辈抛头颅、洒热血，奉献青春与才干而得来的；要清醒地认识到现在的国家富强、民族振兴是全国各族人民在中国共产党的正确领导下努力奋斗出来的。

中国共产党是风雨来袭时中国人民最可靠的主心骨，是中国特色社会主义事业的坚强领导核心；党的领导是党和国家的根本所在、命脉所在，是全国各族人民的利益所系、命运所系。只有共产党才能救中国，只有共产党才能发展中国。

近代以来,中国陷入了内忧外患的黑暗境地,中华民族经历了战乱频仍、山河破碎、民不聊生的深重苦难。中国共产党自创立以来,就把马克思主义的基本原理同中国实际结合起来,把党的命运与中国人民和中华民族的命运联系起来,团结带领各族人民进行了长期而艰苦卓绝的斗争,推翻了帝国主义、封建主义和官僚资本主义"三座大山",建立了中华人民共和国,奠定了社会主义基础。党的领导使得我们国家从过去的落后挨打走向了独立自主,实现了国家的独立和人民的解放。

中华人民共和国成立以来,中国共产党人坚持以实事求是为原则,敢闯敢试,自力更生,艰苦奋斗,进行了不断探索与调整。尤其改革开放以来,中国共产党坚持以经济建设为中心,推动了中国经济的快速发展和社会的全面进步。正是在中国共产党的坚强领导下,中国人民成功走上中国式现代化道路,创造了人类文明新形态,绘就了人类发展史上的壮美画卷,中华民族迎来了从站起来、富起来到强起来的伟大飞跃,中华民族伟大复兴展现出前所未有的光明前景。

(三)追求进步,积极向党组织靠拢

加入中国共产党是每个有志于为国家和人民奉献的大学生的梦想和追求。青年学生积极向党组织靠拢,表现出他们对政治的关注和追求进步的态度。他们愿意靠近、加入党组织,参与党的活动,表达自己的观点和意见,同时也能够接受

入党流程图

党的指导和教育,不断提升自己的政治素养和思想觉悟。这种上进的表现,不仅有利于个人的成长,也有助于社会的进步和发展。

中国共产党作为无产阶级的先锋队和中国特色社会主义事业的领导核心,始终高度重视吸纳新鲜血液加入,引导大学生积极参与党的建设和社会主义事业。那么,对于在校大学生来说,年满18岁后,如何加入中国共产党呢?具体要求如下所示。

(1)政治立场坚定。作为共产主义事业的接班人,大学生应当具备坚定的马克思主义信仰,热爱祖国,热爱人民,热爱社会主义;应当具有对中国共产党和社会主义制度忠诚的态度,并且愿意在实践中不断增强自己对马克思列宁主义、毛泽东思想、邓小平理论、"三个代表"重要思想、科学发展观、习近平新时代中国特色社会主义思想的学习,践行全心全意为人民服务的宗旨。

（2）品德优良。道德品质是一个人是否适合加入中国共产党的重要标准之一。大学生想要加入中国共产党，需要具备良好的道德品行和高尚情操，要有坚强的意志，正直的品格，良好的人际关系和团队合作能力，自觉遵守党的纪律，严格遵守社会公德和职业道德，并时刻保持着正确、健康、积极向上的态度。应当以身作则，在日常行为中起到模范带头作用。

（3）学业优秀。大学生加入中国共产党需要具有优秀的学业成绩，要有良好的学习态度和刻苦钻研的精神，具备较高的理论水平和实践能力，能够在学习中不断进步，为党和国家的建设贡献自己的力量。

（4）积极参与。大学生要积极参加学校组织的各项活动，并且在其中发挥积极作用。不计个人得失，甘于奉献，为同学们服务，为学校服务，为社会服务。

以上就是加入中国共产党的具体要求，大学生在申请加入中国共产党之前要认真思考自己是否符合这些要求，如果符合，那就可以按照下面的具体步骤来申请加入中国共产党。

第六节 遵纪守法，不踩"红线"

为维护学校正常的教育教学秩序和生活秩序，保护学生的合法权益，很多高校依据法律法规、《普通高等学校学生管理规定》以及其他有关规定，结合本校章程以及实际情况，制定本校的各项管理规定，来保障学校有序运行。

在法治社会中，每一个公民都有遵守法律的义务。大学生作为社会的知识群体，更应当成为守法的典范。只有严格遵守国家法律，才能避免陷入违法犯罪的深渊，为自己的人生道路奠定坚实的基础。同时，守法也是对他人权利的尊重，是构建和谐社会的基石。

而校规则是学校为了保障学校正常的教学秩序和学生的健康成长而制定的具体规范。它涵盖了学习、生活、社交等各个方面。遵守校规，不仅有助于维护学校的正常秩序，还能培养大学生的自律能力和责任感。

大学阶段的学习生活，强调"自律"。对于大一新生来说，刚进入大学应该认真了解并遵守学校的各项规章制度，包括考试纪律、宿舍管理规定等，避免因不了解规定而导致违法违纪行为的发生。同时,要树立正确的价值观和行为准则,尊重他人,自觉遵守法律法规和社会公德,坚守道德底线,追求真、善、美。如果遇到问题或困惑,应及时与辅导员、老师或学校相关部门沟通,寻求帮助和指导。

违纪案例一:

大一新生小 A 到学校报到当天,在学校操场偷拍女生裙底时被当场抓获。事件发生后学校高度重视,学校相关部门和小 A 所在学院第一时间开会研究,启动劝其退学处置程序,并将小 A 的情况及学校意见通知家长。小 A 及其家长同意自动退学。鉴于小 A 处于新生入学报到资格审查阶段,尚未取得正式学籍,学校按流程终止办理小 A 入学手续。

违纪案例二:

某大学学生反映该校学生小 B 在新媒体账号上发布虐猫视频并发表不当言论。学校立即成立专门工作组开展调查。经查实后,依据《普通高等学校学生管理规定》和本校的学生违纪处分规定,给予学生小 B 开除学籍处分。

违纪案例三:

2022 年 3 月,某高校学生小 C 在期末考试中违规携带手机进入考场,并通过 QQ 群接收校外人员发送的试题答案,被监考老师当场抓获,小 C 对自己考试作弊严重违反学校考试纪律的行为供认不讳,最终小 C 被给予留校察看处分。

违纪案例四:

2023 年 5 月,某学院小 D 同学未经批准,私自在外租房,多次夜不归宿,无故旷课达 20 余学时。学院领导和辅导员老师多次通过电话、微信等联系方式与其联系,但该生不回信息、不接电话,拒绝与学校老师沟通,行为非常散漫,纪律意识极其淡薄。为严肃校规校纪,教育本人,警示他人,经学院学生违纪处理小组研究,根据该校《学生违纪处分暂行规定》之规定,决定给予小 D 严重警告处分,处分期限为 8 个月。

这些案例表明高校对于学生的违纪行为通常会采取严肃的处理措施,以维护学校的秩序和教育环境。需要注意的是,不同高校对于违纪行为的界定和处分方式可能会有所不同,但总体原则都是为了教育学生遵守规章制度,培养良好的品德和行为习惯。

一、学生违法违纪的相关规定

对于学生违法违纪情况,《普通高等学校学生管理规定》第五十一条规定:对有违反法律法规、本规定以及学校纪律行为的学生,学校应当给予批评教育,并可视情节轻重,给予如下纪律处分。

(一)警告;

(二)严重警告;

(三)记过;

(四)留校察看;

(五)开除学籍。

第五十二条规定:学生有下列情形之一,学校可以给予开除学籍处分。

(一)违反宪法,反对四项基本原则、破坏安定团结、扰乱社会秩序的;

(二)触犯国家法律,构成刑事犯罪的;

(三)受到治安管理处罚,情节严重、性质恶劣的;

(四)代替他人或者让他人代替自己参加考试、组织作弊、使用通讯设备或其他器材作弊、向他人出售考试试题或答案牟取利益,以及其他严重作弊或扰乱考试秩序行为的;

(五)学位论文、公开发表的研究成果存在抄袭、篡改、伪造等学术不端行为,情节严重的,或者代写论文、买卖论文的;

(六)违反本规定和学校规定,严重影响学校教育教学秩序、生活秩序以及公共场所管理秩序的;

(七)侵害其他个人、组织合法权益,造成严重后果的;

(八)屡次违反学校规定受到纪律处分,经教育不改的。

二、常见大学生违法违纪行为

常见的高校学生违法违纪行为包括但不限于以下几种。

1. 考试作弊:包括携带与考试相关的资料、抄袭他人答案、替考、使用电子设备作弊等。

2. 学术不端：抄袭、剽窃他人的学术成果，伪造实验数据或研究成果等。

3. 弄虚作假：违反学校的诚信原则，在评奖评优、申请助学贷款、家庭经济状况认定及各项资助申请过程中弄虚作假。

4. 旷课：未经请假或请假未获批准而擅自缺课。

5. 打架斗殴：在校园内与他人发生肢体冲突，扰乱校园秩序。

6. 酗酒闹事：在校园内过度饮酒并引发不良行为。

7. 违反宿舍管理规定：如私自调换宿舍、留宿他人、晚归或夜不归宿、在宿舍使用违禁物品，如违禁电器、危险物品（易燃、易爆、有毒等），违反宿舍消防及其他安全规定等。

8. 网络违规：在校园网络上发布虚假信息、不良信息或非法信息、传播谣言、侵犯他人隐私等。

9. 破坏公共财物：故意破坏校园环境、损坏校园建筑、公共设施、教学设备等行为。

10. 违反校园治安管理：未经许可在校内摆摊设点、张贴散发宣传品/印刷品或拉挂横幅等。

11. 扰乱学校秩序：扰乱课堂和教学楼、会场、科研场所、办公场所、图书馆、食堂、宿舍楼等公共场所秩序。

12. 参与非法组织或活动：参加邪教组织、非法传销活动等；在学校进行宗教活动。

13. 侵犯隐私：偷窥、偷拍、窃听、散布他人隐私等。

14. 侮辱诽谤：公然侮辱他人、威胁他人人身安全，捏造事实诽谤他人或捏造事实诬告陷害他人。

15. 性骚扰：偷拍女生裙底，故意用身体触碰女生，通过语言、文字、图片、行为等方式对他人进行性骚扰。

16. 违规操作：违反规定，擅自将爆炸性、毒害性、放射性、腐蚀性物质或其他危险物质带出规定的保管场所。

17. 违背公序良俗：虐杀动物、故意在公共场所裸露身体、拍摄发布不雅视频等。

18. 阅看、传播淫秽的文章、书刊、图片、音像等淫秽资料或非法资料；持有、吸食、注射毒品；参与赌博、卖淫、嫖娼等。

三、违法、违纪被处分的后果

虽然学校对于学生的违法违纪行为，是本着批评教育与惩戒相结合的原则，会酌情给予违纪学生适当处分。但纪律处分结果也是视学生违法、违纪行为的性质和过错的严重程度而定。但对大学生来说，不管是被处以警告、严重警告的较轻微处分，还是记过、留校察看这类较重的处分，还是更严重的开除学籍的处分，都存在影响未来发展的潜在风险。

《普通高等学校学生管理规定》第五十七条规定：除开除学籍处分以外，给予学生处分一般应当设置6~12个月期限，到期按学校规定程序予以解除。第五十八条规定：对学生的奖励、处理、处分及解除处分材料，学校应当真实完整地归入学校文书档案和本人档案。

很多学校都会规定：警告的处分期为6个月；严重警告的处分期为6个月；记过的处分期为12个月；留校察看的察看期为12个月，察看期同时为处分期。

大学生处分是否会记入档案，取决于处分的类型和严重程度，以及学校的具体操作。

一般来说，如果是比较轻微的处分，如警告或严重警告，通常不会记入档案。这些处分主要是为了教育学生，让他们认识到自己的错误并加以改正，而不会影响他们的前途。然而，如果处分比较严重，如记过、留校察看或开除学籍等，那么这些处分很可能会记入档案。

此外，即使处分被撤销，也可能会在档案中留下记录。一些学校为了照顾学生就业，可能不会将处分放入档案，但这些资料仍然会有留底，可以查到。

1. 受到处分后有可能会导致没有资格参评三好学生、优秀学生干部、优秀共青团员、优秀共青团员干部等。
2. 受到处分后有可能会丧失参评奖学金的资格。
3. 受到处分后有可能会影响今后考研究生、保研、参军入伍、考公务员的政审。
4. 受到处分后有可能会影响毕业后学位证书的获取。

"国有国法，校有校规。大学生应该遵纪守法，不踩红线。"

大二篇
探索与发展

- 初步确定发展方向
- 考试与证书
- 了解论文、科研与竞赛
- 修读双学位
- 实践活动
- 参军入伍

大学二年级是一个自我探索和发展的阶段，同学们逐渐适应了大学生活，开始更加独立和自主地思考和做决策。在这个阶段，你们会面临许多新的挑战和机会，需要你们主动地去探索和发展自己的兴趣和能力。

此外，大学二年级也是同学们开始思考自己未来职业发展的阶段。你们可以参加实习或者志愿者活动，积累实践经验，了解不同行业的工作环境和要求。同时，也可以寻求导师帮助或者参加职业规划的课程，帮助自己更好地确定自己的职业目标和发展规划。

作为大学二年级的学生，要掌握以下几个能力。

1. **学术能力**：在大学二年级，对学术能力的要求会更高。要能够独立进行研究和学习，掌握相关的学科知识和学习方法，学会撰写学术论文和报告。

2. **团队合作能力**：在大学二年级，很多课程和项目需要进行团队合作。要学会与他人合作，有效沟通和协调，共同完成任务。

3. **解决问题能力**：大学二年级的学习和生活中，会遇到各种问题和挑战。要学会分析问题、寻找解决方案，并能够灵活应对和解决问题。

4. **自我管理能力**：大学二年级的学习任务更多，需要学会合理规划时间、管理个人资源，保持良好的学习和生活习惯。

5. **社交能力**：大学是一个广泛交际的环境，要学会与不同的人建立联系、交流和合作，扩展人际关系网。

6. **创新能力**：在大学二年级，可以积极参与科研、创新项目等，培养创新思维和能力，学会提出新的观点和解决方案。

这些能力的培养需要通过积极参与课堂学习、实践项目、社团活动等方式来提升。此外，也可以寻找导师或学长学姐的指导和帮助，参加相关的培训和讲座，不断学习和提升自己。

第一节　初步确定发展方向

李明是一名大二的学生,经过大一的学习,他已经完成了数学、物理等基础课程的学习,并对自己的专业——计算机科学有了初步的了解。在大一结束时,他的绩点表现优异,还获得了一些计算机编程方面的证书。

进入大二后,李明意识到他需要开始思考自己的未来发展方向了。他参加了学校组织的职业规划讲座,了解了保研、考研、出国读研和直接求职就业等几种常见的发展路径。李明知道,无论选择哪条路,他都需要继续提高自己的绩点,积累更多的实践经验,并考取一些与职业相关的证书。

然而,他也意识到这些发展方向之间还是存在一些具体的差异。例如,如果他选择保研或考研,他需要更深入地研究计算机科学的前沿知识,并可能需要发表一些学术论文;如果他选择出国读研,他还需要提高自己的英语水平,并了解国外的学术环境;而如果他选择直接求职就业,他则需要更加关注企业的招聘需求,并积累更多的项目经验。

经过深思熟虑,李明决定选择保研并继续深造。于是,他开始更加专注专业课程的学习,并积极参加学校的科研项目,为将来的研究生生涯做准备。同时,他也没有放弃其他方面的努力,比如提高英语水平,这也有助于他将来出国交流或深造。

经过一年的学习,同学们已经完成了一些基础课程的学习,对自己的专业方向有了一定的了解。到了大二,除了更加专业化课程的学习外,同学们是时候思考、初步确定自己未来发展方向到底是保研、考研、出国读研,还是直接求职就业了。因为这几个发展方向除了共通的绩点、证书、技能要求外,还有一些具体的差异性。越早确定自己的发展方向,就会让你准备更充分,更有的放矢、事半功倍。即使你后面改变主意,相应的努力也不会白白付出。

摆在同学们面前的两条大道,就是继续深造(出国读研、保研、考研)、求职就业(包括考公、考编等),主要取决于个人的兴趣、目标和发展规划。同学们可以根据自身的兴趣、能力和目标来进行规划,同时,可以咨询学长学姐、辅导员、家长或相关专业人士的建议,以便自己做出更明智的选择。

下面我们就简单介绍一下考研、保研、出国读研、考公、求职就业的相关概念、时间节点、基本要求等。详细实操、准备要点放在大三阶段展开。

一、考研

考研,全称是全国硕士研究生统一招生考试,是指教育主管部门和招生机构为选拔研究生而组织的相关考试的总称,由国家考试主管部门和招生单位组织的初试和复试组成。

(一)学硕和专硕

普通高等教育统招硕士研究生招生按学位类型分为学术型硕士(以下简称"学硕")和专业型硕士(以下简称"专硕")研究生两种;按学习形式分为全日制研究生、非全日制研究生(在职研究生)两种,均采用相同考试科目和同等分数线选拔录取,如表2-1所示:

表2-1　　　　　　　　　　学硕与专硕的区别

	学术型硕士	专业型硕士
培养目标	学硕偏理论研究,以培养教学和科研人才为主	偏实际应用,培养国家经济社会发展急需的高层次应用型职业化人才
培养方式	学历教育:年底全国统考,录取后获得研究生学籍,毕业后可获得普通高等教育硕士毕业证书和学位证书	学历教育:年底全国统考,毕业后可获得普通高等教育硕士毕业证书和学位证书; 非学历教育:五月同等学力申硕,获得可以申请学位的资格,再通过硕士论文答辩,获得硕士学位证书,无毕业证书
学制学费	一般是3年制,大部分专业学费在8 000元/年	2-3年制,学费一般高于学硕,大部分专业学费在10 000-40 000元/年不等,而非全日制学费贵很多,在20 000-100 000元/年不等。

续表

	学术型硕士	专业型硕士
学习方式	全日制及非全日制普通研究生(年底全国统考)	全日制及非全日制普通研究生(年底全国统考) 单证在职研究生(同等学力申硕)
继续深造	学硕可以在研二申请转博	专硕和非全日制普通研究生必须在拿到学位证后考博

(二)考研重要时间节点

报名及考试时间仅供参考,以每年官方网站公布的时间为准。

1. 网上咨询:9月22日—9月26日。

2. 预报名:9月25日—9月28日。

3. 正式报名:10月10日—10月31日。

4. 现场确认:11月10日—11月14日(考生应在教育部规定的报名时间内进行网上报名和现场确认,逾期不予办理)。

5. 考试时间:每年12月的倒数第二个周末。

6. 考试成绩公布时间:每年3月份。

7. 复试一般在3—5月,复试在考研中的权重是30%～50%;复试分为笔试和面试;笔试分为外语的听力笔试和专业笔试;面试分为外语口语和专业课面试。

(三)考研科目与内容

1. 考研科目

考研课程共四门,包括两门公共课、一门基础课(数学或专业基础)、一门专业课。

两门公共课是政治、外语(英语一/英语二/不适用统考英语)。英语一适用于所有学硕和临床医学、口腔医学、公共卫生、护理、中医、法律硕士(非法学专业)、法律硕士(法学专业)、汉语国际教育、建筑学、城市规划10类专业硕士;英语二只适用于工商管理、公共管理、会计、旅游管理、图书情报、工程管理、审计7

类专业硕士;可以选用英语一或英语二的专业是金融、应用统计、税务等30类专业硕士;不适用统考英语也就是不考英语一或英语二的是外国语学院同学考的翻译专业硕士。

一门基础课是数学(理工类:数一/数二;经济类:数三)或专业基础。

一门专业课(分为十三大类),包括哲学、经济学、法学、教育学、文学、历史学、理学、工学、农学、医学、军事学、管理学、艺术学。其中,法硕、西医综合、教育学、历史学、心理学、计算机、农学等属于统考专业课;其他非统考专业课都是由各高校自主命题。

2. 考研分数

考研初试总分为500分,分别是政治100分,外语100分,数学或专业基础150分,专业课150分。其中:管理类联考分数是300分(包括外语二100分,管理类综合200分)。

3. 考研四条线:国家线、学校线、学院线、录取线

考研国家线是教育部依据硕士生的培养目标,结合该年度招生计划、生源情况及总体初试成绩情况,确定报考统考、MBA及法律硕士专业学位考生进入复试的基础分数线,考生只有达到了国家线才有可能参加复试和调剂。其中包括应试科目总分要求和单科分数要求。

学校线是各招生单位在国家线的基础上,根据本校有关专业生源余缺情况确定的复试资格线。所以说,学校线才是真正的复试线。

学院线则是学院在学校线的基础上,根据本学院有关专业生源余缺确定的最终复试资格线。

专业录取线则是本专业拟录取的最低录取分数线。

简单来说,国家线是录取资格线,学院线是复试资格线。也就是说,学院线决定能否进报考院校的复试,国家线决定能否读研。通过了国家线未通过学院线的可以联系调剂其他院校,未通过国家线的只能宣布考研失败。

(四)考研学校、专业选择

在选择专业和院校之前,考生一定要对自己的优势和劣势做客观分析,理性评判自己的学习能力,发现自己的兴趣爱好。切忌不切实际地高估自己,也不要因为贪图名校带来的"荣耀"而盲目"追热"。全面认识名校,客观评价自己,同学们会发现提升自身内在的含金量,远远高于名校赋予的光环。

1. 适合自身

在决定考研时,先问问自己:考研的动机是什么,自己的兴趣在哪里,兴趣能和考研联系在一起吗,哪些院校开设了相关的专业？在正确判断自身学习成绩的基础上,加之半年的复习,大概能达到什么分数水平,有望考到哪些学校？这些问题是择校之前必须思考的。

2. 专业适合

全国共有多少所院校符合专业选择自己的要求,自己的能力适合冲击哪个层级的院校,这个层级的几所院校是否符合自己的期待值,有哪些吸引自己的地方,目标专业是不是这些院校的重点专业。以上这些问题都是需要考生谨慎考虑的。毕竟,研究生时期的专业很有可能影响未来的职业生涯。

3. 地域选择

对于不少跨专业、跨院校甚至"三跨"的考生来说,地域问题同样是择校需要考虑的一方面。因此有必要了解院校的所在地是否符合自己今后长远的发展需求。很多人在研究生毕业之后会继续留在读研的那座城市打拼,而那座城市和家的距离、和自己职业生涯走向的规划是否存在冲突同样需要考生们慎重思考。

(五)如何选择考研院校

历年来,"985""211"名校靠着名师云集的雄厚师资、软硬皆优的科研条件、超高的社会美誉、广泛的社会资源等因素吸引着大批考生扎堆报考。

不可否认,名校的各种软件、硬件资源都不是一些普通高校能相提并论的。名校提供给学生的学术研究平台、科研实践平台、职业发展机会都比普通院校好得多、多得多。

但有一点值得注意,那就是并不是名牌大学的所有专业都是最好的。很多名校作为综合性大学,学科比较齐全(涵盖哲、文、理、工、管、法、医、农林、经济、教育、艺术等学科门类),但在一些学科上并不一定强过一些普通院校的某些优势学科、招牌专业。

李明是一位来自东北某普通本科院校的本科生，他在大学期间一直对人工智能专业有着浓厚的兴趣。在本科阶段，他通过自学和实践，积累了一定的编程能力和项目经验。随着毕业的临近，他选择考研，希望能够进入一个更好的学术环境，进一步提升自己的专业能力。

在考研报名时，李明面临着多种选择。他深知清华、复旦等名校在计算机科学领域有着很高的声誉和丰富的资源，这些名校的名师教授、科研条件、社会名誉以及社会资源都让他心动不已。然而，他也了解到这些名校的竞争异常激烈，录取难度极大。

在仔细权衡利弊后，李明决定不盲目追求名校的光环。他开始关注一些在人工智能领域有优势学科、招牌专业的普通院校。通过查阅相关资料、咨询学长学姐以及参加线上线下的交流会，他了解到某所位于华东地区的普通院校在人工智能领域有着不俗的实力和声誉，其某些专业方向甚至在国内处于领先地位。

经过深思熟虑，李明最终选择报考这所普通院校的优势专业。他相信，在这个专业中，他能够得到更好的学术培养和实践机会，实现自己的学术追求。

事实证明，李明的选择是正确的。在研究生阶段，他凭借自己的努力，在导师的指导下开展了一系列深入的研究工作。他不仅参与了多个科研项目，还发表了多篇学术论文。同时，他也积极参加各种学术交流和实践活动，不断提升自己的综合素质和竞争力。

毕业后，李明凭借在研究生阶段积累的学术成果和实践经验，成功进入了一家知名互联网企业工作。

（六）考研准备

对于大学二年级的学生来说，考研是一个重要而又需要充分准备的决定。在准备考研的过程中，时间规划和计划执行是至关重要的。同时也要保持积极的心态，信心百倍地迎接挑战。不同的人有不同的学习风格和节奏，所以以下提到的时间线仅供参考,同学们可以根据个人实际情况进行灵活调整。希望你能够在考研的道路上顺利前行,取得理想的成绩,成功考研上岸。

1. 第一阶段:大二下学期

在这个阶段,建议你尽早明确自己的方向,包括选择考研报考的专业和学校。这个阶段你可以开始搜集有关考研的信息,了解自己感兴趣的专业和相关的招生要求。

研究方向和学校:大致了解你感兴趣的研究方向和想要申请的学校。考虑到你的兴趣和实际情况,制订一个初步的选校方案。

了解考研科目:研究考研科目的大致内容和要求,初步确定你需要准备的科目。

学习成绩:着重保持大学的学习成绩,因为一些学校可能会要求提供学习成绩单。

提升英语(外语)水平:许多考研科目需要英语水平,包括英语专业和相关的外语考试,语言学习靠的是日积月累,因此建议提前提高英语(外语)听说读写的能力。

2. 第二阶段:大三上学期

进入大三上学期,这个阶段是打好基础的关键时期,你需要更加深入地准备考研。

深入了解考研科目:对所选的考研科目进行深入了解,查阅相关的考研资料和教材,开始系统地学习考研专业课相关知识。

制订学习计划:制订详细的学习计划,包括每天的学习时间、学科的轮换学习计划等。

参加课外活动:参加一些与所选专业相关的课外活动,比如实习、实践、学术讲座等。这不仅有助于提升自己的综合素质,还有助于申请时展示自己的优势。

提前准备考试材料:开始购买和准备考试所需的资料和教材,可以提前做一些练习题,熟悉考试题型。

3. 第三阶段:大三下学期

这个阶段是集中复习和模拟考试的时期。需要在这段时间内逐步提高自己的学科水平和考试水平。

系统复习：根据之前的学习计划，系统复习所选的考研科目。重点关注重难点，提高自己的专业水平。

模拟考试：定期进行模拟考试，模拟真实考试环境，提高应试能力和时间管理能力。

4. 第四阶段：暑假和考研前

在这个阶段，你需要进一步巩固知识，提高应试水平，并做好最后的冲刺准备。

冲刺阶段：针对前期模拟考试的情况，有针对性地进行冲刺复习，强化薄弱环节。

模拟考试：在暑假期间进行模拟考试，模拟真实考试环境，适应考试的紧张氛围。

精读教材和资料：针对重要知识点，进行精读，巩固知识。

健康管理：保持充足的睡眠，合理的饮食，保持良好的身体状态。

二、保研

（一）保研的概念

保研，全称是推荐优秀应届本科毕业生免试攻读硕士学位研究生，就是部分具有推免资格的本科院校，根据教育部相关规定要求，综合考评学生的学习成绩、科研能力、综合素质等，对符合申请条件者推荐免去其参加全国统一的硕士研究生考试初试，直接获得进入复试阶段的资格，经招生单位考核确认后录取为研究生。

（二）保研的优劣

受经济下行和本科毕业就业竞争压力越来越大等因素影响，越来越多的大学生加入考研队伍中，2024年考研的人数就达到了438万，实际录取人数为135.68万人，录取率约为30.97%。相较于考研来说，保研不用参与考研这激烈的竞争，只需要保证在班级中排名靠前，成绩优异，综合素质过硬。

获得保研资格即意味着在每年九月就获得了次年攻读研究生的资格,在剩下一年的大四时光中,除了完成自己学校专业的课程外,还可以研究未来的研究方向,弥补未来科研所需的专业知识,甚至可以提前联系未来导师,申请加入其科研课题和项目,尽早投入科研工作。

同时,获得保研资格即意味着你可以在别人辛苦考研、找工作的时候,度过一个相对宽松、没有心理压力、比较愉快的大四时光,或游学,或实习,用充足的时间做自己想做的事情。

当然,保研相比考研来说也并不轻松。甚至有一种说法叫"考研苦一年,保研苦三年"。一般来说,能否顺利保研取决于大学前六个学期的成绩,这就要求想要保研的同学从大一就确定自己的保研规划,从刚入学开始就不能松懈,要始终保持优秀,排在专业的前列(不同的学校有不同的要求,学校的推免比例一般在15%以上,甚至有高至50%的,但有的院校保研率不超过5%甚至更低。而大部分考研学生一般在大三下学期或者大四上学期才开始准备,只需要考好数学、英语、政治和专业课四门课程就好。

(三)保研的基本途径

保研途径有很多,这里简单介绍一下。

1. 普通保研

普通保研分为夏令营、预推免和正式推免(九推)三种主要途径。推免即推荐免试,不需要进行全国统一的研究生考试,由各个学校自主命题对报考学生进行相应的考核。这三种方式,是最普通的方式,绝大多数同学保研是走这种方式。在这里要提醒大家,保研夏令营、预推免这两种形式都属于高校提前招生,和正式推免一样,都有初试和复试,最后都需要申请者在推荐系统中确认自己被录取之后才正式成为推免生。

(1)夏令营,这种方式是保研最常用的方式,同时也是高校抢夺优质生源的一种方式。一般是在大三下学期的开学初发布保研夏令营通知,报名成功后,在暑假的一周左右的时间,采用学术交流会、讲座、面谈等形式,与学生进行较长时间的接触,全面测定学生是否符合本校的要求,是否适合本学院的培养模式。采取这种方式的院校以一些985、211院校为主,避免仅通过参加9、10月份推免复试造成的拥堵,老师与学生之间接触短暂、录取比较仓促的缺陷。夏令营不仅提前选拔了优秀学生进入本院校,还会为本院校招生宣传工作锦上添花。

(2)预推免,通常也称为"推荐免试研究生预报名",可以理解成是正式推免前的一次预备。预推免相对于夏令营来说,是夏令营没被录取的学生的第二次机会,也是没有夏令营的高校给学生提供的提前交流审核的机会。相较于夏令营,预推免在流程上可以说是夏令营的一个简化版,相对比较简单,基本上只有介绍、测试和考核部分,没有参观或者晚会等丰富的活动。

推免系统正式开放前的一段时间(一般是两到三天),通过多种方式(例如笔试、面试等)来考核学生,以确定是否发放拟录取通知书。同样改善了以往仅靠9月、10月的推免面试的缺陷。

预推免通常在报名截止后的几天内,就会收到"通过初审,参加复试"的邮件,不同院校的预推免会有所差异,总体上非常灵活,有的可能会分批次考核,有的可能会分组考核等。

在接收到预推免复试通知后,考生很快就会加入专门的群聊,由于预推免节奏非常快,因此大多数通知会在群里发布,要及时查看。复试结束后大概一到两天就会出结果,节奏非常紧凑。

预推免复试常常有时间冲突的情况,这就要求大家要会分配时间,同时在实在调整不开的情况下懂得取舍。

最后,由于预推免和夏令营相比,节奏非常紧凑,因此不必非要在通过初审后才联系导师,可以在报名的时候就确定要报哪个老师的研究生,并且迅速跟导师联系,加快交流进展。

(3)正式推免("九推"),正式推免一般在每年9月举行,因此也称"九推",通常是各高校利用9月28日到10月中的1—3天时间,采取笔试、面试以及实际操作技能考核等形式,全面考查学生是否适合本校以及本学院的培养模式,选拔部分推免生进入本校学习。

在"九推"前的情况(是否参加夏令营、预推免,是否拿到目标院校录取通知等)不一样,"九推"过程也不一样:

①参加了夏令营或预推免,并拿到了优秀营员,如果目标院校明确告知"优

秀营员=录取通知","九推"只需要走流程，那就按照要求走流程（填报志愿、学校发送复试通知、接受复试通知、接收拟录取通知）即可被拟录取。

②参加了夏令营、预推免但没拿到录取通知，或未参加夏令营和预推免，则需要经历网申、材料邮寄、初审、复试等程序去获取目标院校的录取通知。

关于"九推"的系统填报，推免生（专项计划推免生除外）一次可同时填报3个平行志愿（不分主次），每个志愿在提交后的48小时内不允许修改。志愿提交48小时内被拒绝，推免生可立即填报其他志愿。志愿提交48小时后仍未接到复试通知、复试未通过，或拒绝待录取通知的推免生可继续填报其他志愿。

如收到复试通知，应在招生单位规定时间内通过系统回复是否同意参加复试（否则可被取消复试通知），若决定参加复试，则按要求准备相关材料，等待复试。

若通过复试，则会收到"待录取"通知，应在规定时间内通过系统答复是否接受录取通知（未通过系统确认接受"待录取"通知，则录取不生效）。待录取通知可拒绝多个，但只能接受一个。如接受，保研至此基本画上句号。

2. 支教保研

支教保研，指有关高校按照"公开招募、自愿报名、择优选拔"的方式，每年招募一批具备本校推荐免试硕士研究生资格的应届本科毕业生，到西部贫困地区基层中小学校开展为期一年的支教工作和力所能及的社会扶贫、志愿服务、各类公益活动等，从而获取保研资格的保研方式。从本质上来讲，支教保研属于国家"大学生志愿服务西部计划"，是一种响应国家号召的行为。获得支教保研资格后，会保留学籍一年，在一年的支教任务结束后，获得保研资格，且允许学院间跨专业保研，只要能达到院校要求即可。

支教保研推荐免试研究生的招募指标由教育部专项下拨，不占用所在高校当年计划内推荐免试研究生的指标。

被推荐学生应具有较高的思想政治素质和较高的专业水平，有奉献精神和丰富的志愿服务经历，有愿望并有能力为西部教育事业贡献力量。同时此项选拔对综合成绩有一定要求，中共党员及社会工作突出的主要学生干部优先，有科技、文艺特长者优先，学生还应服从所在高校的其他补充要求。

高校会在某个时间公开招募，有意向同学按照高校招募通知上的要求，在截止时间之前向所在高校相关部门提交指定的材料。招募截止后,高校相关部门对提交的申请材料进行审核,根据学习成绩、志愿服务经历、学生干部表现等确定考察对象,并对考察对象进行综合测试,考查学生的志愿服务精神和能力、综合素质和发展潜力,确定名单并公示、上报。之后学生要分别参加所在高校与研究生支教网的体检,最终确定入选名单。

3. 工作/行政保研

部分高校每年会从应届本科毕业生中选拔部分优秀学生,保留两年研究生入学资格,担任学生辅导员或机关工作人员(可能借调校外教育行政机关)。一般适用于曾任学生干部或参加社会实践表现突出,有志于高校行政工作的学生。部分高校要求学生政治面貌为预备党员或中共党员,成绩优秀,并且其突出的学生工作能力与社会实践能力也符合免试攻读研究生的条件,因而给予相应免试攻读研究生的机会。

欲获得此项机会的学生,一般由学生个人申请,参加学校组织的考核环节,再从中选拔优秀的学生获得免试攻读研究生的机会,其指标类型均为校内型保研,导师需要自己联系,工作岗位由学校统一安排。

当成功获得接收函后,需按照接收函上的要求完成研究生报名、递交相关申请材料、研究生保留学籍等工作,之后则与普通保研流程没有太大区别,遵照所在高校的要求进行操作即可。

4. 特殊专长保研

此种方式旨在鼓励一部分在学术科研中获得突出成就的本科生,如以第一作者身份发表高水平学术论文,成功申请发明专利,参与省市级以上科研学术竞赛获得突出奖励等。这部分学生的综合成绩可能略低于预先分配给所在院系的推免指标要求的综合成绩范围,但是其突出的学术科研能力与培养潜质也符合免试攻读研究生的条件,因而给予相应免试攻读研究生的机会。

此项指标一般由学生个人申请,参加学校组织的考核环节,但是其指标类型(学术型或专业型、校内保研或校外保研)由所在高校决定,学生也应当根据指标类型的不同,进行攻读研究生单位的选择。

而其中比较普遍的,也最为大家关心的就是竞赛保研。每个学校,甚至学院承认的竞赛,规定可能都是不一样的,学校每年会下发相关通知,详细列举学校承认的比赛名称、比赛级别、认可的比赛成绩等。各个院校对竞赛数量、质量和级别可能都有一定的要求。关于竞赛数量，一般需要3~5个普通国家级比赛或者1~2个国家级高级竞赛；关于竞赛质量，很多学校要求成绩要在前30%~50%，其他的附加条件，最终还是要结合大家所在院校的具体要求去一一对应。

5. 高校联盟互推免试

国内高校为了加强交流和联系，提升竞争力，形成了许多联盟，也推出了高校互推免试研究生的政策，其比例基本上为1∶1，即互推院校双方必须同时推荐相同数量的学生。

高校联盟成员间的推荐免试优先给予考生预录取资格，并给予优惠政策，这也是一种院校之间的交流，联盟成员高校鼓励本校学生报考其他成员高校研究生，并给予优先调剂和复试的资格；部分高校规定，凡由联盟高校推荐的学生，原则上都要接收。

这些高校联盟包括高水平大学优秀研究生生源互推联盟、高水平行业特色大学优秀资源共享联盟、C9联盟、北京高科大学联盟、卓越联盟华东五校等。除以上四个高校联盟外，C9高校、中国大学校长联谊会以及一些有合作协议的高校之间也有校际推免的名额，一般比例都是1∶1，有意保研的学生可以关注自己学校的相关通知。

6. 师范类补偿名额

教育部规定：优秀应届本科毕业生可以申请北京师范大学、华东师范大学、华中师范大学、东北师范大学、陕西师范大学和西南大学（6所教育部直属师范类高校）的"补偿"推免指标，也叫补偿名额。另外，国防科学技术大学也提供类似的补偿名额。这种保研方式对于想要保研的同学来说也是一种方式。具体流程如下：

（1）名额分配。教育部汇总直属的6所师范大学的生源学校和人数需求后，将推免生补偿名额先行下达给生源学校，指定生源学校推荐学生和6所师范大学接收学生的学科。

（2）选择候选人。按照生源学校的推免工作具体安排，结合学生意愿，向6所师范大学择优推荐候选人。

(3)复试合格者予以接收。推免生候选人参加复试,复试通过的学生予以接收。通常来说,除非出现被推荐学生有不及格科目、被处分以及其他被双方高校认定不符合免试攻读研究生的情况,正常被生源高校推荐的推免生候选人都会被录取。

7. 硕师计划

2010年开始,教育部进一步扩大"农村学校教育硕士师资培养计划"(即"硕师计划")规模,并与"农村义务教育阶段学校教师特设岗位计划"(即"特岗计划")结合实施。

"硕师计划"是指从具有推荐免试硕士研究生资格的高校中,选拔部分优秀应届普通本科毕业生,录取为"硕师计划"研究生,并与地方政府教育行政部门签约聘为编制内正式教师。在县镇及以下农村学校任教,服务期三年,并在职学习研究生课程。第四年到培养学校脱产集中学习一年,毕业时获硕士研究生毕业证书和教育硕士专业学位证书。

8. 卓越工程师教育培养计划

简称"卓越计划",在全国部分高等院校的部分工科专业实施。其中学生的保研指标一般单列,保研率高于其他院系。值得一提的是,从目前的实施情况来看,绝大多数"卓越计划"的学生为专业型工程硕士。

出于培养计划连贯性的安排,学生基本上保送本科学校,因而在操作上没有保送外校的麻烦,但是仍需要学生本人联系导师。在获得接收函后,按照所在高校的要求,完成研究生报名工作,提交相关材料,遵照所在高校的要求进行操作即可。

9. 少数民族骨干计划

此项计划通常要求学生本人提出书面申请,专家推荐,并且成绩突出,具有学术专长和培养潜质,在经过所在高校考核以及公示后,获得保研指标,其保研指标类型由所在高校决定,常为校内学术型保研,具体操作流程因学校而异。值得一提的是,如果该学生属于应届本科毕业生中的推荐免试生,亦可申请进入本计划。更为详细的介绍请参照当年《少数民族高层次骨干人才计划招生管理办法》。

当成功获得接收函后,需要按照接收函上的要求完成研究生报名以及寄送相关申请材料等工作,之后则与普通保研流程没有太大区别,遵照所在高校与接收单位的要求进行操作即可。

10. 艺术特长生保研

高校为提高艺术教育水平,充实文化艺术活动的指导力量,选拔应届本科毕业艺术特长生免试攻读研究生。一般而言,除了与常规推免生的要求相同之外,艺术特长生要求学生大学四年一直为艺术团成员且需要日常排练出勤率高,艺术特长突出,能够在获得推免生资格后继续参加艺术团排练,直到研究生毕业。

欲获得此项指标的学生,一般由学生个人申请,参加由学校组织的考核环节,再从中选拔出一部分获得免试攻读研究生指标,其指标类型由所在高校决定,导师需要自己联系。

当成功获得接收函后,需要按照接收函上的要求完成研究生报名以及递交相关申请材料等工作,同时规定获得推荐的艺术特长生为特殊研究生生源。有些学校要求学生在获得免试攻读研究生资格后,与学校签订协议,服从学校工作安排以及艺术团的要求,保留一年研究生学籍,全职参与指导艺术相关工作,并继续参加艺术团排练。在完成一年的指导艺术相关工作后,可以正常进行研究生阶段的学习。而对于违反协议的学生,校方将会取消其保研资格。

11. 体育特长生保研

体育特长生又叫高水平运动员招生,是指经过教育部批准的招生高校根据本校高水平运动队项目的建设需要,推进素质教育,从参加全国普通高校统一招生考试的学生中特招有体育项目特长且又符合高等学校年度招生工作规定的学生。另外还招收具有高级中等教育毕业同等学力,获得国家一级运动员(含)以上证书者或近3年内在全国或国际集体项目比赛中获得前八名的主力队员,这都属于体育特长生的范围。

与同类其他推免生相比,体育类推免生明显对个人自身条件、天赋等要求非常高。如长沙理工大学在《体育学院2023年推免生(体育特长生)工作实施方案》中规定:

申请体育特长专项的学生综合测评从学业成绩、体育竞赛成绩两方面进行综合考核。其中学业成绩占55%，体育竞赛成绩占45%。申请条件如下。

(1)推免学生应思想政治可靠、品德优良、诚实守信、学风端正、身心健康；无任何考试作弊或剽窃他人学术成果等行为及处分记录，无其他学术不良记录，无运动竞赛处罚记录。

(2)推免学生应学业优秀，补考、重修课程严格按初修成绩计分，绩点要求在2.0以上。

(3)足球项目获得全国前八名，或获得湖南省大学生足球比赛前三名；田径项目获得全国前四名，或获得湖南省大学生运动会第一名或湖南省大学生田径锦标赛第一名。(备注：足球项目全国比赛指全国大学生11人制足球比赛、全国"五人制"足球比赛，包括分区赛，湖南省比赛指湖南省大学生足球比赛、湖南省"五人制"足球比赛；田径项目全国比赛指全运会、全国学生运动会、全国田径锦标赛、全国大学生田径锦标赛；湖南省比赛指湖南省省运会、湖南省大学生运动会、湖南省大学生田径锦标赛。)

(四)保研的基本条件

保研是由高校自主确定的，各高校有不同的保研政策和标准。一般来说，保研的条件如下：

1. 学术成绩优秀。保研对学术成绩的要求相对较高，不同学校的保研标准也不同，一般要求学生在本科学习期间保持较高的绩点和排名，通常要求GPA在3.5以上，成绩排名在年级前5%~10%。同时，还对英语成绩(CET4/6)做出分数要求。

2. 科研能力突出。大学期间积极参与科研项目、发表科研论文、参加各种学术竞赛、获得奖项等都是保研的加分项。

3. 学术水平高。学生的学术水平不仅体现在成绩上，还需要在课程学习、综合素质、实习实践等方面表现出色，具备一定的学术潜力和发展潜力。

4. 个人素质全面发展。在大学期间，要积极参加各种社会实践、志愿服务等活动，发展自己的综合素质和实践能力，具备较好的社会责任感和团队合作精神。

(五)保研的基本流程

1. 了解自己：通过各种渠道，如学校院系官网、辅导员、保研成功的学长学姐，详细了解目标院校及相关专业的保研政策，确定自己是否符合保研条件，如前六学期成绩、英语等级成绩、竞赛奖项、学术科研成果、综合评测分等。

2. 关注通知：很多院校会通过夏令营和 9、10 月份正常推免两条途径招收推免生，而有些只有后者一条途径。多数院校会于 3、4 月份在招生网站上发布夏令营或者接收推荐免试研究生的通知，想要保研的同学要及时关注（同学们可以根据往年发布时间推测当年发布时间，临近时密切关注，具体时间以各招生院校发布信息为准）。

目前，越来越多的院校倾向于通过夏令营的形式来选拔推免生，同学们要重视这种选拔方式，好好准备，争取获得优秀营员，为自己的保研之路提前锁定一个上岸席位。

即使申请院校夏令营没有成功也不要气馁，一般夏令营的通知会比 9、10 月份的接收推免公布时间要早，还可以等目标院校开始接收 9、10 月份的推免生材料时再次申请。

3. 准备材料：等目标报考院校发布夏令营或者接收推免生通知后，就可以根据通知的详细要求着手准备申请材料了。需准备的材料一般包括：报名表、本科成绩单、英语四六级或其他语言等级考试成绩单、自我简介、导师推荐信、科研竞赛获奖情况及发表的论文等。申请材料要尽可能简洁明了、言简意赅、条理清楚，突出个人优势；语言文字要准确流畅，排版等要整洁、规范、美观。

大部分院校要求邮寄申请材料，有些院校可能要求发送电子稿到指定邮箱，有些则可能要求先网上申报，再邮寄材料。邮寄个人材料时，应当按照院校所需材料清单顺序排序（最好不要全部钉在一起，因为有些材料对方可能会单独留出来存档），邮寄材料尽量选择 EMS，以免遗失。

4. 网上报名：按照学校要求，网上填写保研申请表，提交相关材料。在规定时间内完成报名手续。投递夏令营申报材料的时间一般在 5、6 月份（允许投递材料的时间不会很长，大家尽可能提前准备好材料早点完成投递），投递后就等待公布夏令营入围名单即可。夏令营入围名单一般在一个月之后公布。投递预推免申报材料的时间一般在8月中旬到9月中旬。预推免入围名单公布一般在截止后一周,大家及时关注相关信息,做好准备即可。

5. 推免考核(复试):根据学校规定,参加推免考核,包括面试、笔试、面谈等环节。考核内容通常包括专业知识、综合素质、科研能力等。

6. 推免名单公示:学校根据考核结果,公示推免名单。公示期内,有异议或申诉的学生可以提出申请。

7. 考核结果确认:公示期结束后,学校根据申请情况重新审核,确认最终的推免名单。

8. 接收录取通知:被录取的学生将收到拟录取通知书,通知书中会包含录取的专业方向、导师信息等重要内容。

9. 确认接受录取:学生在规定时间内确认接受录取,并进行相关的报到手续。

三、出国读研

随着全球化的不断发展,留学深造已经成为越来越多人追求高质量教育和个人发展的重要选择。出国留学不仅可以获得更优质的教育资源,增长见识,拓宽全球视野和思维方式,提升语言能力、人际交往能力和独立解决问题的能力,丰富人生阅历和经验,更可以提升自身的综合竞争力,为未来的职业发展奠定坚实的基础。

(一)出国留学项目分类

本书所说的出国留学主要是指本科毕业自费出国读研的情况。除了这种情况外,还有高校留学项目和国际交换生项目。

高校留学项目是指国内高校开办的一些出国留学项目,学生会先在国内学习1—3年的国内课程,再到国外完成其余课程,最终获得国内外的学位证书。高校开办的出国留学项目一般分为:国内一年的出国留学行前课程、国内两年的转学分课程和国内三年的HND留学项目,还有一些基于这三个项目基础上的学位延伸项目等。学生在选择国内高校留学项目时,要注意目标学校的办学经验以及最终学位是否可以获得回国认证等问题。

国际交换生项目是我国最早的出国留学途径,该项目是由国内外主管教育的部门开展的国际教育交流项目,办理的签证为学术交流签证,留学时间为1年,留学的学校多为各国公立大学,一般学生没有择校的权利,所有的留学安排由各国教育部门统一安排,留学费用是所有留学途径中最少的,安全上也是最有保障的,但是对学生的要求很高,学生必须是国家认可的优秀生,衡量标准因学生选择的不同国家而定,不完全统一。因为交换生项目只有1年的时间,如果学生想继续留在国外学习,可以办理转签证手续,将学术签证转签为留学生签证,但是部分国家需要学生转学到私立学校就读。

高校留学项目所有的申请都是由学校代办,因此这里我们先主要介绍一下最普遍的自费出国读研的一些基础知识和申请条件、流程等,供同学们有一个基本认知和准备。具体实际操作将在大三篇详细介绍。

(二)出国读研申请条件

意向出国读研,可以根据自己的自身情况,选择申请美国、英国、加拿大、澳大利亚、新西兰、爱尔兰、日本、韩国、俄罗斯等国家的高校,也可以申请中国香港、中国澳门等地区的高校,以及新加坡、泰国、马来西亚等东南亚国家的高校。申请出国读研的条件如下。

1. 成绩要求

本科毕业出国读研,需提供本科毕业证以及学士学位证,提供本科四年成绩,要求本科GPA达到3.0以上;如申请名校,GPA一般要求3.5以上;部分项目要求有2—3年的相关工作经验,如工商管理硕士。

注意,应届本科毕业生通常需要提供5—6个学期的课程考试成绩单,以及在读证明等;专科毕业生通常可以先就读预科,然后再就读研究生(以院校申请规定为准)。

2. 语言能力

要求提供托福、雅思等学术英语语言水平测试成绩,直接申请硕士通常要求托福总分达到100分以上,各单项成绩不低于23分;雅思总分6.5以上,各单项成绩不低于6.0。部分

选择雅思还是托福

国家设有预科或桥梁课程，如英国，申请硕士预科要求托福总分达到90分以上，雅思5.5以上。

3. GRE/GMAT 成绩

本科毕业出国读研，理工科类专业要求提供GRE成绩，并且总分不低于315分，名校要求达到320分以上；商科课程要求提供GMAT成绩，要求不低于750分。

4. 材料要求

本科毕业出国读研，需提供本科毕业证、学位证公证件、本科成绩单、语言成绩单或语言能力等级证书、学习/研究计划书、个人简历、推荐、出身公证书、工作证明（若有）、资金担保证明、无犯罪记录公证书等材料，具体以出国读研院校及其项目规定为准。

（三）出国读研基本流程

1. 选择学校与专业

出国读研的第一步便是选择学校和选择专业。通过对自己学历、资金、年龄、工作经历、能力、资质等方面的综合评估，结合自己的兴趣和背景以及未来的职业规划确定自己要留学的院校和专业。通常情况下，学校的选择基于以下几个因素：学术声誉、地理位置、项目和课程、费用以及奖学金机会等。

2025QS世界大学排名

你可以通过学校的官网了解学校的概况、院校排名、课程设置、关于你所选择专业的教学资源和研究水平等。

2. 语言考试

依照所选学校的入学条件参加相应的考试，以取得留学资格或奖学金。通常雅思IELTS、托福TOFEL、PTE等考试成绩是申请至英语语言国家就读本科或研究生的必备条件。

3. 递交材料

一旦确认了学校和专业，你需要开始准备申请材料，这通常包括：个人简历、目的陈述（Statement of Purpose, SOP）以及推荐信等。目标院校的官网会提供具体课程的申请材料要求，除申请表外，通常包括加盖有效印章的证明材料，比如学历学位证明、成绩单、语言证明、CV、PS、工作经验证明（若有）、推荐信（两封）、健康证明、财力证明等，另外个别专业课程会要求提供 GRE 或 GMAT、作品集等辅助材料。

个人简历：个人简历需要包括你的教育背景、工作经历（如果有的话）、实习经验、研究成果、获奖情况等。

目的陈述：SOP 是你向学校展示你的才能和志向的重要手段。你需要在其中阐述为何选择该专业，你的目标是什么，以及为何认为自己能够完成这个专业的学业。

推荐信：大多数出国留学的学生需要提供两至三封推荐信。推荐信可以来自你的任课老师，他们可以从专业角度为你的能力和资质进行背书。

当你准备好所有的材料后，你就可以通过学校的官网或者统一的申请平台提交你的申请了。

4. 获取录取通知

申请学校会对学生的学历、年龄、经历等条件综合考察后决定是否录取。在通过面试后，你将收到来自学校的录取通知书。并提醒你需要在规定的时间内确认是否接受录取通知以及支付定金。

5. 准备并递交签证材料

收到录取通知后需要准备申请留学签证，签证材料一般包括护照、照片、户口本、身份证、出生公证、毕业证、保险凭证、存款证明、体检证明等，材料齐全后才能递交签证申请。

6. 安排行程，海外求学

顺利拿到签证后就可以具体安排自己的留学行程，比如订机票、安排住宿、打包行李等。出发前要充分了解目标国家的文化习俗，学习紧急避险知识，以及处理相关的银行、手机、保险等事宜。

具体细节在大三部分会仔细讲解。

（四）关于多国联申

留学作为一项长期投资，很多同学也想在申请时尽可能地分散风险。想要提高拿到名校 offer 的概率，多国联申不失为一个明智的选择。那么什么是多国联申呢？多国联申有哪些优势？

联申即联合申请，一般指在同一个申请季内同时申请 2 个及以上国家或地区的多所院校的申请策略，常见的组合有美加联申、英美联申、英港联申、澳新联申、欧亚联申等。

多国联申使我们在择校上拥有更多的自主权。还可以做好突发应急预案，降低风险，已经成为留学申请新趋势。

1. 多国联申的优势

（1）增加拿优质大学录取通知的机会。采取分散风险的联申策略可以一定程度上提升留学申请成功率，提高收获优质大学录取通知的概率。

（2）规避突发政策等风险。许多国家可能会针对留学、签证等方面推出新政，选择多国联申，可以减少申请中被某国突然的不利政策"左右"的风险，给自己多一个选择。

2. 多国联申的劣势

（1）复杂度高：多国联申的流程可能较为复杂，需要同时满足不同国家的入学要求，增加了申请的难度。

（2）语言要求：不同国家的大学通常有不同的语言要求，需要满足多个语言考试的标准。

（3）申请费用：一次性提交多国申请可能会增加申请费用，包括各个国家的申请费用和相关材料费用。

（4）不同评审标准：不同国家和大学有不同的入学评审标准，需要适应不同的要求。

3. 适合多国联申的人群

（1）对于留学的国别没有明显偏好，或者意向非单一国家。

（2）想增加获得优质大学录取通知的成功率。

（3）想规避"突发"的各国政策风险。

4. 多国联申的注意事项

（1）了解目标国家要求：详细了解每个目标国家大学的入学要求和申请流程，熟悉他们的申请系统、申请材料，确保满足所有条件。

（2）材料准备：确保申请材料的一致性，包括推荐信、个人陈述等，以符合各个国家的标准。

（3）时间规划：合理规划申请时间，把控住多国大学申请的最后期限，确保在每个国家或地区院校的截止日期前提交申请。

（4）语言准备：如果目标国家使用不同的语言，需要提前准备并参加相应的语言考试，如雅思、托福等。

（5）面试准备：多渠道仔细了解不同国家院校面试内容，做好充分的面试准备。

四、考公

考公一般指的是参加公务员考试。公务员考试是由国家或地方政府组织，通过考试选拔国家各级机关工作人员的考试。公务员是各级机关的核心力量，是从事公共管理、服务的专业人才，负责执行政策和法律，维护社会稳定和发展。

公务员选拔依据一定的资格和能力标准，考试合格后由政府机关或事业单位聘用。

（一）公务员考试相关概念与区别

国考、省考、选调生考试、聘任制公务员是中国公务员制度中的不同选拔途径，它们在性质、招聘对象、招聘范围、考试内容和工作方式等方面存在差异，下面将详细介绍它们的区别。

1. 国考（中央公务员考试）

（1）性质：也称为中央公务员考试，是由国家人力资源和社会保障部组织的，为中央、国家机关以及中央国家行政机关派出机构、垂直管理系统所属机构和参照公务员法管理的群团组织、事业单位录用机关工作人员和国家公务员的考试。主要选拔中央政府机构和国家机关的公务员。

（2）招聘对象：国家公务员考试的报名条件相对较为宽泛，一般要求报考者具备中华人民共和国国籍，年龄在18～35周岁之间，拥护《中华人民共和国宪法》，拥护中国共产党领导和社会主义制度，具有良好的政治素质和道德品行，具有正常履行职责的身体条件和心理素质，具有符合职位要求的工作能力，具有大学专科及以上文化程度,具备中央公务员主管部门规定的拟任职位所要求的其他资格条件。

(3)招聘范围:国考覆盖全国,包括中央政府机构、国务院直属单位等。

(4)考试时间:一般是每年10月报名,11月考试。

(5)考试内容:国考包括笔试(公共科目、专业科目)和面试。公共科目为《行政职业能力测验》和《申论》,主要考察应试者的综合素质和行政管理能力。专业科目笔试和面试时间由招考部门自行确定通知,除了对一些技能有特殊要求的岗位,其余大部分不要求专业科目考试。

(6)工作方式:国考录用的公务员通常进入中央政府机构或国家机关,从事行政管理和公共服务工作。

2. 省考(地方公务员考试)

(1)性质:也称为省级公务员考试,是由各省级政府人力资源和社会保障部门组织的,为本地区各级机关招录新公务员的考试。省考是由各省、自治区、直辖市政府组织,主要选拔地方政府机构的公务员。

(2)招聘对象:地方公务员考试的报名条件根据各地情况而定,大专及以上学历可报考,不论是否应届,或者社会在职人员,只要符合岗位条件均可以报考。同时不限定是全日制学历,还是非全日制学历,国家承认学历即可。部分面向退役士兵的岗位可放宽至高中学历。

(3)招聘范围:省考的范围限定在各地的行政区域内,考试和录用由地方政府负责。

(4)考试时间:地方的公务员考试时间差异很大,而且每年招考时间会有一些变动,但一般都在国考之后,2月报名,3月左右考试。一些省份一年还有春、秋两次考试。

(5)考试内容:各个地方的考试科目都是地方自定的,一般都分笔试和面试。笔试科目各有不同,考试科目基本都是向《行政职业能力测验》和《申论》两科靠拢,考查考生的综合素质、行政职业能力和沟通能力。如北京考的是《行政职业能力测验》和《公共基础知识》;上海和广东考的是《行政职业能力测验》和《申论》;浙江省的笔试科目为《综合基础知识》和《行政职业能力测验》,要报地方公务员考试的同学要注意查阅当地政府公布的招考简章,以便有针对性地进行复习。

(6)工作方式:省考录用的公务员通常在地方政府机构从事行政管理和公共服务工作。

3. 选调生考试

(1)性质:选调生考试是一种选拔公务员的特殊途径,通常由省级政府组织,旨在培养和选拔具备领导潜力的年轻干部。选调生考试一般分为三类,中央选调生考试、定向选调生考试、普通选调生考试。目前最常见的就是定向选调生考试,9月份各省陆续就会发布公告,面向定向高校人群,仅能应届生报考。

(2)招录对象:中央选调生的招录对象是清华大学、北京大学等部分名牌高校的优秀应届毕业生,定向选调生的招录对象是985、211高校及部分重点高校的应届毕业生,普通选调生的招录对象则一般是省内普通院校的应届毕业生。

(3)招录方式:中央选调生采用内部推荐的方式,需要学校内部推荐才有资格参加选拔。定向选调生和普通选调生则是通过发布招考公告,符合资格的考生自行去报名网站进行报名考试。

(4)考试难度:中央选调生考试的难度通常最高。定向选调生和普通选调生考试的难度相对较低,但定向选调生在考试中通常会更加注重考查学生的综合素质和实际能力。

(5)岗位设置:中央选调生的岗位通常是中央机关和部委,如公安部、财政部、外交部等。定向选调生的岗位通常是省直机关和市直机关,普通选调生的岗位则通常是县级机关和乡镇公务员。

(6)发展前景:中央选调生的发展前景通常是最好的,因为其招录的高校毕业生通常会被分配到中央机关和部委工作,晋升机会更多。定向选调生和普通选调生的发展前景也相对较好,但具体还要看个人的能力和表现。

4. 聘任制公务员

(1)性质:聘任制公务员是指机关与拟聘人员按照平等自愿、协商一致的原则,通过签订聘任合同明确双方权利、义务而任命的公务员。聘任制公务员是一种非编制内的公务员,其聘任和薪资不同于编制内公务员。其特点是:合同管理、平等协商、任期明确。

(2)招聘对象:聘任制公务员的招聘对象通常不限于学历和年龄,更注重专业背景和工作经验。

（3）招聘范围：聘任制公务员通常适用于一些特定职位，如一些技术岗位、专家咨询岗位等。

（4）考试内容：招聘聘任制公务员的方式和内容各地不尽相同，通常考察专业知识和实际工作经验。

（5）工作方式：聘任制公务员在被聘任后，与编制内公务员相比，可能享有更大的灵活性，需要签订有合同期限的工作合同。聘任制公务员要按照公务员法和聘任合同进行管理。不适用公务员法有关录用、职务任免、职务升降、交流、辞退、申诉和工资福利等规定，其聘任年限、职位职责要求、工资、福利、保险待遇，违约责任以及聘任合同变更、解除、终止的条件由聘任合同规定。

（二）如何准备公务员考试

公务员备考是一个相对长期的过程，需要耐心和坚持。合理的规划、科学的方法和刻苦的努力是取得好成绩的关键。准备公务员考试需要系统的复习和科学的方法，以下是一些建议。

1. 了解考试大纲和考试形式

查阅招考单位发布的考试大纲，了解考试科目、内容和形式。了解考试的题型，包括选择题、填空题、论述题等。

2. 制订合理的学习计划

制订周密的学习计划，合理分配每个科目的学习时间，确保每个知识点都有足够的复习时间。注意时间管理，保证既要有集中学习，又要有适当的休息。

3. 选择适合自己的学习材料

选择正规、权威的教材，可以根据招考单位的要求和考试大纲来选择。利用相关教材和模拟题，进行有针对性的练习。

4. 注重基础知识的学习

对于一些基础知识，特别是常识性的内容，要加强记忆和理解。多做一些练习题，加深对基础知识的掌握。

5. 提高解题能力

针对不同的题型，培养解题的技巧，提高解题速度。多做模拟题，了解考试的难度和出题风格，提高应试能力。

6. 注重实际应用能力

公务员考试注重实际应用能力，需要学会将理论知识应用到实际工作场景中。关注时事政治、社会热点，了解国家政策和相关法规。

7. 注意写作和表达能力的提升

对于论述题，提高写作水平，注重逻辑性和条理性。多做一些写作练习，培养清晰、简练的表达能力。

8. 参加模拟考试和真题练习

参加模拟考试，模拟真实考试环境，提高应考的紧张感。分析模拟考试和历年真题，找出自己的薄弱环节，有针对性地进行复习。

9. 注意心理调适

保持良好的心态，对于复杂的题目不要过于紧张。学会放松，保持良好的作息和饮食习惯。

10. 多方面备考

在学习的同时，多了解招聘单位的情况，包括组织结构、工作职责等。参加一些与考试相关的讲座、培训，了解考试动态和备考经验。

(三)公务员考试时间表

国家公务员考试通常在每年的 10 月下旬至 11 月上旬举行，报名时间通常在考前一个月左右。具体报名和考试时间请关注国家人力资源和社会保障部官网。

地方公务员考试的报名和考试时间则根据各地情况而定，通常在国考之后，可以关注当地政府官网或人事考试网的相关通知。需要注意的是，具体的报名时间和考试时间可能会有所调整，考生需要随时关注官方通知，以免错过报名时间。

选调生考试的时间表也会根据招聘单位的需要而有所不同，通常在各级政府或事业单位的用人计划中规划。招聘单位会提前发布选调生招聘的公告，包括报名、考试、面试等阶段的时间安排。

聘任制公务员的招聘时间通常由雇佣单位自行确定，不受固定的国家或地区时间表限制。

五、就业

确定未来的就业方向是一个涉及多个步骤和考虑因素的过程。作为大二学生，就业似乎还有点遥远，但作为学生，你有天然的允许失败的优势，可以先从自身兴趣、技能、价值观、优点出发，去尝试一些你感兴趣的、未来渴望从事的工作，或者探索不同的职业领域，提前做好准备，然后不断调整。因为随着你的成长和经验的积累，你可能会发现自己的兴趣和目标发生了变化。因此，你需要不断地评估自己的职业规划，并根据需要进行调整，在不断地尝试过程中逐渐确定自己未来的就业方向。而且，作为学生，你可以抓住身边的机会去尝试。

1. **利用校园资源**：大学校园通常都有职业发展中心或类似的部门，这些部门提供了一系列的职业规划和就业服务，如职业咨询、工作坊、招聘会等。大二学生可以充分利用这些资源，获取更多的职业信息和建议。

2. **参加专业相关的活动**：参加与自己专业相关的研讨会、讲座或展览，不仅可以了解行业的发展趋势，还可以与行业内的人士建立联系，获取更多的职业信息。

3. **尝试不同的实习机会**：实习是了解职业和行业的重要途径。大二学生可以尝试找一些与自己兴趣或专业相关的实习机会，通过实践来了解自己的职业偏好和能力。

4. **关注社会热点和趋势**：社会的发展和变化都会影响职业的需求和发展。大二学生可以通过关注新闻、社交媒体和行业报告等方式，了解社会的热点和趋势，从而调整自己的职业规划。

5. **培养自己的综合素质**：除了专业技能外，综合素质也是就业中非常重要的一部分。大二学生可以通过参加社团活动、志愿服务等方式，提升自己的领导能力、沟通能力、团队协作能力等综合素质。

6. **保持开放和灵活**：在确定就业方向时，大二学生需要保持开放和灵活的心态。职业规划和就业方向是一个不断调整和变化的过程，同学们需要随时做好准备，适应社会和职业的变化。

第二节　考试与证书

一、四、六级考试

四、六级考试的重要性在前面已经介绍过了,不但很多高校在选择保送研究生、评优、评奖学金、评选学生干部时会把四、六级证书当做必要的组成部分,招聘企业也会把求职者的四、六级成绩当做筛选的重要参考。

(一)英语四、六级考试分数构成

1. 四级考试分数构成

英语四级考试的分数构成主要包括四个部分:听力、阅读、翻译和作文。每个部分的分值和题型如下。

听力部分:占总分的35%,分值为248.5分。听力部分包括短篇新闻、长对话和听力篇章,每个题型的分值不同。其中,短篇新闻共7道小题,每道小题7.1分;长对话共8个题目,每道小题7.1分;听力篇章共10道小题,每道小题14.2分。

阅读部分:占总分的35%,分值为248.5分。阅读部分包括选词填空、长篇阅读和仔细阅读。选词填空每道题3.55分,其余每道题都是7.1分。仔细阅读共2篇,一篇5道小题,每道小题14.2分。

翻译部分:占整套试题的15%,分值为106.5分。

作文部分:同样占整套试题的15%,分值为106.5分。作文要达到63.9分才算及格。

2. 六级考试分数构成

六级考试的总分值为710分,其中各部分的分数构成如下。

作文写作:占总分的15%,即106.5分,这部分的时间分配通常为30分钟,需要在这有限的时间内构思并写出一篇质量较高的作文。

听力理解:占总分的35%,即248.5分,考试时间为30分钟。听力部分包括长对话、听力篇章以及讲话、报道、讲座等内容,每题均为 7.1 分。需要边听边涂答题卡,避免时间紧张导致涂卡不全或涂错。

阅读理解:占总分的 35%,即 248.5 分,考试时间为 40 分钟。这部分包括选词填空(35.5 分)、长篇阅读(71 分)和仔细阅读(142 分)等,需要在有限的时间内准确答题,注意时间分配和答题顺序。

翻译部分:占总分的 15%,即 106.5 分,考试时间为 30 分钟。这部分需要将中文翻译成英文,需要一定的时间来理解和翻译句子,注意语法、词汇和句式的准确性。

(二)有效提升四、六级考试成绩的技巧

提高英语四、六级成绩需要综合提升听力、阅读、写作和口语四个方面的能力。以下是一些建议,帮助你更好地备考英语四、六级并争取高分。

1. 了解考试要求和题型:在考试前,了解四、六级考试的评分标准、考试题型和考试要求,这样可以帮助你更好地掌握考试要点和难点,有针对性地进行复习。

2. 制订复习计划:制订详细的复习计划,包括每天的学习任务和时间安排。要保证充分的时间投入,同时要确保计划具有足够的灵活性,以便应对可能出现的挑战和意外情况。

3. 注意时间管理:在考试中,时间管理是非常重要的。要合理分配时间,掌握好答题节奏。在平时练习中,可以模拟考试情景,提高自己的时间管理能力。

4. 做好笔记和总结:在复习过程中,要做好笔记和总结。这可以帮助你更好地理解知识点、加深记忆,同时也可以为后续的复习提供重要的资料。

5. 不断反思和改进:备考过程中需要不断反思和改进自己的学习方法和策略。如果某些方面存在不足,可以有针对性地进行加强和提高。

6. 提高词汇量:词汇是四、六级考试的重要基础,提高词汇量可以增强阅读理解和写作表达能力。可以选择一本适合自己的词汇书进行背诵,同时注意记忆常用短语和搭配。学习并掌握常用的高频词汇,注意词汇的用法和搭配。加强语法的学习,理解句子结构,提高语法运用的准确性。

7. 进行练习:通过收听英语新闻、电台、影视剧等多渠道提高听力水平,多参加听力模拟考试,并不断加快听力速度,逐渐适应较快的英语口音,熟悉听力题型和考试节奏。

8. 提升阅读:阅读各类英文文章,包括新闻、论文、小说等,迅速捕捉文章主旨和关键信息,练习推断词义和理解上下文的能力,提高阅读理解能力。在提高快速阅读能力的同时,不要以牺牲阅读的正确理解度为代价,正确率自始至终要放在第一位的。

9. 多做真题:历年真题是备考四、六级考试的宝贵资源,通过多做真题可以更好地理解考试难度和出题规律,同时也可以查漏补缺,提高自己的应试能力。

10. 保持积极心态:备考四、六级考试是一个漫长而艰辛的过程,要保持积极的心态和信心。遇到困难和挑战时,要学会调整自己的情绪和状态,保持前进的动力。

(三)英语四、六级考试答题顺序

为了游刃有余地完成四、六级考试,以下是相关建议。

作文部分是考试默认的第一答题顺序,这部分需要一定的时间来构思和书写。写作文时,一定要思路清晰,字迹端正。对于把握不好行距和横平的同学,可以借用直尺辅助。

听力部分是考试默认的第二答题顺序,听力考试结束就要收缴答题卡一,因此同学们在听力部分时需要边听边涂答题卡,避免时间紧张导致涂卡不全或涂错。在听力的播放过程中,要集中注意力,抓住关键词汇,以便在有限的时间内尽可能多地获取信息。

完成听力后,可以根据个人习惯和题目难度,选择先完成仔细阅读部分或者长篇阅读部分。仔细阅读部分通常比较容易得分,而长篇阅读部分需要一定的耐心和技巧。

仔细阅读部分通常包括两篇短文章,每篇文章后有若干问题,需要考生仔细阅读文章并回答相关问题。这部分的题目通常比较细致,需要考生对文章的内容有深入的理解。因此,如果考生在阅读理解部分比较擅长,或者对文章的内容比较熟悉,可以选择优先完成仔细阅读部分,以确保在这部分取得较高的得分。

长篇阅读部分通常是一篇较长的文章,后面附有若干问题,需要考生通过快速阅读和理解文章的主旨大意来回答相关问题。这部分的题目通常比较注重考生的阅读速度和概括能力。如果考生在阅读速度和理解主旨大意方面比较擅长,或者对长篇文章的内容比较感兴趣,可以选择优先完成长篇阅读部分,以充分利用自己的优势。

可以先完成翻译部分。翻译部分分值与听力一样,需要一定的时间来理解和翻译句子。翻译的时候要注意语法、词汇和句式的准确性,如果放到最后,很容易出现时间不够翻译不完的情况。

最后完成分值较低的选词填空。四六级考试的选词填空是一种考察词汇运用和语法理解能力的题型。题目会给出一个句子,其中有一个或多个空格,考生需要从给出的选项中选择合适的词汇填入空格中,使句子意思完整且语法正确。考试时不要过分纠结于某个空格,如果某个空格难以确定,可以先做个标记,等完成其他题目后再回来仔细考虑。这样可以避免因为某个难题而浪费太多时间,影响整体答题进度。

需要注意的是,以上答题顺序仅供参考,具体的答题顺序还需要根据个人的实际情况和考试难度等因素进行适当调整。在考试过程中,要合理安排时间,保持冷静和自信,尽可能发挥出自己的最佳水平。

(四)如何写好四、六级考试作文

写好英语四、六级作文需要一定的技巧和策略,以下是一些建议,帮助你提升写作水平。

1. 理解题目要求:在考试中,仔细阅读题目,确保充分理解所要求的写作内容、格式和主题,切勿离题。

2. 构建清晰结构:四级作文字数应不少于120字,六级作文字数应不少于150字,因此,在写作之前应该内心有一个大致的框架,如引言、主体段落、支持观点的论据或例子、结论等各部分应写作的具体内容以及所用词汇、句型都要先思考再下笔。

3. 恰当使用连接词:使用连接词,如 however、meanwhile 等,使文章结构更加紧凑且逻辑清晰。

4. 保持简明扼要：避免冗长的句子和复杂的词汇，保持句子简洁明了。不要过度使用复杂的词汇，以免误用。

5. 适当使用举例和论据：用具体例子和有力论据支持观点，使文章更具说服力。尽量使用真实、生动的例子，增加文章可信度。

6. 语法和拼写准确：注意语法和拼写错误，确保文章表达准确，避免影响整体分数。如果时间允许，最后检查一遍，纠正可能存在的错误。

7. 主题句的重要性：每个主体段落都应有一个明确的主题句，概括该段落的主要观点。主题句有助于阅卷人快速理解你的观点，也有助于文章结构的清晰度。

8. 时态和人称一致：在整篇文章中保持时态和人称的一致性，以确保语言流畅度。

9. 合理使用复杂句型：尝试使用一些复杂句型，如定语从句、状语从句等，以展示语言的多样性和丰富性。

10. 多练习模拟题：练习写模拟题，熟悉考试时间和题型，增加应试经验。请老师或同学给予建议和反馈，帮助你改进写作技巧。

11. 背诵高分范文：阅读一些高分作文，学习其中的表达方式、观点阐述和结构，有助于提高写作水平。

12. 保持清晰逻辑：确保文章逻辑清晰，每一段都与整体主题相关，避免无关信息的插入。

13. 注意字数掌控：在规定时间内合理掌控字数，不要写过多或过少。

14. 积累写作素材：平时多读英语文章，积累写作素材，提高对不同主题的素材运用能力。通过坚持练习和不断改进，你的写作水平将逐渐提升。同时，关注并纠正自己在模拟考试和练习中的错误，积累经验，提高应试能力。

二、计算机等级考试

（一）计算机等级考试的重要性

计算机等级考试的重要性在于它可以客观评估学生的计算机技能水平。通过考试，学生可以获得相应的等级证书，证明自己在计算机领域具备一定的专业能力。这对于就业和升学都具有一定的参考价值,可以增加学生的竞争力。

此外,大学计算机等级考试还能够帮助学生了解自己在计算机领域的薄弱环节,指导学生在学习和职业发展方向上做出更好的选择。考试内容涵盖了计算机的多个方面,学生可以在备考和参加考试的过程中不断提升自己的技能水平。

(二)大学对计算机等级考试的要求

大学对计算机等级考试的要求因学校和专业的不同而有所差异。一般来说,大学对计算机等级考试的要求可以从以下几个方面来考虑。

1. **专业要求**:某些计算机相关的专业可能会要求学生通过特定的计算机等级考试,以证明他们具备一定的计算机基础知识和技能。

2. **学分要求**:有些大学会将通过计算机等级考试的成绩纳入学分要求中,作为毕业要求的一部分。

3. **就业要求**:一些就业岗位对于计算机等级考试的要求比较高,大学可能会鼓励或要求学生在毕业前通过一定级别的计算机等级考试。

4. **学术要求**:在某些学术研究领域,计算机等级考试的成绩可能会被用于评估学生的研究能力和专业素养。

需要注意的是,具体的要求会因学校和专业的不同而有所差异,建议学生在申请大学或选择专业时了解相关的要求。

(三)大学计算机等级考试的分类

大学计算机等级考试通常分为多个级别,具体的分类可以根据不同的考试机构和国家的标准而有所差异。以下是一些常见的计算机等级考试分类。

1. **全国计算机等级考试**:(National Computer Rank Examination,简称NCRE)是由教育部教育考试院主办,用于评估应试人员计算机应用能力的全国性考试体系。该考试分为一至四级,一级定位为满足人们在一般性工作中对计算机的应用,重点是操作能力的考核;二级定位为计算机程序员;三级定位为"开发工程师",重点是设计、管理、测试和技术支持的考核;四级面向已持有三级相关证书的考生，考核计算机专业课程，是面向应用、职业的工程师岗位证书。

NCRE一年开考四次，但具体开考次数以所在地区承办机构公告为准。全国计算机等级考试报名者不受年龄、职业、学历等限制，均可根据自己的学习情况和实际能力选择考相应的级别和科目。考生可按照省级承办机构公布的流程在网上进行报名。每名考生最多可报3个科目，级别不限。严禁考生单次考试重复报考同一科目，重复报名考试者将按照违规处理。报名时考生上传的照片将用于合格证书，必须符合报名系统提示的要求，应为考生本人近期正面免冠半身证件照，不得使用生活照、美颜照，否则会导致上传失败。

NCRE的考试内容涵盖了计算机基础、操作系统、办公软件、网络等方面的知识，考试形式包括选择题、操作题等。该考试的证书是国家级证书，适用于全国范围内，很多企业和机构会认可这个证书。获得NCRE证书可以证明持有人具备相应的计算机应用能力和技能水平，对于求职、升职、加薪等方面都有一定的帮助。

2. 国际级别考试：一些国际机构也提供国际认可的大学计算机等级考试，如国际电脑使用执照（ICDL）等级考试。

3. 学校内部考试：一些大学会自行组织内部的大学计算机等级考试，以评估学生的计算机水平，并为学生提供相应的证书。

4. 行业认证考试：一些行业协会或认证机构提供的大学计算机等级考试，如微软证（Microsoft Certification）、思科认证（Cisco Certification）等。

（1）微软认证考试：微软公司推出的认证考试，主要面向使用微软技术的用户，包括操作系统、办公软件、服务器、数据库等方面。

（2）思科认证考试：由思科系统公司推出的认证考试，主要面向使用思科网络设备和技术的用户，包括CCNA、CCNP、CCIE等多个级别。

（3）甲骨文认证考试：由甲骨文公司推出的认证考试，主要面向使用甲骨文数据库和相关技术的用户，包括OCA、OCP、OCM等多个级别。

5. 编程竞赛：除了传统的考试形式，一些编程竞赛也可以作为大学计算机等级考试的一种形式，如ACM国际大学生程序设计竞赛。

需要注意的是，具体的大学计算机等级考试分类可能因国家、地区和考试机构的不同而有所差异，考生在选择考试时应根据自己的需求和目标进行选择。

三、教师资格证书

教师资格证，全称中华人民共和国教师资格证书，是教育部依据《中华人民共和国教师法》《教师资格条例》《教师资格证书管理规定》和《国家职业资格目录》等法律法规设立的国家职业资格证书，是持证人具备国家认定的教师资格的法定凭证。教师资格证书由国务院教育行政部门统一印制，由教师资格认定机构按国家规定统一编号，加盖相应的政府教育行政部门公章、钢印后生效。中国公民在各级各类学校和其他教育机构中从事教师工作的人员，必须依法取得教师资格，并持有相应的教师资格证书。

该证书是从事教育行业的必备证书，是进入教育行业的基本门槛。持有教师资格证的人员能够从事教育工作，包括幼儿教育、中小学教育和高等教育等。

（一）基本条件

中国公民凡遵守宪法和法律，热爱教育事业，具有良好的思想品德，无犯罪记录，具有《中华人民共和国教师法》规定的学历，普通话水平达到国家语言文字工作委员会颁布的《普通话水平测试等级标准》二级乙等及以上标准（有特殊规定的除外），符合国家规定的从事教育教学工作的身体条件，教师资格考试合格或符合直接认定教师资格的政策等。

（二）考试科目

教师资格证考试包括两个部分：笔试和面试。

笔试部分的考试内容根据教师资格证类型不同而有所不同。对于幼儿园教师资格证，笔试科目包括《综合素质》和《保教知识与能力》两科。对于小学教师资格证，笔试科目包括《综合素质》和《教育教学知识与能力》两科。对于初级中学和高级中学教师资格证，笔试科目包括《综合素质》《教育知识与能力》和《学科知识与教学能力》三科。其中，《综合素质》主要考查考生的职业理念、教育法律法规、教师职业道德规范、文化素养和基本能力等方面的知识；《保教知识与能力》和《教育教学知识与能力》主要考查考生的教育基础、学生指导、班级管理、学科知识、教学设计、教学实施、教学评价等方面的知识;《学科知识与教学能力》则主要考查考生相应学科的专业知识、教学设计、教学实施和教学评价的内容。

面试则主要考查考生的职业认知、心理素质、仪表仪态、言语表达、思维品质等教师基本素养和教学设计、教学实施、教学评价等教学基本技能。

面试主要包括三个环节:结构化面试、试讲/演示和答辩。

1. 结构化面试:考官从题库中随机抽取 2 个规定问题,考生回答,时间 5 分钟。主要考查考生的教育知识、职业道德、教育法律法规、心理健康等方面的知识。

具体而言,主要考察以下几个方面。

(1)教育理念:主要考查考生对教育的理解,包括对教育的本质、教育目标、教育原则等方面的认识。

(2)职业道德:主要考查考生的职业素养和道德品质,包括对教师职业道德规范的理解和实践。

(3)法律法规知识:主要考查考生对教育法律法规的了解和遵守情况,包括对教师的权利和义务、学生权益保护等方面的知识。

(4)心理学知识:主要考查考生对心理学基本概念和原理的理解,包括对学生心理发展规律、学习心理等方面的了解。

(5)教育教学方法:主要考查考生对教育教学基本方法的理解和实践,包括课程设计、教学方法选择和应用等方面的能力。

(6)教学态度:主要考查考生的教学态度和职业精神,包括对教师职业的认同感和敬业精神等方面的表现。

2. 试讲/演示:考生按照准备的教案或活动演示方案进行试讲或演示,时间 10 分钟。主要考查考生对课程内容的理解、教学方法的运用、教学组织能力以及语言表达能力等。

3. 答辩:考官围绕考生试讲或演示内容和测试项目进行提问,考生答辩,时间 5 分钟。主要考查考生对教育知识的应用和教育教学方法的创新等方面的能力。

四、其他证书

在今天竞争激烈的职场中,持有高含金量的资格证书可以增加很多就业优势,为持有人的薪资待遇提升以及发展空间拓展提供帮助。

以下是几种就业常见的高含金量证书的简介,感兴趣的同学可以进一步通过其他途径了解详细情况。

(一)法律职业资格证书

法律职业资格证书是法律从业人员必须取得的证书之一,是法律行业的入门证书。在我国,法律职业资格证书是由中华人民共和国司法部认定和颁发的,取得该证书需要通过全国统一的法律职业资格考试。

该证书是从事法律职业的必备证书,也是一份长期有效的证书,具有很高的含金量。它不仅是法律从业人员进入法律行业的凭证,也是衡量其专业能力和职业素质的标准。通过考试获得该证书,能够证明持有者具备法律实践和法律服务的能力。持有法律职业资格证书的人员可以在法律机构从事法律工作,包括律师、公证员、法律顾问、仲裁员、法官等职业。

法律职业资格考试由司法部门组织,考试内容包括法律基础知识、法律专业知识、法律实务和职业道德等方面。考试合格后,经过资格审查、公示和颁发证书等程序,最终获得法律职业资格证书。

初任法官、初任检察官,申请律师执业、公证员执业和初次担任法律类仲裁员,以及行政机关中初次从事行政处罚决定审核、行政复议、行政裁决、法律顾问的公务员,都应当通过国家统一法律职业资格考试,取得法律职业资格。其他法律职业对该证书没有硬性要求。

如需了解更多信息,建议查阅相关网站或咨询专业人士。

(二)注册会计师证书(CPA)

注册会计师证书是指通过注册会计师全国统一考试而取得的执业资格类证书。该考试由中华人民共和国财政部统一组织实施,是中国最具有权威性的会计师执业资格考试。

要获得注册会计师证书，考生需要通过专业阶段考试和综合阶段考试。专业阶段考试包括会计、审计、财务成本管理、公司战略与风险管理、经济法、税法6个科目，要求考生在连续5个年度内通过所有科目。综合阶段考试是对考生在专业阶段所学知识的综合运用能力的考核，包括综合题、分析题和案例分析题等。

注册会计师证书的考试难度较大，是会计、审计领域中含金量最高的证书，被誉为中国会计行业的"黄金证书"。持有注册会计师证书的人员可以在会计师事务所、企业、政府机构等领域从事审计、财务咨询、财务管理等方面的工作。同时，注册会计师证书也是中国唯一官方认可的注册会计师资质证书，具有很高的社会认可度和职业竞争力。

(三)注册建筑师证书

注册建筑师证书是指经考试、特许、考核认定取得中华人民共和国注册建筑师执业资格证书(以下简称"执业资格证书")，或者经资格互认方式取得建筑师互认资格证书(以下简称"互认资格证书")，并注册取得中华人民共和国注册建筑师注册证书(以下简称"注册证书")和中华人民共和国注册建筑师执业印章(以下简称"执业印章")的一种证书。

该证书是建筑设计、规划和管理行业的专业证书，对于进入建筑行业的人来说非常重要。持有该证书的人员通常具备较高的专业水平和能力，适用于建筑设计、施工、监理等建筑行业各个领域，能够担任建筑设计师和项目管理等工作。

需要注意的是，注册建筑师证书的考试和取得需要一定的条件和过程，需要考生具备相应的学历、经验和能力等方面的要求。

注册建筑师证书的考试内容主要包括以下几个方面。

1. 建筑设计：包括建筑方案设计、建筑技术设计和建筑构造与详图等方面的考试。考试要求考生能够根据项目的需求和规范要求，进行建筑设计方案的构思、制定和实施，同时需要掌握建筑构造和详细图的设计和绘制技能。

2. 建筑结构：包括建筑结构设计和建筑结构选型等方面的考试。考试要求考生能够根据项目的需求和规范要求，进行建筑结构的设计和分析，并选择合适的结构形式和材料。

3. 建筑材料与构造：包括建筑材料、建筑构造和建筑物理等方面的考试。考试要求考生能够根据项目的需求和规范要求，选择合适的建筑材料和构造方式，并掌握建筑物理和建筑环境等方面的知识。

4. 建筑经济、施工与设计业务管理：考试要求考生能够掌握建筑工程的经济、施工和管理等方面的知识，并能够进行项目预算、施工组织和管理等方面的操作。

5. 场地设计：包括场地规划、场地景观和场地工程等方面的考试。考试要求考生能够根据项目的需求和规范要求，进行场地规划和设计，并能够处理场地环境和景观等方面的问题。

此外，注册建筑师证书的考试还包括一些基础科目，如法律、法规和经济等方面的知识。考试形式包括笔试和作图等形式，其中作图题是主观题，需要考生在图纸上作答。

（四）执业医师资格证书

执业医师资格证书是通过全国统一的执业医师资格考试和执业助理医师资格考试后，由国家卫生健康委员会统一发放的资格证书，是我国从业医师必须拥有的证书，属于医疗技术方面的认可，证明持证人具有独立从事医疗活动的技术和能力，证书永久有效。

具备报考执业医师资格证考试的人员，通过每年一次定期举行的执业医师资格证考试获取。该证书也是判定医师是否具有从医资质的最重要标准，没有获得执业医师资格证的所谓"医师"属于"非法行医"行为。

该证书是医学领域最基本的从业证书，是判断医师是否具有从医资质的最主要标准。持有该证书的人员能够从事临床医学工作，具备医疗实践的能力。

要报考执业医师资格证书，考生需要满足一定的条件。

1. 具有高等学校医学专业本科以上学历，在执业医师指导下，在医疗、预防、保健机构中试用期满一年。

2. 取得执业助理医师执业证书后，具有高等学校医学专科学历，在医疗、预防、保健机构中工作满二年；具有中等专业学校医学专业学历，在医疗、预防、保健机构中工作满五年。

3. 具有高等学校医学专科学历或者中等专业学校医学专业学历，在执业医师指导下，在医疗、预防、保健机构中试用期满一年，可以参加执业助理医师资格考试。

4. 以师承方式学习传统医学满三年或者经多年实践医术确有专长的，经县级以上人民政府卫生行政部门确定的传统医学专业组织或者医疗、预防、保健机构考核合格并推荐，可以参加执业医师资格或者执业助理医师资格考试。

(五)注册电气工程师证书

注册电气工程师证书是指通过国家注册电气工程师执业资格考试，并获得中华人民共和国注册电气工程师执业资格证书的专业技术人员，可以从事电气专业的监理、招投标、评标、技术咨询等工作。该证书是国家对从事电气专业工程设计活动的专业技术人员实行执业资格注册管理制度的凭证，是电气专业领域唯一的全国统一注册执业资格证书。

要获得注册电气工程师证书，需要满足一定的条件。

首先，申请人需要取得本专业或相近专业的大学本科及以上学历或学位，或者取得本专业或相近专业的大学专科学历，累计从事电气专业工程设计工作满一定年限（一般为1年）。此外，还需要通过基础考试和专业考试，并在规定的工作年限内申请参加注册手续。

持有注册电气工程师证书的专业技术人员具有较高的技能和知识水平，能够有效解决各种复杂的电气工程问题。他们在电气工程领域扮演着重要的角色，不仅可以从事电气专业的工程设计工作，还可以在企事业单位中担任重要的技术和管理职务。同时，他们也是推动我国电气工程领域技术创新和发展的重要力量。

注册电气工程师证书的考试分为基础考试和专业考试两个阶段。基础考试合格是参加专业考试的必要条件，同时，基础考试合格也是申请注册的重要条件之一。专业考试则更加侧重于考察申请人在电气专业领域的实际工作能力。

基础考试通常涉及数学、物理、化学、理论力学、材料力学、流体力学、计算机应用基础、电气与信息、法律法规、工程经济等方面的知识。专业考试则更加侧重于考察电气专业领域的实际工作能力,主要包括电路与电磁场、模拟电子技术、数字电子技术、电气工程基础等方面的内容。

基础考试和专业考试都是闭卷考试,考试形式为笔试,单选题和多选题等题型都有可能出现。考试时间一般为 2 天,分上下午进行。考试难度较大,需要考生具备扎实的专业基础知识和实际工作经验。

要获得注册电气工程师证书,需要满足以下条件:

1. 取得本专业或相近专业的大学本科及以上学历或学位,或取得本专业或相近专业的大学专科学历,累计从事电气专业工程设计工作满一定年限(一般为 1 年)。

2. 通过基础考试,并取得合格成绩。

3. 在规定的注册期限内完成注册手续。

(六)精算师证书

精算师证书是中国精算师协会统一印制并颁发的中国精算师水平测试合格证书。持有精算师证书表明持证人的精算能力和水平得到了认可,可以在保险、金融、证券投资等领域中,运用自己的专业知识和技能,分析、评估不确定的现金流对未来财务状况的影响。

精算师是运用精算方法和技术解决经济问题的专业人士,是评估经济活动未来财务风险和不确定性的专家。精算师的传统工作领域为保险业,在这个行业中,精算师主要负责产品开发、责任准备金核算、动态偿付能力测试等重要工作,确保保险监管机关的监管决策、保险公司的经营决策建立在科学的基础上。随着精算科学的发展应用,精算工作的领域逐步扩展到社会保险、投资、社会保障、人口分析、经济预测、金融监管等领域。

中国精算师考试从 1999 年开始实施,分为准精算师和精算师两个层次。准精算师考试内容为精算人员必须掌握的精算理论和技能,精算师考试要求以精算实务为主,涉及财务会计制度、社会保障制度、保险法规等。准精算师共有 8 门课,精算师共有 5 门课。只有通过全部的课程考试之后,才能获得相应的资格证书。

要获取精算师证书，首先需要满足一定的报考条件。一般来说，大学本科以上学历或同等学力的人都可以报名参加中国精算师考试。但是需要注意的是，不同层次和类型的考试科目和要求也不同，考生需要按照规定的要求进行报名和考试。

（七）建造师证书

建造师证书是指通过国家统一考试，取得中华人民共和国一级或二级建造师执业资格证书，并经过注册登记后，获得在建设工程项目中担任项目负责人的资格认证。建造师证书是建筑行业中的一种职业资格认证，也是建筑企业资质申报、项目招投标、项目管理和企业发展的重要条件之一。

建造师证书的考试分为一级和二级两个级别，一级建造师证书的考试难度和要求相对较高，具有全国范围内的适用性，而二级建造师证书的考试难度和要求相对较低，适用于省级范围内的执业。

一级建造师证书的考试科目包括综合科目和专业科目，其中综合科目包括《建设工程项目管理》《建设工程法规及相关知识》等，专业科目则根据不同专业方向而有所不同，例如建筑工程、机电工程等。二级建造师证书的考试科目包括综合科目和专业科目，其中综合科目包括《建设工程施工管理》《建设工程法规及相关知识》等，专业科目则根据不同专业方向而有所不同。

要取得建造师证书，需要满足一定的报考条件，包括学历、工作年限、专业技术职称等方面的要求。一般来说，取得工程类或工程经济类大学专科学历的人员，需要从事建设工程项目施工管理工作满2年；取得工程类或工程经济类大学本科学历的人员，需要从事建设工程项目施工管理工作满1年。此外，还需要通过相应的考试，并取得合格成绩。

持有建造师证书的人员可以在建筑行业中担任项目经理、项目总工、项目负责人等职务，负责项目的规划、设计、施工、管理等方面的工作。

（八）心理咨询师证书

心理咨询师证书是心理咨询师开展心理咨询服务的必备证书，也是其专业水平的体现，对于想要进入心理咨询行业的人来说非常重要。持有该证书的人员通常应该具备专业的心理咨询技能和能力,能够提供有效的心理咨询服务。

心理咨询师证书的颁发机构、考试要求和等级划分因国家或地区而异,但一般都需要通过专业培训和考试才能获得。

要获得心理咨询师证书,通常需要满足一定的条件,包括学历要求、培训要求、考试要求等。例如,在某些国家或地区,需要具备心理学或相关专业本科学历,并参加由专业机构提供的培训课程,通过相应的考试才能获得心理咨询师证书。

心理咨询师证书的等级划分也是因国家或地区而异,但一般可以分为初级、中级和高级三个等级。不同等级的心理咨询师证书对应不同的服务范围和职责。例如,高级心理咨询师可以开展独立的心理咨询业务,而初级心理咨询师则只能作为助理或实习生协助高级心理咨询师工作。

心理咨询师证书的考试内容主要包括理论知识和专业能力两部分。理论知识考试通常包括普通心理学、社会心理学、发展心理学、异常心理学、健康心理学和心理测量学等方面的内容,涵盖了心理学的基本概念、理论和研究方法。专业能力考试则侧重于考察心理咨询技能、心理诊断技能和心理测验技能等方面,包括对心理问题的识别、评估和解决能力,以及使用心理测验和评估工具进行心理评估的能力。

在考试形式上,心理咨询师证书考试通常采用闭卷考试的形式,考试题目类型包括选择题、简答题、论述题和案例分析题等。考试时间一般为 3 个小时左右,满分一般为 100 分,及格分数因地区和等级而异。

(九)特许金融分析师证书

特许金融分析师证书(Chartered Financial Analyst,简称 CFA)是由美国投资管理与研究协会(AIMR)于 1963 年开始设立的特许金融分析师职业资格认证。它是全球公认的金融投资领域最高等级的资格认证,被誉为全球金融投资领域的"金牌证书"。

CFA 证书的考试分为三个等级,分别是 Level Ⅰ、Level Ⅱ 和 Level Ⅲ。考生需要按照等级顺序逐级报考,每次只能报考一个等级。考试内容涵盖了伦理和职业标准、量化分析、经济学、财务报表分析、公司评估、投资组合管理、权益投资、固定收益、衍生品、另类投资和其他投资工具等多个方面。只有通过全部三个级别的考试，且有 4 年金融从业经历者才能获得 CFA 证书。

CFA 证书的持有者通常在投资银行、私募基金、证券公司、基金公司、保险公司等金融机构中从事投资分析、资产配置和管理工作。他们通常具备深厚的投资理论知识、高超的投资分析能力和丰富的实战经验，能够为投资者提供专业的投资建议和资产管理服务。

(十) 特许注册会计师书

特许注册会计师证书是指 ACCA 证书，是由国际性的会计师组织英国特许公认会计师公会设立的证书，是全球极具权威性的财会金融领域的证书之一，更是国际认可范围极广的财务人员资格证书。

ACCA 证书的报名考试所需费用并不是一次性交清的。考生在注册报名时只需交纳注册费(按当年费用标准)，之后再逐项交纳免试费、年费、考试费。

想要获取 ACCA 证书，考生需要通过一系列的考试和认证。考试分为四个阶段，分别是知识阶段(F1—F3)、技能阶段(F4—F9)、核心阶段(P1—P3)和选修阶段(P4—P7)。考生需要通过这些考试，并满足一定的经验要求，才能获得 ACCA 证书。

ACCA 证书的含金量非常高，在中国被誉为会计行业的"黄金证书"。持有 ACCA 证书的人员可以在会计师事务所、企业、政府机构等领域从事审计、财务咨询、财务管理等方面的工作。同时，ACCA 证书也是国际认可的注册会计师资质，具有很高的社会认可度和职业竞争力。

第三节 了解论文、科研与竞赛

很多本科低年级的同学在对科研和论文的认识上存在误区，这也是身边环境对科研工作的过度渲染所导致的，总认为科研项目和论文发表是研究生才有能力做的事，本科生没有能力参与，因此就没有亲身参与到项目中去，这样对自己的未来深造和发展都是不利的。

事实上,只要愿意花时间和精力,本科生也可以参与到科研项目中去。优秀的本科生往往有着研究生的水平和能力,如果在参与过程中,知识储备不足,就主动去学习;经验不足,就多学多看,只要有心去做,总会做出一些成果。

站在学校和学院的层面也不难发现,学校是鼓励本科生参与科研的。首先,参与科研并获得成果是非常有利于本科期间评定奖学金的;其次,在评定保研资格的时候,在绝大多数的院校中,科研项目与科研成果都可以获得较大加分。

在参加外校夏令营与预推免的时候,科研项目经历与发表的论文往往能够吸引老师的目光。科研项目和论文是学术能力和研究水平最直观的体现,而研究能力则是各大学校的老师在筛选简历、考核中十分看重的因素之一,基本上所有学校在夏令营通知中都直接要求申请学生提供已发表的论文或者体现自己学术成果的作品。科研项目和论文越来越成为保研竞争力的必须项。保研复试竞争非常激烈,这种情况下,如何给老师留下深刻印象,就显得尤为重要。如果手握几篇高质量论文,在面试过程中一定是非常亮眼的,能够帮助你脱颖而出。

(一)了解论文分类

期刊分级的主要目的是为了从所有的期刊中提取出少数优秀的重点期刊。这种分级通常不多,大多数情况下分为 2~3 级,少数情况下会有 4 级以上的分级。分级的方法多种多样,包括按照刊号分为 CN 类和 ISSN 类,按照主管主办单位分为国家级和省级,以及按照期刊的质量具体分为南大核心(CSSCI)、北大核心、中国科技核心、SCI、SSCI 等多种类别。

很多学校对发表论文的学生会给予加分等奖励,如何发表论文也是大家关心的内容。

首先是普刊,这是最为常见的一类出版物,可以根据刊物的主管机构将其分为国家级普刊和省级普刊,也可以根据被检索的方式,分为知网普刊、万方普刊、维普普刊等,对于准备保研的本科生来说,若要发表普刊,最佳选择为知网普刊。

其次是国际会议论文,如"EI 会议论文"或"CPCI 会议论文",这一类论文是本科生发表得最多的一种论文，相比于其他类型的论文，准备 EI 会议论文性价比最高。会议论文是指在学术会上公开宣读首次发表的文章，正式的学术交流会议通常会出版自己的论文集，会议上宣读的文章都会收录进去。所谓的 EI 会议论文，是指会议集或者部分优秀论文可以被 EI 核心数据库检索。近些年，国内有不少作者选择发表会议论文，发表会议论文比期刊论文相对容易一些。

此外，会议论文还包括"IEEE 会议"与"CCF-A/B/C 会议"论文，分别是电子领域与计算机领域的顶级会议，发表出的文章也属于会议论文，但论文发表难度不亚于核心论文期刊。

最后，是核心论文期刊，包括学界认同度较高的中文核心期刊（北大核心/南大核心等）和 SCI、SSCI、EI 期刊，详细介绍如下。

1. 北大核心，由北京大学图书馆联合众多学术界权威专家鉴定，目前受到了学术界的广泛认同，也较为权威。按照惯例，北大核心期刊每四年评定一次，并出版《北大核心期刊目录要览》。

2. CSSCI(Chinese Social Sciences Citation Index)，即中文社会科学引文索引，它是由南京大学中国社会科学研究评价中心根据中文社会科学引文索引指导委员会确定的选刊原则和方法遴选并报教育部批准的来源期刊，也因此被称为"南大核心"。来源期刊是根据期刊的影响因子、被引总次数等数量指标与各学科专家意见而确定的。

3. EI 源刊，EI(The Engineering Index)数据库是全球范围内目前最广泛和最完整收录高质量工程论文的数据库，在工程界中具有非常高的影响力，包括 EI 源刊与 EI 会议文献。其中，EI 源刊论文基本是 JA(Journal article)类型，核心水平、认可度高于 EI 会议论文。

4. SCI 论文(Scientific Citation Index)，是指被 SCI 索引收录的期刊所刊登的论文，其中以生命科学及医学、化学、物理所占比例最大，收录范围是当年国际上的重要期刊，尤其是它的引文索引表现出独特的科学参考价值，能反映自然科学研究的学术水平，在学术界占有重要地位，发表 SCI 论文的多少和论文被引用率的高低，是国际上通用的评价基础研究成果水平的标准。

5. SSCI 即社会科学引文索引(Social Sciences Citation Index)，为 SCI 的姊妹篇，由美国科学信息研究所创建，1988 年开始存在。是世界上可以用来对不同国家和地区的社会科学论文的数量进行统计分析的大型检索工具。内容覆盖包括人类学、法律、经济、历史、地理、心理学等55个领域。收录文献类型包括研究论文、书评、专题讨论、社论、人物自传、书信等。

很多高校为了便于统计评价学术成果,自主将各种学术期刊分为A、B、C、D类或者一、二、三、四类这样的级别。大家可以根据学校的要求和规定选择合适期刊投稿。确定要投稿的期刊后,就可以通过电子邮件的方式进行投稿,这也是现在较为通行的投稿方式。在投稿过程中大家需要理解以下几个名词。

(1)审稿周期。即期刊编辑部对论文的内容和类别进行审核、确定能否发表所需的时间。

(2)版面费。部分期刊在决定用稿后会出具一个盖有编辑部公章的录用通知,告知用稿及刊发在哪一期上;版面费就是部分刊物在发表稿件时所收取的费用,也有一些刊物会给予作者一定稿酬。

(3)第一作者。在科研论文、专利、调研报告等创新性作品的署名中,对于由多个作者共同完成的情况,对作品贡献最大的人通常署名在最前面。特别对于科研论文的署名,各期刊都有更细致的规定;而当论文署名用于职称评定时,第一作者的分量显然比第二、第三作者要重,而比单独署名的要轻。当作者很多时,也会出现几个人并列为第一作者的情况。

(二)了解学术期刊名词

1. 英文名词

Subject 是指学科。学科包括学术和教学。例如,国际排名机构在进行学科排名时,不仅仅考虑学术,还需要考虑教学等人才培养问题,甚至其他问题。

Discipline 是指科学分支。科学分支是按学术研究类别分类的。例如,常见的科学分支有数学、物理、哲学等。需要注意的是,科学分支可能与学科同名,例如数学既是学科,又是科学分支,但作为学科还包含教学,作为科学分支只涉及学术。

Area 指范围。其所指往往比较模糊。例如,可以是一个主题的某些范围,也可以是一个群体的研究领域。

Topic 是指一个值得关注的话题或主题。比下面要说的 Problem 更泛。我们往往说 Hotly Debated Topic，即正在引起热烈争议的话题。

Problem 是指有答案或者将寻求答案的问题。我们通过文献调研，提出一个本文将给出答案的问题。你提出问题，就得寻找答案。而上面的 Topic 则是许多人都在关注的一系列有答案、无答案、要做或者不做的话题或主题。

Question 是一个比 Problem 更具体的答案未知的问题，或者值得怀疑的问题。更多是指问他人的问题，即对人可能提 Question，而对事可能提 Problem。

Issue 是指一个有争议的问题。有时可能是指，原来这是一个过去尚未意识到的问题，后来被提出来了。

2. 中文名词

学术期刊（Academic Journal）是一种经过同行评审的期刊，发表在学术期刊上的文章，通常涉及特定的学科。学术期刊展示了研究领域的成果，并起到了公示的作用，其内容以原创研究、综述文章、书评等形式的文章为主。相较于普通期刊的大众性、受众面广，学术期刊具有学术性、受众面窄的特点。学术期刊刊发的文献以学术论文为主，主要用于学术研究、学术交流和探讨。

CN 号和 ISSN 号，CN 号即国内统一刊号，是国内统一连续出版物号的简称。CN 类刊物，是指在我国境内注册，并在国内公开发行的刊物。ISSN 号即标准国际刊号，是国际标准连续出版物号（International Standard Serial Number）的简称。ISSN 类刊物是在我国境外注册，国内、外公开发行的刊物。期刊号相当于期刊的"身份证"，所有刊号都具有唯一性。

SCI 和 SSCI 号，SCI 是美国《科学引文索引》(Science Citation Index)的简称，收录了自然科学、工程技术、生物医学等多学科期刊，涵盖了各个研究领域极具影响力的超过 9 000 多种核心学术期刊。SSCI 是美国《社会科学引文索引》(Social Sciences Citation Index)的简称，内容涵盖包含人类、法律、经济、历史、地理、心理学等 55 个领域，期刊数量有约 3 500 种。国外常见数据索引还有 A&HCI（艺术与人文科学引物索引）、ESCI（新兴来源引物索引）、CPCI（科技会议录索引）、EI（工程索引）、CA（化学文摘）等。

国内数据索引。主要指南大核心和北大核心，除此之外还有中国科学引文数据库（CSCD），这是我国第一个引文数据库，被誉为"中国的 SCI"。

核心期刊。核心期刊是期刊中学术水平较高的刊物。国内共有 7 种核心期刊遴选体系,除了上面提到的三种(南大核心、北大核心、CSCD),还有中国科技论文统计源期刊、中国人文社会科学核心期刊、中国人文社科学报核心期刊和中国核心期刊遴选数据库。

(三)了解学术论文写作

学术期刊发表的论文,其实是有固定的规范的,基本内容上包括:提纲、摘要、关键词、分类号等。主体部分就只有引言、正文、结论和参考文献几个部分。有些时候也要加致谢,这个要看期刊的格式要求,最后有可能也要加附录,这个要根据自己文章中是否涉及足够多的实验数据和图表或者计算过程等。

1. 题名

题名是能反映论文中特定内容的恰当、简明的词语的逻辑组合。一个好的题名,起到多方面的作用,如揭示文章的主要内容,激发读者的阅读兴趣等。因此,在写作时应考虑用言简意赅的 20 字以内的词语组合为宜。英文题名应与中文题名含义一致,一般不超过 10 个实词。

题名中常见的问题如下:

(1)题目大、内容少和题目小、内容多。这主要是没有把握好文题关系。对于前一种,或根据内容重新给题,或根据题目充实内容;对于后一种,应把握好与题目无多大关系的词略写或不写。

(2)随意设置副标题。一般情况下,最好不设副标题,仅在靠正标题无法完全表达想要表达的意思时加设。同时要注意避免副标题含义大于主标题。

(3)连用同义、近义词。如"××分析研究""××研究探讨"。"分析、研究、探讨"为近义词,题名中保留其一即可。

(4)拔高文章层次。有的文章只是一般的论述分析,谈不上研究,但作者往往喜欢冠上"研究"二字作为题目,这就很不恰当地拔高了文章的层次,因此"研究"一词应当删去。

2. 层次标题

科技论文层次划分的章节层次统一用阿拉伯数字表示,如 1,1.1,1.1.1,但不少作者仍在沿用中文数字表示法。

层次划分的章节层次可分为若干级,各级号码之间加一小点,末尾一级不加。层次分级以一般以不超过 4 级为宜。它的正确位置是各级章条顶格书写。层次标题中,最好不用标点符号。

3. 作者署名

对于论文作者,除在题名下方署名外,还应在首页地脚处(下方)对文章的主要作者按以下顺序刊出其简介:姓名、性别、民族(汉族可省略)、籍贯、职称、学位及主要从事什么研究。便于让读者更详细地了解论文责任人。

4. 摘要

摘要是现代科技论文的必要附加部分,它的详略程度取决于文献内容。摘要写作中,其四要素——目的、方法、结果、结论可根据文章类型有所侧重。通常中文文摘以不超过 400 字为宜,纯指示性文摘应控制在 200 字上下。外文文摘一般不超过 250 个实词。文摘中尽量使用第三人称,不要使用"本人""作者""我们"等作为文摘陈述的主语。

5. 正文

正文是科技论文的核心部分,在引言引出问题后,正文中加以分析问题和解决问题。这一部分是作者研究成果的学术性和创造性的集中表现。有的论文思路混乱、结构松散、层次不清,令人把握不准文章主题,这主要是作者没有掌握好正文的论述方式。

正文的论述方式有两种形式:一种是将科学研究的全过程作为一个整体,对有关各方面进行综合性论述;另一种是将所研究的全过程按研究内容的实际情况划分为几个阶段,再对各个阶段的成果依次进行论述。

6. 图和表

现代科技刊物中图和表用得较多,它们已成为科技文献中不可缺少的表述手段。由于它们的运用,使所表述的内容的逻辑性、准确性更强。

7. 结论

论文的写作目的就是要展示其结论。结论是论文的基本构成成分,因此一篇论文不能不写结论,但又不能是正文标题的重复,还要避免以"结果与讨论"作结尾的论文出现其内容仍属"结果与分析",因为这样会缺乏真正的讨论内容,也没有结论性的文字。

8. 参考文献

参考文献是现代科技论文的重要组成部分，但这一部分也往往被作者忽略，有的尽管列出，很不规范。参考文献的几种主要的标准著录格式如下：

专著

［序号］主要责任者．文献题名［M］．出版地：出版者，出版年，起止页码（任选）．

文集中析出的文献

［序号］主要责任者．文献题名．见：原文献主要责任者（任选）．原文献题名［M］．出版地：出版者，出版年，文献起止页码．

期刊中析出的文献

［序号］主要责任者．文献题名［J］．刊名，出版年，卷（期）：起止页码．

报纸中析出的文献

［序号］主要责任者．文献题名［N］．报纸名，出版年月日（版次）．

学位论文

［序号］主要责任者．文献题名［D］．保存地：保存者，年份．

会议论文

［序号］主要责任者．文献题名．会议名称，会址，会议年份．

（四）期刊检索与水平认定

中文期刊可以用常见的中文数据库来查找。以中国知网为例，可以点击"出版物检索"，然后根据来源名称、主办单位、出版者、ISSCN、CN等信息检索到目标刊物。检索到期刊后，可以在该期刊页面看到其基本信息、出版信息、评价信息以及过往收录的文章。

评价信息中的影响因子（Impact Factor，简称"IF"）指的是某一期刊的文章在特定年份或时期被引用的频率，是学术期刊影响力的定量评价，一定程度上反映了论文质量的高低。

外文期刊可以通过期刊征引报告（Journal Citation Reports，JCR）或者中国科学院文献情报中心期刊分区表来了解某种学术期刊在某一研究领域中的重要性及影响力。

JCR 是对世界权威期刊进行系统客观评价的有效工具,通过对来源于 ISI 的科学引文索引(SCI)和社会科学引文索引(SSCI)的数据进行分析,构建了可用于学术期刊分析、评价的数据库。

JCR 提供了某种学术杂志的基本信息以及多种评价体系。其中的 JCR 分区又称科睿唯安分区法,设置 254 个具体学科,根据每个学科分类,按照期刊在上一年的影响因子降序进行排列,然后划分成四个比例相等均为 25% 的区,一区为前 25%,二区为 25%~50%,三区为 50%~75%,剩下的 75%~100% 则为四区。

中国科学院文献情报中心期刊分区表对自科版(SCIE)和社科版(SSCI)期刊引证报告中全部期刊进行分区,提供大、小类两种学科分类体系的分区数据。是由中国科学院国家科学图书馆制定出来的分区。先将 SCI 期刊分为 13 个大类学科,再按照期刊三年的平均影响因子进行划分:前 5% 为一区;6%~20% 是二区;21%~50% 是三区;50%~100% 是四区,由高到低呈现金字塔状。

(五)学术资源

1. 国外数据库

(1) Web of Science

Web of Science 是获取全球学术信息的重要数据库,它收录了全球 13 000 多种权威的、高影响力的学术期刊,内容涵盖自然科学、工程技术、生物医学、社会科学、艺术与人文等领域。Web of Science 拥有严格的筛选机制,只收录各学科领域中的重要学术期刊。

(2) *Science*(《科学》)

《科学》杂志属于综合性科学杂志。它的科学新闻报道、综述、分析、书评等部分,都是权威的科普资料,该杂志也适合一般读者阅读。该期刊的主要关注点是出版重要的原创性科学研究和科研综述。

(3) ISI Web of Science(科学引文索引数据库)

ISI Web of Science 是全球最大、覆盖学科最多的综合性学术信息资源库,收录了自然科学、工程技术、生物医学等各个研究领域极具影响力的超过 8 700 多种核心学术期刊。

(4) Nature(《自然》)

《自然》是科学界普遍关注的、国际性、跨学科的周刊类科学杂志。它每周刊载科学技术各个领域中具有独创性、重要性以及跨学科的研究，同时也提供快速、权威、有见地的新闻，还有科学界和大众对于科技发展趋势的见解的专题。

(5) PNAS(《美国科学院院报》)

《美国科学院院报》(PNAS)是与 Nature、Science 齐名，被引用次数极多的综合学科文献之一。

2. 国内数据库

(1)清华大学图书馆网站

该网站具有很强的学术性。网站界面内容精炼，将各类文献信息的检索和咨询服务融为一体，并将各类别的网上资源和本馆的文献资源加以整合，为本校及其他高校读者提供了极大的方便。

(2)国家工程技术数字图书馆

由中国科技信息研究所提供。可检索该所馆藏的中外文期刊、国内学位论文、中文会议论文、外文科技报告和声像等数据库的内容。

(3)全国图书馆参考咨询联盟

全国图书馆参考咨询联盟成立于 2012 年，为广东省立中山图书馆承担的"全国图书馆参考咨询服务联盟平台建设与创新服务模式研究"项目。平台系统拥有 230 万种以上的电子图书，4 000 万篇以上中文期刊论文，2 600 万篇以上外文期刊论文以及大量的学位论文、会议论文等数字化资源，全国参与合作和加盟的三大系统图书馆达 700 多个，每天提供咨询和传递的文献超过 10 000 例。

(4)国家哲学社会科学文献中心

国家哲学社会科学文献中心是由中国社会科学院牵头，教育部和国家广播电视总局配合建设，2016 年 12 月 30 日正式上线运行。主要开设有资讯、资源、专题、服务四个栏目，资源包括中文期刊、外文期刊、外文图书、古籍四类，收录哲学社会科学相关领域文献共计 10 000 000 余条，提供有线阅读、全文下载等服务；还收录有国内外哲学社会科学领域重要的政府机构、高等院校、学术机构以及数据库的链接，便于广大读者查阅、使用。初步形成国家哲学社会科学学术期刊数据库、外文学术期刊数据库、中国社会科学院科研成果数据库等特色资源数据库。

(5)中国知网(CNKI)

知网是国家知识基础设施的概念，由世界银行于1998年提出。CNKI工程是以实现全社会知识资源传播共享与增值利用为目标的信息化建设项目。由清华大学、清华同方发起，始建于1999年6月。提供CNKI源数据库、外文类、工业类、农业类、医药卫生类、经济类和教育类多种数据库。其中综合性数据库为中国期刊全文数据库、中国博士学位论文数据库、中国优秀硕士学位论文全文数据库、中国重要报纸全文数据库和中国重要会议论文全文数据库。每个数据库都提供初级检索、高级检索和专业检索三种检索功能。高级检索功能最常用。

(8)读秀学术搜索

读秀学术搜索是全球最大的中文文献资源服务平台。它集文献搜索、试读、文献传递、参考咨询等多种功能为一体，是一个真正意义上的知识搜索及文献服务平台。

补充学术文献搜索网站

二、了解科研

(一)本科生科研的开展

对于低年级的学生来说，专业知识的缺乏使得他们对各个领域都觉得陌生和复杂。因此，对于初次接触科研的同学来说，第一步就是要寻找兴趣点。寻找兴趣的方式就应该是多接触，看看老师和学长学姐都在做什么，这些东西能否吸引你。第二步就是进实验室或加入教授的课题组。有些学生可能更喜欢零星地参加一些比赛，但是如果有过在实验室学习的经历，你就会发现这两者之间存在很大的区别。科技创新比赛一般都是以问题驱动为主的，在不断解决问题的同时，建立与问题相关的知识网络。而在实验室的历练则可以帮助你打下更扎实的基础，知识面也会更加开阔一些。

至于怎么进组，可以通过师兄师姐的介绍，也可以自己找老师谈谈想法，老师们都是很欢迎的。有了在实验室的基础学习之后,就可以参加多种多样的科技竞赛,也可以参加各类项目(如国家大学生创新创业训练计划、校级科研项目、老师的课题等)。在这个过程中,逐步掌握科研的一些方法,扩展自己的知识面。随着这些课题的完成,如果有机会,其中一些研究成果还可以发表或者申请专利。

(二)本科生参与科研项目

本科生参与科研项目可以提升学术能力,积累实践经验,培养创新思维和团队协作能力,为未来的学术和职业发展打下坚实的基础。

那么我们该怎样参与科研项目?简单来说,本科生参与科研项目主要可以通过以下三个途径:一是参与专业老师的科研项目,二是参与本校的本科生科研训练项目,三是自己申报本科生研究课题。

1. 参与专业老师的科研项目

参与专业老师的科研项目对于本科生来说有很多好处。首先,通过参与老师的研究项目,本科生可以接触到学科前沿资讯和最新研究动态,了解学科发展的趋势和方向。其次,在老师的指导下,本科生可以学习到科学研究的规范和方法,培养科学研究的思维和技能。此外,参与科研项目还可以帮助本科生建立良好的学术道德和规范意识,培养严谨的科学态度和求实的学术精神。

本科生可以向自己所在专业的老师咨询,了解老师的研究方向和项目情况,表达参与科研项目的意愿。老师可能会安排本科生进入实验室、课题组,或者指导本科生进行独立的研究工作。在这个过程中,本科生可以学习到科学研究的方法和技术,积累实践经验,提升自己的学术水平。

2. 参与本校的本科生科研训练项目

参与本校的本科生科研训练项目是本科生积累科研经验、培养创新思维和提高综合素质的重要途径。许多高校设立了本科生科研训练项目,旨在鼓励本科生参与科研活动,提高其创新能力和实践能力。这些项目通常由学校或学院资助,本科生可以在导师的指导下开展独立的研究项目。

参与本校的本科生科研训练项目,可以获得一定的经费支持和研究资源,开展自己感兴趣的研究课题。在项目中,需要自主设计实验、收集和分析数据、撰写研究报告等,培养独立思考和解决问题的能力。此外,通过与同学、导师和其他研究人员的交流和合作,可以提升自己的沟通能力和团队协作精神。

3. 自己申报本科生研究课题

除了参与老师的研究项目和本校的科研训练项目外,本科生还可以自己申报本科生研究课题。这些课题通常是基于自己的兴趣和学术背景,通过查阅文献、调研和分析,自主设计的研究课题。

自己申报本科生研究课题需要本科生具备一定的学术素养和研究能力。首先,需要了解学科前沿和研究动态,掌握一定的文献查阅和分析能力。其次,需要具备实验设计、数据收集和分析的能力,能够独立完成研究过程。此外,还需要有一定的学术写作能力,能够撰写研究报告和学术论文。

三、了解竞赛

(一)竞赛获奖的重要性

在校内进行保研评定的时候,往往需要一些强有力的加分项来增加自己的竞争力。在众多的加分项中,学科竞赛是加分相对较高,且容易实现的一种途径。因此,同学们在保持学业成绩排名的同时,也要重视竞赛。尤其是对于第一、二学年专业成绩排名不是很高,位于保研边缘的同学们来说,竞赛就是你可以逆袭的关键武器。

同时,对于能够拿到保研名额的同学来说,学科竞赛依旧具有十分重要的意义。学科竞赛是一个人专业素养和综合能力的重要表现,现在高校很少是唯成绩论,大多数院校(尤其是顶尖学府)更加关注一个学生的综合能力。我们往往可以依靠优秀的学科竞赛成绩和科研表现来弥补本科院校排名以及成绩的不足。

除此以外,竞赛获奖带来的好处不仅仅是保研时的加分以及保研场上的竞争力。在获得高水平奖项的时候(一般都要是国家级奖项),往往也会给你带来很多荣誉,例如在各种评优评先中,竞赛获奖往往可以给你带来丰厚的收获。

(二)国内大学生竞赛赛事介绍

随着科技的快速发展和社会的变革,大学生不仅仅是从课本上来学习理论知识,也不仅仅是在学年末的时候参加实习来获取工作经验,因为很多学生对于这些要求的理解仅仅限于字面——完成学校规定的要求,但是却忽略了课程和实践之间的衔接,由此导致的问题是:大学生确实在毕业前有过一段经验,但是却不知道为什么进行实习,需要做的工作如何和课程的知识进行衔接。同时,从用人单位角度来看,部分实习生确实背景很好,学习能力也很强,但是在一些基本问题是却不知道如何处理,比如简单地用Excel表格进行数据处理,如何根据指导老师的任务来进行轻重缓急的排序,如何在团队里发挥自己的作用以及找到自己的角色定位……而这一部分欠缺可以通过参加大学生竞赛给学生带来的经验予以补充和完善。

一般来说,大学生参加竞赛可以有如下的好处。

(1)自身技能的提升;

(2)综测加分以及助力奖学金评选;

(3)团队协作能力的锻炼。

竞赛最核心的点就是创新,这个也和新质生产力中关于创新的要求不谋而合。因为社会在变,技术在更新,看问题的视角和维度也在转换,需要鼓励学生不断进行创新,提高自身素质,也为用人单位提供符合时代发展要求的求职者。

了解竞赛的主要途径如下。

(1)学校特定部门官网/竞赛官网/微信公众号等;

(2)专任老师/辅导员群里的分享;

(3)竞赛专用群。一般来说,每个竞赛会有专门的群,群里会有负责答疑的老师/同学,可以申请加入。

(4)竞赛经验丰富的学长学姐。

参加各类大学生竞赛的主要流程如下。

(1)竞赛选择:一般来说,有意愿参加竞赛的同学可以自行进行组队。根据获取到的竞赛信息,选择参加自己擅长的或者感兴趣的竞赛。同时需要关注竞赛的所有要求,研读竞赛规则的每一个细节,确保正确理解。比如有的竞赛在开始有知识赛,就需要提前完成,否则无法参加后续的内容。

(2)团队组建:主要是依据竞赛项目来进行组建,比较建议分专业进行组队,比如经管类的同学擅长文本写作、计算机类的同学擅长代码编写、机械工程类的同学擅长实物构建等,学生可以根据自己所加入的社团或者老师推荐或者其他方式组建自己的团队。按照专业分开的原则组建团队,会有利于在某个模块出现问题的时候,由最擅长的同学进行解决。

(3)指导老师选择:这部分建议学生一定要主动,可以选择自己的任课老师或者去官网搜索相关老师的简介,看是否和竞赛内容相匹配。大部分情况下,如果授课老师所授课的内容和竞赛主题是相关的,那么匹配成功的概率就会更大些。

对于大学生竞赛而言,学生是竞赛的主角,指导老师所起的作用是进行统筹指导和问题解决。那么作为竞赛的指导老师应该如何发挥自己的辅助作用呢?

首先,每个高校会指定或设置一个专门的部门来负责统筹管理和发布竞赛事宜。教师可以在上课过程中,根据自己的授课内容,引导学生进行报名。有的学生也会在微信或者其他官方网站看到很多竞赛名录,但是一定要注意这些竞赛是否被学校列入竞赛目录,否则不一定会被列为综测指标。

其次,双向选择。根据学校的定位以及学生的整体素质,教师可以和学生进行双向选择。为了使得大学生对竞赛有所了解以及愿意花时间去完成这个任务,教师需要进行正确的引导。一般来说,建议大一的同学就可以开始着手加入竞赛小组进行锻炼,大二、大三的同学就相对来说比较有经验,可以冲刺一下比较好的名次。

最后,学生和老师双向确定好后,就需要指导老师根据自己擅长的领域给予学生引导,引导团队中每位成员都根据自己擅长或者愿意花时间做的领域选取自己的任务。对于组长人选,应该选择责任心强、有领导力且愿意带领团队的同学,这个也是后期竞赛项目成功的关键。最好由学生自己来选取自己的团队成员(可以避免后续出现团队矛盾),遇有身份冲突的情况,指导老师要和成员们仔细分析各自优劣,科学决断,根据最优组合来确定团队成员分工,以争取最好成绩。尤其值得注意一点,指导老师应在组建团队之初和团队成员沟通自己的带队风格以及带队要求,避免后期出现磨合问题。

(4)初步会议:上述步骤都完成后,一般来说组长可以咨询一下指导老师,然后开第一次会议,主要是团队成员的破冰。比如可能不同学院的同学组成一个小组但是大家都不太熟悉,而竞赛过程中又需要同学之间相互合作,所以可以自我介绍一下擅长的部分,同时最好组长可以把自己对于竞赛的初步想法在会议中进行沟通,团队成员可以进行头脑风暴式的补充,指导老师起引导作用。第一次会议尽量把主题、人员分工以及后续任务进行安排妥当,同时指导老师需要把握学生的整体情况。

(5)后续竞赛跟进:有了第一步的初步会议,后续同学就需要按照任务的安排实施。比如有的同学负责收集资料,有的同学负责整理,有的同学负责分析等。这个时候,考验的是团队之间的协作。因为竞赛大部分时候是需要同学之间互相协作的,比如数据分析和建议部分,虽然是两个同学来完成,但是建议是根据数据分析的结果来提的,如果沟通不恰当,就会导致前后研究主题的不一致。

(6)初稿的完成:问题沟通后,将初稿汇总给指导老师。要注意一点:一定要留给指导老师足够的修改时间,至少一周,所以组长在安排的时候应该提前预留时间。

(7)终稿的完成:初稿经过反复修改,最终确定为终稿后,组长需要把终稿发给指导老师一份,同时按照竞赛组委会的要求将所有资料发给相关邮件并及时关注邮件是否确认收到。

(8)后续事宜:及时关注竞赛群或者邮件的通知,一般来说竞赛会经历校赛、省赛和国赛,所以需要过五关斩六将,一步步完成。校赛通过后,会有评委老师给予修改建议,可以和指导老师沟通后进行修改,之后将文本提交至省赛等待结果。

1. "挑战杯"系列赛事

(1)大挑

"挑战杯"全国大学生课外学术科技作品竞赛是一项全国性的竞赛活动,简称"大挑"(与挑战杯创业计划大赛对应)。该比赛创办于1986年,由共青团中央、中国科学技术协会、教育部、中国社会科学院、全国学联和地方政府共同主办,承办高校为国内著名大学,是国内大学生最关注、最热门的全国性竞赛,也是全国最具代表性、权威性、示范性、导向性的大学生竞赛。该竞赛每两年举办一次,旨在鼓励大学生勇于创新、迎接挑战,培养跨世纪创新人才。

比赛时间每年会有所变动,这里以第十八届为例。

第十八届挑战杯校赛:2023年2—3月。

第十八届挑战杯省赛:2023年4—5月。

第十八届挑战杯国赛申报初评复评:2023年6—8月。

第十八届挑战杯全国决赛:2023年11月。

申报参赛的作品可以个人或集体形式申报。申报个人作品时,申报者必须承担所申报作品60%以上的研究工作,作品鉴定证书、专利证书及发表的有关作品的署名作者均应为第一作者,个人作品申报人数不得超过3人。凡作者超过3人的项目,或作者不超过3人,但无法区分第一作者的项目,均须申报集体作品。集体作品作者人数不能超过10名。

参赛作品必须是距全国竞赛终审决赛前两年内完成的学生课外学术科技和社会实践成果(时间界定可以参考论文录用或发表时间,专利、软件著作申请或授权时间,以及媒体报道时间、批示时间等)。毕业设计和课程设计(论文)、学年论文和学位论文、国际竞赛获奖作品、获国家级奖励成果(含本竞赛主办单位参与举办的其他全国性竞赛的获奖作品)等不在申报范围之列。严禁将国家课题、教师科研成果包装成学生作品申报。

(2)小挑

"挑战杯"中国大学生创业计划竞赛是一项全国性的竞赛活动,简称"小挑"。"挑战杯"中国大学生创业计划竞赛是由共青团中央、中国科学技术协会、教育部、中华全国学生联合会主办的大学生课外科技文化活动中一项具有导向性、示范性和群众性的创新创业竞赛活动,每两年举办一届。根据参赛对象,分普通高校、职业院校两类。设科技创新和未来产业、乡村振兴和脱贫攻坚、城市治理和社会服务、生态环保和可持续发展、文化创意和区域合作五个组别。

比赛时间每年会有所变动,这里以第十三届为例。

第十三届"挑战杯"中国大学生创业计划竞赛由共青团中央、教育部、人力资源社会保障部、中国科学技术协会、中华全国学生联合会和北京市人民政府主办，坚持为党育人，引领创新前沿，有效扩大覆盖，持续赋能学生，创新数字化办赛。

启动时间：2022年4月。

第十三届挑战杯初赛：2022年5月底前。

第十三届挑战杯省赛：2022年6月底前。

第十三届挑战杯全国总决赛：2023年3月17—19日。

大赛分校级初赛、省级复赛、全国决赛。校级初赛由各校组织，广泛发动学生参与，遴选参加省级复赛项目。省级复赛由各省（自治区、直辖市）组织，遴选参加全国决赛项目。全国决赛由全国组委会聘请专家根据项目社会价值、实践过程、创新意义、发展前景和团队协作等综合评定金奖、银奖、铜奖等项目。大赛期间组织参赛项目参与交流展示活动。

全国评审委员会对各省（区、市）报送的参赛作品进行复审，评出参赛作品总数的90%左右进入决赛。竞赛决赛设金奖、银奖、铜奖，各等次奖分别约占进入决赛作品总数的10%、20%和70%；各组参赛作品获奖比例原则上相同。

"挑战杯"赛事案例

2. 中国国际大学生创新大赛

中国国际大学生创新大赛，原名"互联网＋"大学生创新创业大赛，是中国青年创业者的"奥林匹克盛宴"，由教育部等12个中央部委和地方省级人民政府共同主办的国家级创新创业赛事，旨在为中外大学生创新创业、交流合作提供平台。

大赛每年举办一次，一般在4月至10月举办。

中国国际大学生创新大赛旨在以赛促教，探索人才培养新途径。把教育融入经济社会发展，推动形成高校毕业生更高质量创业就业的新局面。

赛事分为校赛、市赛、国赛等环节，大赛设主赛道、产业命题赛道和青年红色筑梦之旅赛道等。项目类型有新工科、新医科、新农科、新文科，"人工智能＋"等。参赛对象为全日制在校生与毕业5年内的毕业生。

中国国际大学生创新大赛（2025）

3. 数学建模竞赛

数学建模竞赛分中国大学生数学建模竞赛和美国大学生数学建模竞赛，中国大学生均可参加。

中国大学生数学建模竞赛，创办于1992年，每年一届，已成为全国高校中规模最大的基础性学科竞赛，也是世界上规模最大的数学建模竞赛。竞赛宗旨为创新意识、团队精神、重在参与、公平竞争。比赛时间全国统一，2024年比赛时间是9月5日（周四）18时至9月8日（周日）20时。比赛中，不可以与老师交流，但可以在互联网上查阅资料。

数学建模比赛是一个强度很大的比赛，要做的工作主要有三个：建模型、解模型、写文章。团队3人需要在3—4天里完成拿到题目，找资料，翻译成一个数学问题，写程序解这个问题，翻译回现实中的解，搞清楚这个解决方案有什么优劣之处，写一篇类似于学术论文的文章上交。

在这期间，学生们会体验团队协作以及所需要的情商，增加了对学科的了解，知道如何实际运用一些知识，而不只是停留在书本和试卷中，知道如何更好地呈现研究成果，提前了解科研、了解科学和工程的现实价值。

美国大学生数学建模竞赛（MCM/ICM）由美国数学及其应用联合会主办，是最高的国际性数学建模竞赛，也是世界范围内最具影响力的数学建模竞赛，一般也指数学建模竞赛。赛题内容涉及经济、管理、环境、资源、生态、医学、安全等众多领域。竞赛要求3人（本科生和研究生均可参加）为一组，在4天时间内，就指定的问题完成从建立模型、求解、验证到论文撰写的全部工作，体现了参赛选手研究问题、解决方案的能力及团队合作精神，是现今各类数学建模竞赛的鼻祖。

美国大学生数学建模竞赛每年的比赛时间一般定在二月初，需要通过官方网站报名，因为报名需要使用美元支付，没有国际支付能力的同学，也可以通过数模乐园平台完成报名，一般各大高校均会组织感兴趣的同学进行赛前培训以及报名、缴费等事宜。

美国大学生数学建模竞赛分为两种类型：MCM（Mathematical Contest In Modeling）和ICM（Interdisciplinary Contest In Modeling），两种类型竞赛采用统一标准进行，竞赛题目出来之后，参数队伍通过美赛官网进行选题，一共分为

6 种题型。如表 2—2 和表 2—3 所示：

表 2—2　　　　　　　　　　　MCM 和 ICM 竞赛题目

MCM		ICM	
A	连续型	D	运筹学/网络科学
B	离散型	E	环境科学
C	大数据	F	政策

表 2—3　　　　　　　　　　MCM 和 ICM 2019 年获奖比例

奖项英文名称	获奖情况	2019 年获奖比例	简称
Outstanding Winner	特等奖	0.14%	O 奖
Finalist	特等奖提名（一等奖）	0.17%	F 奖
Meritorious Winner	优异奖（二等奖）	7.09%	M 奖
Honorable Mention	荣誉奖（三等奖）	15.35%	H 奖
Successful Participant	成功参与奖	67.50%	S 奖
Unsuccessful Participant	不成功参赛	不计入统计	U 奖
Disqualified	资格取消	不计入统计	无

注：Finalist 指进入特等奖角逐，但未得到特等奖；括号内数据来源于 2019 年美国大学生数学建模竞赛官网公布的数据，且 Unsuccessful Participant 和 Disqualified 不计入统计。

4. "外研社杯"全国大学生英语系列挑战赛

随着中国特色社会主义进入新时代，国家和社会的发展对高等教育的需要比以往任何时候都更加迫切，对科学知识和卓越人才的渴求比以往任何时候都更加强烈。新时代呼唤新人才，新人才需要新方略。

由外语教学与研究出版社、教育部高等学校大学外语教学指导委员会、教育部高等学校英语专业教学指导分委员会和中国外语与教育研究中心联合主办，北京外研在线数字科技有限公司和中国外语测评中心联合承办的公益大赛——"Uchallenge 全国大学生英语挑战赛"，以高远的立意和创新的理念，紧随国家发展大势，深入剖析国家时事热点，重视我国高等外语教育发展未来，紧跟国际高等教育发展趋势。"Uchallenge 全国大学生英语挑战赛"由"外研社杯"全国大学生英语演讲大赛、"外研社杯"全国大学生英语写作大赛和"外研社杯"全国大学生英语阅读大赛构成，是外研社 Unipus 为全国大学生打造的展现风采、实现自我的赛事平台,也是为我国高等外语教育营造的凝聚创新、融通中外的交流媒介。

大赛汇聚全国优秀学子,竞技英语表达与沟通艺术,满足当代大学生勇于挑战、乐于挑战、益于挑战的特点,碰撞年轻思维、交流时代新知。同一赛场,三个舞台,既各具特色,又互促互进,为全国大学生提供展示外语能力、沟通能力与思辨能力的国际化综合平台,为提升国家未来人才的核心素养打造广阔空间。

5. 中国大学生数学竞赛

中国大学生数学竞赛(CMC)是由中国数学会主办的全国性高水平学科竞赛,自2009年起每年面向本科二年级及以上学生举办,旨在激励学生的数学学习兴趣、推动课程教学改革并选拔创新人才。

竞赛分数学专业类与非数学专业类,前者包含数学分析、高等代数等内容,后者涵盖高等数学及线性代数等内容,设预赛与决赛两阶段。预赛由各省(市、区、军队院校)数学会组织选拔,使用全国统一试题,在同一时间内进行考试;决赛由全国大学生数学竞赛工作小组和承办单位负责组织实施。按数学类与非数学类分别评奖,颁发全国等级证书。

竞赛预赛按照数学类专业与非数学类专业分别评奖,设一至三等奖,统一颁发"全国大学生数学竞赛(一、二、三)等级奖"证书;决赛评奖等级按绝对分数评奖,颁发"全国大学生数学竞赛决赛等级奖"证书。

2023年5月第十四届决赛在广东工业大学举行,2025年4月第十六届决赛由浙江师范大学承办,全国1 223所高校32万余名学生参赛,最终1 254人入围决赛。

6. 全国大学生英语竞赛(大英赛)

全国大学生英语竞赛(National English Competition for College Students,简称NECCS)由国际英语外语教师协会中国英语外语教师协会(TEFL China)和高等学校大学外语教学研究会联合主办,英语辅导报社、考试与评价杂志社承办的大学生英语综合能力竞赛。分为四类考试:A类考试适用于研究生参加;B类考试适用于英语专业本、专科学生参加;C类考试适用于非英语专业本科生参加;D类考试适用于体育类和艺术类本科生和非英语专业高职高专类学生参加。

校级初赛一般在 4 月中下旬，地点在本校，国家二等奖和三等奖通过初赛产生，分别依据各参赛高校初赛人数的 3% 和 5% 评选。

省级复赛一般在 5 月中下旬，地点在所在省的某高校，国家一等奖和特等奖通过复赛产生。

全国总决赛一般在 8 月初，地点在某城市高校，获得特等奖或学校各类别竞赛前两名的大学生均有资格和机会参加。不含笔试，改为演讲比赛、风采比赛、辩论比赛。

7. 全国大学生机械创新设计大赛

全国大学生机械创新设计大赛的目的在于引导高等学校在教学中注重培养大学生的创新设计意识、综合设计能力与团队协作精神；加强学生动手能力的培养和工程实践的训练，提高学生针对实际需求通过创新思维，进行机械设计和工艺制作等实际工作能力；吸引、鼓励广大学生踊跃参加课外科技活动，为优秀人才脱颖而出创造条件。

2024年全国大学生机械创新设计大赛参赛须知及通知

全国大学生机械创新设计大赛是 A 类竞赛，在传统工科里认可度非常高。尤其在获得国奖后，相当于一只脚就踏进了保研圈。在求职方面，对于将从事机械相关行业的同学而言，这类荣誉证书也会起到很大的帮助。非常推荐机械相关专业的同学参加。

8. 中国大学生计算机设计大赛内容

中国大学生计算机设计大赛开始于 2008 年，是全国普通高校大学生竞赛排行榜榜单赛事之一，是我国最早面向高校本科生的赛事之一，由教育部计算机相关教指委发起举办。大赛的目的是以赛促学、以赛促教、以赛促创，为国家培养德智体美劳全面发展的创新型、复合型、应用型人才服务。

2024年中国大学生计算机设计大赛通知

2024 年（第 17 届）中国大学生计算机设计大赛是由北京语言大学、中国人民大学、华东师范大学、东南大学、厦门大学、山东大学、东北大学等高校，以及清华大学、北京大学等高校的教师组成的中国大学生计算机设计大赛组织委员会主办，参赛对象为全国高校 2024 年在籍的所有本科生（含港、澳、台学生及留学生）。大赛以校级赛、省级赛、国赛三级竞赛形式开展。国赛只接受省级赛上推的本科生的参赛作品。

2024年大赛分设11个大类,分别是：(1)软件应用与开发；(2)微课与教学辅助；(3)物联网应用；(4)大数据应用；(5)人工智能应用；(6)信息可视化设计；(7)数媒静态设计；(8)数媒动漫与短片；(9)数媒游戏与交互设计；(10)计算机音乐创作；(11)国际生"汉学"。

9. ACM国际大学生程序设计竞赛内容

ACM国际大学生程序设计竞赛（ACM International Collegiate Programming Contest,简称ACM-ICPC或ICPC）,是由美国计算机学会发起组织的面向大学生的全球性编程竞赛,是世界上公认的规模最大、水平最高、参与人数最多、最具影响力的国际大学生程序设计竞赛,被誉为计算机行业的"奥林匹克"等。

ICPC竞赛形式为团队合作,每支队伍由三名队员组成,需要在5个小时内使用c/c++、java和python中的任意一种计算机语言编写程序,解决13道赛题,正确答题数量最多且总用时最少的队伍获得优胜,时间短、题量大。三名队员需要共用一台电脑,因此除了扎实的专业水平外,良好的团队协作和心理素质同样是获胜的关键。

与其他编程竞赛相比,该赛事题目难度更大,更强调算法的高效性,要求以最佳方式解决指定的命题。其采用英文命题,涉及知识面广泛,与大学计算机系本科以及研究生如程序设计、离散数学、数据结构、人工智能、算法分析与设计等相关课程直接关联。许多题目并无现成算法,需要团队具备创新精神。

10. 全国大学生节能减排社会实践与科技竞赛

全国大学生节能减排社会实践与科技竞赛是由教育部高等学校能源动力类专业教学指导委员会指导,全国大学生节能减排社会实践与科技竞赛委员会主办的学科竞赛。该竞赛充分体现了"节能减排、绿色能源"的主题,紧密围绕国家能源与环境政策,紧密结合国家重大需求,在教育部的直接领导和广大高校的积极协作下,起点高、规模大、精品多、覆盖面广,是一项具有导向性、示范性和群众性的全国大学生竞赛。

赛制设置紧扣竞赛主题,作品包括实物制作(含模型)、软件、设计和社会实践调研报告等,体现新思想、新原理、新方法以及新技术。专家委员会根据作品的科学性、创新性、可行性和经济性等对作品进行初审和终审,并提出获奖名单。

赛制时间安排以第十六届(2025年)为例。

(1)作品初审:初定时间为2025年5月29日—6月17日,大赛组委会组织专家在网上进行作品初评。

(2)专家会评:初定于2025年6月28日—6月29日,举行专家会评,确定入围决赛作品名单及其他获奖作品名单。

(3)作品公示:通过会评的作品,设为期10天的公示期。

(4)终审、决赛:于2025年8月8日—8月11日在东北石油大学举办全国总决赛,即作品终审和决赛。

11. 全国大学生工程实践与创新能力大赛内容

2025年中国大学生工程实践与创新能力大赛(简称:中国大学生工创大赛)预计在2025年6月举办。大赛以"交叉融合工程创新育新质,立德树人强国建设勇担当"为主题,面向国家高质量发展的需求,聚焦立德树人根本任务,坚持理论实践结合、学科专业交叉、校企协同创新、理工人文融通,打造具有鲜明中国特色的工程实践与创新赛事,建设引领世界工程实践教育发展方向的精品工程,构建面向工程实际、服务产业发展需求、校企协同创新的实践育人平台,培养符合新质生产力要求的卓越工程技术后备人才,打造中国特色、世界一流的大学工程实践与创新教育体系。

2025大学生工程实践与创新能力大赛

大赛设3个赛道9个赛项,分别为(1)新能源车赛道,包括:太阳能电动车、温差电动车2个赛项;(2)"智能+"赛道,包括:智能物流搬运、生活垃圾智能分类、智能救援3个赛项;(3)虚拟仿真赛道,包括:飞行器设计仿真、智能网联汽车设计、工程场景数字化和企业运营仿真4个赛项。

大赛采用校级初赛、省级选拔赛、全国决赛三级赛制。参赛选手须为普通高等教育本科院校的全日制在校本科生(赛项有特殊要求的另行通知)。每支参赛队一般由3—4名学生和2名以内的指导教师组成。每名学生只能参加一个赛项。

12. 全国大学生电子商务"创新、创意及创业"挑战赛

根据教育部、财政部(教高函〔2010〕13号)文件精神,全国大学生电子商务"创新、创意及创业"挑战赛(以下简称"三创赛")是激发大学生兴趣与潜能,培养大学生创新意识、创意思维、创业能力以及团队协同实战精神的学科性竞赛。三创赛为高等学校落实教育部、财政部《关于实施高等学校本科教学质量与教学改革工程的意见》、开展创新教育和实践教学改革、加强产学研之间联系起到积极示范作用。由教育部高等学校电子商务类专业教学指导委员会主办。

13. "正大杯"全国大学生市场调查与分析大赛

全国大学生市场调查与分析大赛(以下简称"市调大赛")由中国商业统计学会创办于2010年,现已连续举办14届,累计有1 000多所高校、140多万名学生参赛,并有近300家企业参与。2018年以来,市调大赛连续7年跻身"全国普通高校学科竞赛榜单"前列,是全国极具影响力的品牌赛事。经过15年的发展,参赛群体2012年扩展到台湾,2019年扩展到澳门,2021年扩展到香港,2023年延伸到泰国,2024年开始,吸引来自近百个国家的在华留生参与。

竞赛宗旨是:引导大学生创新和实践,提高大学生组织、策划、调查实施及数据处理与分析等专业实战能力,培养大学生的社会责任感、服务意识、市场敏锐度和团队协作精神。以赛促学、以赛促教、以赛促改、以赛促创,促进教育链、人才链、产业链的有机衔接,为社会经济发展服务。

全日制在读专科生、本科生和研究生均可参赛,专业不限。大赛设专科组、本科组、研究生组和在华留学生组四个竞赛组别;知识赛主要考核学生对于基本理论和基础知识、技能的掌握程度。实践赛包含书面报告和展示答辩两个部分,主要考察学生理论结合实际的能力、解决实际问题的能力和综合展示能力。

竞赛历时7个月,通过校赛、企业命题赛、省赛、全国赛等多层比赛形式,加上学生来自不同专业等因素,培养学生团队协作、现场展示、语言表达,以及多种信息技术的综合应用能力,多角度多层次提升学生的综合素养。

竞赛赛程:理论知识赛为个人赛,每年11月份由大赛组委会组织线上理论知识测试。每人有两次测试机会,以本人最高分为最终成绩。

校赛为团体实践赛,采用报告评审加现场展示答辩的形式,次年的3月底前,由各校组织完成。

省赛为团体实践赛,采用报告评审加现场展示答辩的形式,由各赛区组织完成。

省赛完成时间,专科组于次年4月15日前;研究生组于次年4月20日前;本科组于次年4月30日前。

总决赛为团体实践赛,采用报告评审+现场展示答辩形式,由大赛组委会和承办校共同组织完成。

总决赛赛完成时间,专科组于次年4月底;研究生组、在华留学生组于次年5月中旬;本科组于次年5月底。

海峡两岸大学生市调大赛,由中国商业统计学会与中华应用统计学会共同主办,于每年8月下旬举行。

(四)如何参与竞赛

大学生竞赛大体可以分为两个类型:一种是个人赛,另一种是团体赛。不同类型的比赛的准备方案都有所不同。

个人赛,例如"大英赛""外研社杯"等,考察的是个人的能力水平,这类比赛的考察逻辑相对简单,只要你在这方面的能力足够突出,那么就可以获得不错的奖项,报名上也没有什么限制,只需要在规定时间内按要求报名即可。日常的备战也比较简单,根据赛事要求,制订自己的备赛计划,并一步步落实。

小团体竞赛,例如"数学建模大赛""大广赛"等考察的是团队的综合能力,这类比赛是以小团体的形式参加,数学建模大赛是3人团队,大广赛是5人团队,通常团队中每个队员之间的能力是互补甚至重叠的,因此在组建团队时应确保团队的综合能力均衡,在竞赛中分工明确、各司其职,最后完成竞赛作品。在这种团体中最忌讳有浑水摸鱼型的队友,这会大大降低团队的综合竞争力,与奖项失之交臂。这种类型的竞赛准备相对要复杂一点,首先自己本身要有过硬的能力,才能招募到队员或者加入别人的团队,千万不要想着靠自己一个人可以完成赛事的全部内容,这是基本不可能实现的任务,也许你可以凭借自己的能力独立拿下省级奖项,但是想要拿到国家级奖项,还是需要团队作战的。其次是队友的寻找,队友不是凭空出现的,需要你主动出击,一般学校里都会有相关的交流群或者对这个赛事感兴趣的圈子,聚集了不少对竞赛有兴趣、有责任心的同学，他们会是你团队队友的最佳选项，接下来就需要找到合适的成员组建队伍报名参赛即可。

大团队竞赛，例如"挑战杯""互联网+"等，是团队能力和项目水平的综合评价。这类比赛最大的特点是，竞赛是"项目式"的，而非"作品式"的，也就是说，它是通过一个项目组建一个团队，然后整个团队依托这个项目参加比赛。这个时候容易出现认知上的误区，很多同学误以为，项目需要自己创建，然而事实上，这些项目都来源于校内的课题组或者教授，这些项目本身就是他们在研究的课题，尤其是一些已经有了阶段性成果的课题，需要参加竞赛，于是招募本科生以及手下的研究生组成一支完整的队伍，根据赛事的需要对项目进行包装，然后参加竞赛。所以如果想参加这类大型比赛，就需要先找到一个适合打比赛的项目，但是这类信息通常不在广大学生之间流通，需要大家进入学校相关的领域中去才能知道哪些项目组有意向参加比赛、哪些项目组很有潜力、哪些项目组还缺少队员等。

对于绝大多数同学来说，它的整个流程是，在低年级阶段先了解相关信息，把握可以把握的资源，不要嫌弃项目的好坏，先踏踏实实地做，逐渐会有一些小小的成果，提高了自己的能力，在校赛里获得了奖项，此时就算是进入了这个领域。如果自己的项目最后在众多项目中成功突围自然是最好，要是没有突围成功，那么你也可以申请加入其他的队伍当中。同时，如果你能力出众，表现得比较亮眼，也会有很多优质的项目组向你抛来橄榄枝。千里之行，始于足下，要想成功登顶，在这之前的付出和努力，经验的积累和能力的提升都是必不可少的。

第四节　修读双学位

提到双学位，我们要先搞清楚双学位、辅修双学位、第二学士学位三者之间的区别。

一、什么是双学位？

双学位是指在大学本科学习阶段，学生同时修读两个不同的专业，或者在主修专业外再修读一个专业,取得两个学位证书。修读双学位,学生需要完成两个专业的课程学习,并达到两个专业的毕业要求。双学位的毕业证书上会注明学生所获得的两个不同专业的学位,但具体的证书样式可能因学校不同而有所不同。

辅修双学位是指学生在本科学习阶段,学习本专业的同时跨学科、跨门类学习辅修另一专业的学位课程,达到规定要求后同时获得另一学科的辅修学士学位,未达到申请学士学位要求者可视相应条件获得辅修结业证书。

第二学士学位是指在取得本科学位后,再进行为期两年的全日制学习,毕业时获得第二个学士学位。第二学士学位属于大学本科后教育,培养高层次专门人才。

大学双学位一般是在大学本科二年级或三年级开始申请和安排相关课程,具体开始时间可能因学校和专业不同而有所不同。学生可以选择自己感兴趣的两个专业进行学习,以拓宽自己的知识面和就业竞争力。

二、跨院系和跨学校修读双学位

一般来说,双学位可以分为以下几种类型。

跨学院的双学位:学生可以在不同学院之间选择两个不同的专业进行学习。

跨学校的双学位:学生可以在不同学校之间选择两个不同的专业进行学习,例如在一个城市的两所大学分别获得法学和国际关系学双学位。

需要注意的是,跨学校双学位的攻读要求通常比单一学位更为复杂和烦琐,学生需要同时满足两所学校的学分要求和教学计划安排。此外,由于需要在两校之间进行学习和交流,学生可能需要面临更大的时间和空间上的挑战。因此,跨学校双学位需要学生具备较强的学习能力和组织能力。

同一学院的双学位:学生在同一学院内选择两个不同的专业进行学习,例如同时获得经济学和金融学双学位。

需要注意的是,不同学校和学院对双学位的设置和要求可能会有所不同,具体的双学位选择和安排应参考所在学校的规定。

(一)跨院系修读双学位的特点

跨院系修读双学位是指一个学生在同一所学校的不同院系中同时攻读两个学位。以下是跨院系修读学位的特点。

1. 学科交叉：跨院系修读双学位可以让学生在不同的学科之间建立联系和交叉学习。这种交叉学习可以促进学生的创新思维和综合能力的发展。

2. 学术深度和广度：通过跨院系修读双学位，学生可以在两个不同的学科中深度学习，提升自己的专业知识和技能。同时，学生也能够获得更广泛的学术背景，拓宽自己的知识广度。

3. 资源丰富：不同院系之间可能有不同的教学资源和研究设施。通过跨院系修读双学位，学生可以充分利用两个院系的资源，获取更多的学习和研究机会。

4. 综合能力提升：跨院系修读双学位需要学生具备更强的综合能力，包括跨学科的思维能力、团队合作能力和解决问题的能力。这种修读方式可以培养学生的综合素养，提高其竞争力。

5. 学术认可度：跨院系修读双学位可以为学生提供更多的学术认可度。在就业市场上，学生可以展示自己的学术多样性和综合能力，增加自己的就业机会和发展潜力。

(二)跨学校的双学位的特点

跨学校的双学位是指一个学生在两所不同的学校同时攻读两个学位。以下是跨学校双学位的特点。

1. 学术多样性：跨学校双学位可以让学生在不同的学校学习不同的学科，拓宽自己的学术背景和知识广度。这种多样性可以提供更广泛的学术视野和机会。

2. 专业优势：不同学校在不领域有着不同的专业优势。通过跨学校双学位，学生可以充分利用两所学校的专业资源，获得更加全面和深入的专业知识。

3. 知识交流：跨学校双学位可以促进不同学校之间的交流和合作。学生可以在两个学校之间建立联系和合作，分享各自的学术成果和经验，从而提高自己的学术水平和研究能力。

4. **毕业证书**：跨学校双学位的学生可以获得两所学校颁发的学位证书，证明完成了两个学位的学习要求。这种双重学位的认可可以增加学生的竞争力，为他们以后的发展提供更多的选择和机会。

三、修读双学位的注意事项

选择修读双学位需要付出更多的时间和精力，个人需要根据自己的实际情况做出决策。

双学位在不同领域和行业的认可程度有所不同。一般来说，如果双学位是在正规的大学或学院获得，并且所修课程符合相关要求，那么社会上对于双学位的认可程度还是比较高的。修读双学位并不是一定能够带来就业优势，具体的就业效果还取决于你的学习成绩、实践经验、个人能力等因素。

四、如何选择双学位

选择适合自己的双学位需要考虑多个因素，包括个人兴趣、职业规划、学术能力以及就业市场需求等。以下是一些步骤和建议，帮助大家选择适合自己的双学位。

1. **了解自己的兴趣和优势**：选择适合自己的双学位专业，首先要了解自己的兴趣和优势。学生需要认真思考自己的兴趣爱好以及自己的优势，找到自己擅长的领域和感兴趣的方向，这将有助于培养自己的兴趣和发掘自己的潜能。

2. **考虑职业规划**：学生需要认真考虑自己的职业规划，了解自己未来的职业发展方向和目标。如果学生已经有了明确的职业规划，那么选择与该职业相关的双学位专业将有助于提升自己的职业竞争力。

3. **了解课程设置和学制**：学生需要了解双学位专业的课程设置和学制，看是否符合自己的学习需求和时间安排。学生需要了解双学位专业的必修课程和选修课程，以及是否需要完成实践环节等，这些都将影响自己的学习效果和毕业时间。

4. **考虑学习时间和精力**：双学位需要投入更多的时间和精力，因此学生需要评估自己是否有能力兼顾两个学科的学习。考虑到自己的学习能力和时间安排，确定是否能够承担双重学业的压力。

5. **考虑学费和生活费用**：学生需要认真考虑自己的经济实力，了解双学位专业的学费和生活费用，看是否符合自己的经济承受能力。需要注意的是，有些学校的双学位专业学费可能会比普通专业高。

6. **了解学校的声誉和教学资源**：学生需要了解自己所在学校的声誉和教学资源，看是否能够满足自己的学习需求。学校的师资力量、教学设施、科研实力等都会影响学生的学习效果和未来的职业发展。

7. **参考他人的经验和意见**：学生可以向已经修读过双学位专业的学长学姐或老师请教，了解他们的经验和意见，为自己的选择提供参考。

第五节　实践活动

一、竞聘班干部、社团负责人、学生会干部

经过一年的大学生活，大二学生已经逐渐适应校园环境和学习节奏，对于校园文化和活动也有了一定的了解。相较于大一的迷茫和大三、大四的忙碌，大二的学生通常已经适应了大学生学习、生活，课程压力相对较小，可以拥有较多的时间和精力参与班级、社团事务和学生组织。

同学们可以借此机会竞聘班干部、社团负责人和学生会干部，提升个人的组织能力、协调能力、沟通能力和领导能力等，为未来的发展打下坚实的基础。但需要注意的是，参与这些也需要付出时间和精力，同学们需要根据自己的实际情况进行权衡和选择。

（一）竞聘班干部

竞选班干部时需要同学们提前琢磨演讲稿，以确保在竞选演讲时获得大多数同学的投票。写好竞聘班干部的演讲稿需要注意突出自己的优势和特点、表达对职位的热爱和责任心，结尾有力，语言简洁明了等。只有经过充分准备和练习，才能在竞聘中展现出最好的自己，赢

竞聘班长演讲稿示例

得同学们的支持和信任。

1. **明确主题和目标**：在写演讲稿之前，要明确演讲的主题和目标，要突出自己的优势和特点，表达对职位的热爱和责任心。

2. **开场白要吸引人**：开场白是演讲的开端，需要吸引听众的注意力。可以采用一些有趣的故事、引用名言警句或提出引人深思的问题等方式，让听众产生兴趣。

3. **突出自己的优势和特点**：在演讲稿中，要突出自己的优势和特点，比如在相关领域的经验、能力、成绩等。可以通过实例和具体数据来证明自己的能力和成就。

4. **表达对职位的热爱和责任心**：在演讲稿中，要表达自己对班干部职位的热爱和责任心，说明自己为什么适合担任这个职位，以及自己将如何为班级服务。

5. **结尾要有力**：结尾是演讲的收尾部分，需要有力地总结自己的观点和目的。可以采用一些感人的话语、呼吁同学们支持的话语或者表达对未来的展望和承诺。

6. **语言要简洁明了**：演讲稿的语言要简洁明了，不要过于复杂或啰唆。尽量使用通俗易懂的语言，避免使用过多的专业术语或行话。

7. **反复修改和练习**：写完演讲稿后，需要进行反复修改和练习，不断完善自己的演讲技巧和表达能力。可以通过朗读、模拟演讲等方式来练习，提高自己的自信心和表现力。

（二）竞聘学生会干部、社团负责人

竞选学生会干部与社团负责人和竞选班干部类似，但是前者更看中能力，因此，竞聘学生会干部或社团负责人的演讲稿要展示领导能力和团队合作精神、提出具体的工作计划和目标。

竞选社团负责人演讲稿示例

1. **表达对职位的热爱和责任心**：在演讲稿中，要表达自己对担任学生会干部或社团负责人的热爱和责任心，说明自己为什么适合担任这个职位，以及自己将如何为学生或社团服务。

2. 展示领导能力和团队合作精神：学生会干部或社团负责人需要具备一定的领导能力和团队合作精神，因此可以在演讲稿中突出这些能力，比如介绍自己曾经带领团队完成的项目或参与的志愿者活动等。

3. 提出具体的工作计划和目标：在演讲稿中，可以提出自己的具体工作计划和目标，比如在学生会中推动某些改革、在社团中组织一些创新的活动等。这样可以展示自己的工作思路和能力。

二、暑期实习

对于大多数的大二同学来说，第一份暑假实习非常重要。同学们可以充分利用好这个暑假，根据自己的实际情况和兴趣爱好，选择一份心仪的工作来为自己的未来职业发展打下坚实的基础。

（一）暑假实习的意义

暑假实习对于大学生来说的重要意义，主要体现在以下几个方面。

1. 适应社会：暑假实习可以让同学们有机会接触到真实的工作环境和社会场景，了解社会的运作方式和规则。通过实习，可以深入了解自己所处的行业和领域，了解区别于高校生活的真实的职场和专业要求，增强自己的社会适应能力。

2. 锻炼能力：暑假实习是大学生锻炼各种能力的好机会。在实习中，同学们可以锻炼自己的专业技能、沟通技巧、团队合作能力、解决问题能力等未来职业发展中需要的关键能力。

3. 积累经验：通过暑假实习，大学生可以积累实际工作经验，了解实际工作中遇到的问题和解决方法。这些经验可以为未来的职业发展打下基础，也可以让同学们更好地规划自己的职业发展。

4. 明确职业方向：通过暑假实习，大学生可以更好地了解自己的兴趣和优势劣势，从而明确自己的未来职业方向，扬长避短，查漏补缺，更好地规划自己的未来职业发展道路。

5. 建立人脉：在实习中，大学生有机会与同事、上司和客户建立联系，结交志同道合的朋友和业界专家，扩展自己的人脉圈，为未来的职业发展提供帮助和支持。

6. 提升就业优势：相较于没有实习经验的求职者来说，一段甚至几段有价值的实习经验会让你在以后的求职工作中脱颖而出。毕竟用人单位更倾向于雇用有实际经验的求职者，因为他们通常能更快地适应工作环境，培训成本更低。

(二)如何找到一份好的实习？

找好自己的第一份实习工作对于大学生来说很重要，那怎样才能找到一份好的实习工作呢？做好以下几点，你一定可以找到一份好的实习。

1. 明确自己的兴趣和职业发展方向：在找实习工作之前，可以通过自我评估、职业测评等方式来了解自己的优势和兴趣，明确自己的兴趣和职业发展方向，有针对性地去寻找符合这些条件的机会。

2. 多途径寻找实习机会：可以通过多种途径来寻找实习机会，比如校园招聘信息、招聘网站、社交媒体、实习推荐平台等。同时，可以向老师、校友、朋友等寻求帮助和支持，了解更多的实习机会和招聘信息。

3. 制作有效的简历和求职信：一份有效的简历和求职信是找到实习工作的关键。在制作简历和求职信时，需要注意简明扼要地突出自己的优势和特点，针对招聘要求进行定制化等。同时，需要注意简历和求职信的格式、语法和拼写等细节问题。

4. 积极投递简历并参加面试：在找到符合条件的实习机会后，需要积极投递简历并参加面试。在面试中，需要注意形象，展示表达能力和沟通能力等，同时要注意回答问题的思路和逻辑性。

5. 保持积极的心态和耐心：找实习工作需要时间和耐心，不要轻易放弃或失去信心。同时，需要保持积极的心态和态度，不断提升自己的能力和素质，为未来的职业发展打下坚实的基础。

(三)如何制作简历和求职信

对很多同学来说，大二暑期寻找实习可能是第一次制作简历和求职信，接下来我们谈一谈实习简历与求职信如何制作。

1. 简历制作技巧

(1)突出自己的优势和特点：在制作简历时，需要突出自己的优势和特点，让招聘者对自己有深刻的印象。

- 强调与目标职位相关的技能和经验，特别是那些能够展示你对该职位的理解或具有独特视角的方面。
- 使用具体的事例或成果来支撑你的陈述，例如完成的项目、获得的奖项、提高的业绩等。
- 突出你的个人特质，如领导能力、团队合作精神、创新能力等，但要注意与职位需求相匹配。

(2)针对招聘要求进行定制化：用一份通用简历去投递不同的招聘单位，成功的机会会大大减少。你要根据不同招聘企业的具体招聘岗位和需求，对自己的简历进行适当的修改和调整，让招聘者看到自己的能力和招聘要求的高匹配度。

- 仔细阅读招聘广告或职位描述，了解企业的文化、价值观以及该职位的核心职责和期望。
- 根据不同职位的要求，调整简历中的重点内容，确保你的简历与该职位的需求高度匹配。
- 提及你与招聘企业相关的经历或对该行业的了解，以增加你的吸引力。
- 在简历中适当使用与职位相关的关键词，有助于提高简历被筛选软件选中的概率。

(3)简洁明了：简历应该条理清楚，重点突出，不要过于复杂或啰唆，让招聘者快速了解你的优势和特点。

- 控制简历长度，通常一到两页为宜，除非你有非常丰富的经历或成果需要展示。
- 使用简洁、明了的语言，避免冗长和复杂的句子。
- 突出关键信息，如工作经验、教育背景、技能等，并将其放在简历的显眼位置。

(4)格式规范：简历的格式和排版要规范，注意字体、字号、行距等细节问题，让招聘者阅读起来舒适、便捷。

- 选择易于阅读的字体和字号,确保简历的整体风格统一。
- 保持适当的行距和段落间距,使简历看起来整洁有序。
- 使用清晰的标题和分段来组织信息,便于招聘者快速了解你的经历和能力。
- 注意检查拼写和语法错误,确保简历的专业性。

2. 求职信制作技巧

(1)**针对性强**:求职信应该针对特定的职位和招聘要求进行编写,不要使用通用的模板,突出自己符合该职位的优势和特点,包括过往的经验、技能和成就。这有助于让招聘人员更好地了解你的价值。

(2)**表达自己对职位的热爱和责任心**:在求职信中,要表达自己对职位的热爱和责任心,说明自己为什么适合担任这个职位,强调你对公司文化和价值观的认同,以及你将如何为公司或组织做出贡献。

(3)**简洁明了**:求职信应该简洁明了,突出重点,让招聘者快速了解你的意图和要求。

(4)**表达感谢**:在求职信的结尾,表达对招聘者的感谢,强调你期待与公司进一步交流的机会,让招聘者感受到自己的诚意和礼貌。

(5)**与简历相呼应**:求职信应该与简历相呼应,确保你的求职信采用清晰的格式,段落有层次感,避免拥挤和过于冗长。

(四)如何做好暑期实习面试

有些实习岗位在简历通过后还需要面试。在参加面试前,需要深入研究公司的历史、产品或服务、使命和价值观,了解他们的文化和业务模式以及职位的要求和职责,以便在面试中展现你的兴趣和对公司的理解。这些信息可以通过公司官网、社交媒体和招聘网站等途径获取。准备自我介绍,简洁明了地介绍自己的姓名、学校和专业,以及自己的特点和优势。在自我介绍中,要突出与公司和职位相关的经历和技能。

一般面试流程如下。

1. 了解面试流程:在参加面试前,需要了解面试的流程和环节,包括面试形式、面试官职位、面试时间、面试问题等。这样可以更好地应对面试中的问题,避免出现混乱。

2. **注意形象和礼仪**：在面试中，需要注意自己的形象和礼仪，包括穿着、发型、言谈举止等。要保持整洁、得体的形象，同时要表现出礼貌和尊重的态度。在面试中展现自信，但不要过于自负。

3. **认真倾听问题**：在面试中，需要认真倾听面试官的问题，理解问题的含义和要求。要避免出现误解或漏答问题的情况。

4. **表达清晰有条理**：在回答问题时，需要表达清晰有条理、思路清晰、逻辑严谨，要避免出现语无伦次或混乱的情况。可以提前模拟面试，练习良好的口头表达和沟通技巧，注意语速、语调和表达清晰度。

5. **突出自己的特点和优势**：在回答问题时，需要突出自己的特点和优势，以及自身与公司和职位相关的经历和技能。这样可以更好地展示自己的潜力和适应能力。还可以准备一些成功的故事，展示你的职业成就和个人发展。这些故事应当突出你的领导、创新和解决问题的能力。

6. **提问环节**：在面试结束时，通常会有提问环节，你可以准备一些问题，如关于公司文化、团队结构、实习项目等方面的问题。但要注意不要问一些过于基础或过于个人的问题，而是选择那些能够展示你对公司和实习岗位有深入了解的问题。

7. **感谢和跟进**：在面试结束时，需要表达感谢和询问机会，表达自己对公司和职位的热爱和追求，这样可以更好地展示你的诚意和主动性。面试结束后，可以发送一封感谢邮件给面试官，表达你的感激之情，并再次强调你对实习的兴趣和适应度。

第六节　参军入伍

对于那些对军营充满热情的大学生来说，在大学期间参军入伍也是一个不错的选择。大学生通过参军入伍，不但可以接受军事训练和培养，履行国防义务，为国家的安全和军队建设做出自己的贡献，还可以在军营中摸爬滚打，树立正确的价值观和人生观，培养爱国主义精神和民族自豪感，培养自律、团结、勇敢和责任心等品质,提升自身综合素质。在军队中,大学生还可以结交志同道合的朋友和优秀的战友。

此外,参军入伍还有一些优惠政策,例如减免学费、换专业、保研升学加分、考研专项、就业优先等。

一、大学生参军入伍的优惠政策

(一)大学生参军入伍的优点

1. **保留入学资格**:高校新生入伍,高校会为其保留入学资格,退役后2年内均可入学。大学二年级的同学参军入伍,学校会为其保留学籍,退役后可以继续学业。

2. **学费减免**:本专科学生每人每年享受最高不超过8 000元的学费减免,本科生享受4年,专科生享受3年。

3. **津贴和待遇**:在2年义务兵期间,可以享受各种津贴、国防服役费、退役费、优待金等总计约60 000元。退役后学校和地方政府也会提供相应的津贴补助。具体政策可能因地区和军队的不同而有所差异。同时,家庭会享受军属待遇。

4. **免修军事技能**:退役后入学,可以免修相关军事技能训练,直接获得学分。

5. **升学加分**:从2022年起,高职(专科)毕业生及在校生(含高校新生)应征入伍,退役后完成高职(专科)学业的,申请专升本,免予参加文化课考试,由高校组织相关的职业适应性或职业技能综合考查,综合评价,择优录取。

需要注意的是,具体政策可能因地区和军队的不同而有所差异。因此,大学生在申请参军入伍时需要仔细阅读相关政策和要求,并按照规定的流程进行申请。

(二)大学生应征入伍的补贴标准

按照《关于调整完善国家助学贷款相关政策措施的通知》(财教〔2014〕180号)、《财政部、教育部、总参谋部关于印发〈高等学校学生应征入伍服义务兵役国家资助办法〉的通知》(财教〔2013〕236号)、《关于对直接招收为士官的高等学校学生施行国家资助的通知》(财教〔2015〕462号)文件规定：

1. 学费补偿、国家助学贷款代偿及学费减免标准，本专科生每人每年最高不超过8 000元，研究生每人每年最高不超过12 000元。

2. 学费补偿或国家助学贷款代偿金额，按学生实际缴纳的学费或获得的国家助学贷款(国家助学贷款包括本金及其全部偿还之前产生的利息，下同)两者金额较高者执行，据实补偿或者代偿。退役复学后学费减免金额，按学校实际收取学费金额执行。超出标准部分不予补偿、代偿或减免。

3. 获学费补偿学生在校期间获得国家助学贷款的，补偿资金必须首先用于偿还国家助学贷款。如补偿金额高于国家助学贷款金额，高出部分退还学生。

4. 从2015年起，国家对直接招收为士官的高等学校学生施行国家资助，入伍时对其在校期间缴纳的学费实行一次性补偿或获得的国家助学贷款(包括校园地国家助学贷款和生源地信用助学贷款)实行代偿。

(三)大学生士兵退役后享受哪些就学优惠政策?

1. 高职(专科)学生入伍经历可作为毕业实习经历。

2. 退役大学生士兵入学或复学后免修军事技能训练，直接获得学分。

3. 设立"退役大学生士兵"专项硕士研究生招生计划。根据实际需求，每年安排一定数量的专项计划，专门面向退役大学生士兵招生。在全国研究生招生总规模内单列下达，不得挪用。

4. 将高校在校生(含高校新生)服兵役情况纳入推免生遴选指标体系。鼓励开展推荐优秀应届本科毕业生免试攻读研究生工作的高校在制定本校推免生遴选办法时，结合本校具体情况，将在校期间服兵役情况纳入推免生遴选指标体系。在部队荣立二等功及以上的退役人员，符合研究生报名条件的可免试(指初试)攻读硕士研究生。

5. 将考研加分范围扩大至高校在校生(含高校新生)。退役人员在继续实行普通高校应届毕业生退役后按规定享受加分政策的基础上，允许普通高校在校生(含高校新生)应征入伍服义务兵役退役，在完成本科学业后3年内参加全国硕士研究生招生考试，初试总分加10分，同等条件下优先录取。

6. 退役大学生士兵专升本实行招生计划单列。高职(专科)学生应征入伍服义务兵役退役,在完成高职学业后参加普通本科专升本考试,实行计划单列,录取比例在现行 30% 的基础上适度扩大,具体比例由各省份根据本地实际和报名情况确定。

7. 高校新生录取通知书中附寄应征入伍优惠政策。高校向新生寄送《录取通知书》时,附寄应征入伍宣传单,宣传单主要内容包括优惠政策概要、报名流程指南、学籍注册要求等。

8. 放宽退役大学生士兵复学转专业限制。大学生士兵退役后复学,经学校同意并履行相关程序后,可转入本校其他专业学习。

9. 具有高职(高专)学历的,退役后免试入读成人本科,或经过一定考核入读普通本科;荣立三等功以上奖励的,在完成高职(专科)学业后,免试入读普通本科。

10. 应征入伍的高校毕业生退役后报考政法干警招录培养体制改革试点招生时,教育考试笔试成绩总分加 10 分。

二、大学生应征入伍的必备条件

征集服现役的公民必须热爱中国共产党,热爱社会主义祖国,热爱人民军队,遵纪守法,品德优良,决心为抵抗侵略、保卫祖国、保卫人民的和平劳动而英勇奋斗。

征兵政治审查的内容包括:应征公民的年龄、户籍、职业、政治面貌、宗教信仰、文化程度、现实表现以及家庭主要成员和主要社会关系成员的政治情况等。

公民应征入伍要符合国防部颁布的《应征公民体格检查标准》和有关规定。

1. 年龄:男性普通高等学校在校生为年满 17 至 22 周岁、大学毕业生放宽到 24 周岁。女性普通高等学校在校生和毕业生为年满 17 至 22 周岁。

2. 身高:男性 160cm 以上,女性 158cm 以上。

3. 体重:男性,不超过标准体重的 30%,不低于标准体重的 15%。女性,不超过标准体重的 20%,不低于标准体重的 15%。

4. 视力:大学生右眼裸眼视力不低于 4.6,左眼裸眼视力不低于 4.5。屈光不正,准分子激光手术后半年以上,无并发症,视力达到相应标准的,合格。

5. 内科:乙型肝炎表面抗原呈阴性,等。

三、参军入伍基本流程

(一)在读学生参军入伍基本流程

大学生参军入伍的申请流程一般包括以下几个步骤。

1. **确定参军意向**：大学生需要明确自己的参军意向，了解军队的相关信息和要求，以便做出明智的选择。

2. **了解政策**：大学生需要了解军队的招募政策和要求，包括年龄、学历、身体条件等方面的要求。同时，还需要了解参军后的优惠政策和发展前景。

3. **报名**：大学生可以通过学校或户籍所在地的人民武装部进行报名，填写相关表格并提交所需材料。

4. **初审和体检**：报名后，相关部门会对大学生的材料进行初审，并进行身体检查。初审和体检合格的将会进入下一环节。

5. **政审**：相关部门会对大学生的政治背景和家庭情况进行审查，以确保符合军队的政治要求。

6. **面试和体能测试**：通过政审的大学生将会进行面试和体能测试。面试和体能测试是评估大学生综合素质的重要环节。

7. **复审和公示**：最后，相关部门会对大学生的申请进行复审，并对符合条件的大学生名单进行公示。公示期结束后，大学生将会正式成为军队的一员。

需要注意的是，不同地区和不同军队的招募流程可能会有所不同，具体流程以当地相关部门的要求为准。大学生在申请参军入伍时，需要仔细阅读相关政策和要求，并按照规定的流程进行申请。

(二)应届毕业生参军入伍基本流程

1. 高校毕业生应征入伍服义务兵役流程

(1)网上报名预征：有应征意向的高校毕业生可在征兵开始之前，填写、打印"应届毕业生预征对象登记表"和"高校毕业生应征入伍学费补偿国家助学贷款代偿申请表"(以下分别简称"登记表"和"申请表")，提交所在高校征兵工作管理部门。

（2）初审、初检：毕业生离校前，在高校参加身体初检、政治初审，符合条件者确定为预征对象，高校协助兵役机关将"登记表"和"申请表"审核盖章发给毕业生本人，并完成网上信息确认。初审、初检工作最晚在7月15日前完成。

（3）实地应征：高校应届毕业生可在学校所在地应征入伍，也可在入学前户籍所在地应征入伍。

（4）组织高校应届毕业生在学校所在地征集的，结合初审、初检工作同步进行体格检查和政治审查，在毕业生离校前完成预定兵，9月初学校所在地县（市、区）人民政府征兵办公室为其办理批准入伍手续。政治审查以本人现实表现为主，由其就读学校所在地的县（市、区）公安部门负责，学校分管部门具体承办，原则上不再对其入学前和就读返乡期间的现实表现情况进行调查。

（5）在入学前户籍所在地应征入伍的，高校应届毕业生7月30日前将户籍迁回入学前户籍地，持"登记表"和"申请表"到当地县级兵役机关参加实地应征，经体格检查、政治审查合格的，9月初由当地县（市、区）人民政府征兵办公室办理批准入伍手续。

2. 应征入伍的高校应届毕业生离校后户口档案管理

被确定为预征对象的高校应届毕业生，回入学前户籍所在地应征的，将户口迁回入学前户籍所在地，档案转到入学前户籍所在地人才交流中心存放。在学校所在地应征的，可将户籍和档案暂时保留在学校。

高校应届毕业生批准入伍后，其户口档案予以注销，档案放入新兵档案。

高校应届毕业生入伍服义务兵役退役后一年内，可视同当年的高校应届毕业生，凭用人单位录（聘）用手续，向原就读高校再次申请办理就业报到手续，户档随迁（直辖市按照有关规定执行）。

3. 高校毕业生预征对象参军入伍享受"四优先"政策

高校毕业生应征入伍服义务兵役，除享有优先报名应征、优先体检政审、优先审批定兵、优先安排使用"四个优先"政策，家庭除按规定享受军属待遇外，还享受优先选拔使用、学费补偿和国家助学贷款代偿、退役后考学升学优惠、就业服务等政策。

（1）优先报名应征。报名由县级兵役机关直接办理。夏秋季征兵开始前，县级兵役机关通知其报名时间、地点、注意事项等。确定为预征对象的高校毕业生,持"应届毕业生预征对象登记表",可以直接到学校所在地或户籍所在地县级兵役机关报名应征。

(2)优先体检政考。体检由县级兵役机关直接办理。夏秋季征兵体检前,县级兵役机关通知其体检时间、地点、注意事项等。确定为预征对象的高校毕业生,未能在规定时间内在学校参加体检的,本人持"应届毕业生预征对象登记表",可在征兵体检时间内报名直接参加体检。

(3)优先审批定兵。审批定兵时,应当优先批准体检政审合格的高校毕业生入伍。高职(专科)以上文化程度的合格青年未被批准入伍前,不得批准高中文化程度的青年入伍。

(4)优先安排使用。在安排兵员去向时,根据高校毕业生的学历、专业和个人特长,优先安排到军兵种或专业技术要求高的部队服役;部队对征集入伍的高校毕业生,优先安排到适合的岗位,充分发挥其专长。

需要注意的是,不同地区和不同军队的招募流程可能会有所不同,具体流程以当地兵役机关的要求为准。大学生参军入伍事宜,是由高校所在地兵役机关会同有关部门进入高校开展征集工作的。高校由学生管理部门或学校武装部门牵头负责,有意向参军入伍的大学生可向所在学校学工部(处)、就业中心、资助中心或武装部咨询有关政策。

大三篇
提升与冲刺

» 明确自己的发展方向
» 继续提升学习
» 着手论文与科研
» 参加校内外实践

大学三年级，作为大学生活的关键节点，其重要性不言而喻。同学们在这一年不仅要面对繁重的学业任务，还要培养一系列关键能力，为未来的学术和职业生涯打下坚实的基础。

专业课程学习方面，随着教学进度的深入，核心专业课程逐渐增多，同学们需要花费更多的精力与时间专注于所学专业的核心课程，完成必修和选修课程，掌握扎实的专业基础，确保学术进度符合培养计划。并努力争取提升绩点，为以后的保研、出国或者就业打下坚实的基础。

学术研究方面，同学们应该根据自己的兴趣和专业背景，积极参加学术会议、研讨会和讲座，拓宽学术视野；与导师或教师保持密切的沟通与合作，听取他们的建议和指导，选择适合自己的科研项目或导师的课题积极参与；积极参与实验、调查或数据收集等研究活动，掌握科学研究的基本方法和技能，培养自己的科研思维与实践能力；撰写学术论文或报告，提升自己的学术写作和表达能力，为未来的学术交流和职业发展打下良好的基础。

关键能力培养方面，通过制订合理的学习计划，有效管理时间，培养自律和自主学习的习惯，培养自己的自我管理能力；学会独立思考，对所学知识进行批判性分析，尝试从不同角度解决问题，培养自己的批判性思维与创新能力；积极参与团队项目或社团活动，担任团队负责人或组织者，提升自己的团队协作和沟通能力，锻炼自己的领导力和组织能力。

第一节 明确自己的发展方向

经过大一、大二两个学年的学习和实践，大三的同学已经逐渐适应了大学生活，对自己所学专业和行业发展前景有了清晰了解，对自己的兴趣、能力和优势有了更清晰的认识。同学们不管是继续保持高绩点申请保研，还是立志拼搏考研；不管是申请出国留学，到海外深造提升，还是毕业直接就业，对自己的未来都应该有一个清晰的设计与规划了。

大三这一年，可以说是整个大学的关键之年、提升之年、冲刺之年。

在这一年，同学们将接触到更多深入、专业的课程知识，这些知识将为你们今后的学术研究和职业发展奠定坚实的基础。通过认真学习,你们可以巩固之前学到的知识,进一步深化对专业的理解。

同学们需要在这一年思考自己的职业方向,并为此做出相应的准备。在这个阶段,大家可以通过参加实习、兼职等方式,了解不同行业的工作内容和要求,从而为自己的未来职业做出更明智的选择。同时,通过努力学习,提升自己的专业素养和技能水平,为未来的职业发展做好充分的准备。

在这一年,同学们可以积极参加各种学术活动、社会实践和志愿服务等,锻炼自己的组织能力、沟通能力、团队协作能力等多方面的能力。这些经历不仅可以丰富你们的人生阅历,还可以提升你们的综合素质,为今后的学习和工作打下坚实的基础。

一、考研方向

根据研招网公布的数据,从 2019 至 2023 年,五年间考研报名人数逐年增长,报考人数分别为 290 万、341 万、377 万、457 万、474 万。2023 年相比 2019 年,报考人数增加了 184 万人。而近五年的录取率逐年降低,例如 2019 年考研录取率为 27.98%,2020 年考研录取率为 29.05%,2021 年考研录取率为 29.55%,2022 年考研录取率为 24.22%,2023 年则为 16.00%,再一次突破新低。竞争日趋激烈,考研上岸日趋艰难。

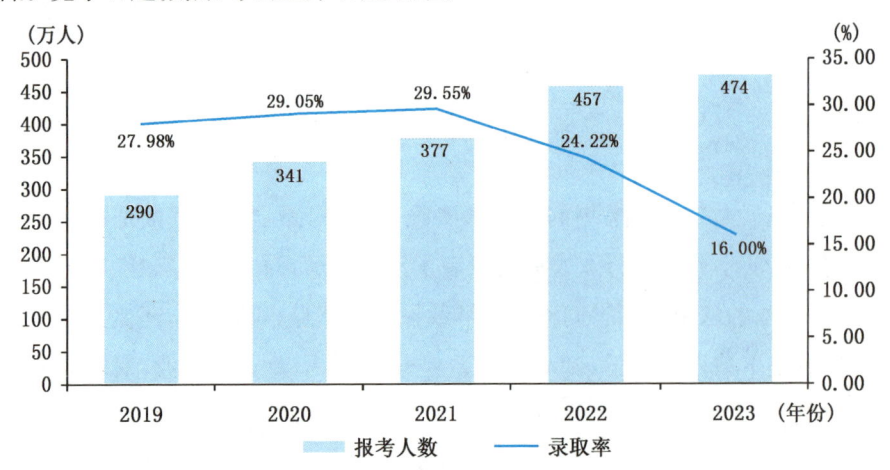

图 3-1 考研人数与录取率

对于确定考研的大三同学来说,考研备考是一场历时一年之久的异常残酷的持久战,它不仅是一场知识的较量,更是一场意志和毅力的较量。

在考研这场战役中,同学们既要在战略上高度重视,做好长时间的积累和准备;同时要抱有一战必胜的信心,保持持续的学习动力和热情,不断调整自己的学习状态,以应对长期的学习压力和挑战。还要注重身心健康,保持充足的睡眠、合理的饮食和适当的运动,劳逸结合,让身体和精神状态始终处于最好的状态中,提高学习效率。

(一)考研备考初期

刚开始备考,很多同学会习惯性地去网上找各种经验贴,但你不要妄图照搬别人所有的经验和计划,方法都是自己探索出来的,每个人有每个人的学习节奏和学习习惯、学习性格和学习方法,要结合自身情况去探索方法。

下面具体解答考研备考初期学生的普遍困惑。

1. 如何确定目标专业和目标院校?

首先,确定要报考学硕还是专硕?学硕学制多为三年,需要具备学术理论能力;专硕学制多为两年,更考虑学生的实践水平。还要考虑考英语一还是英语二,英语一难度整体来说高于英语二。还有全日制与非全日制之分,大部分同学是大学期间考研,大学毕业直接读研的就是全日制,非全日制一般都是供在职读研的朋友去平衡工作与学习的一种学习模式,非全日制不可以调剂到全日制,但全日制一般可以调剂到非全日制。

如何备考研究生考试

其次,看国家线和自划线。国家线相当于最低标准(及格线),自划线是学校自己定的可以进复试的分数线,一般不低于国家线。你的考试分数小于国家线,代表你没有进入复试;你的分数大于国家线,但小于自划线,代表你可参加调剂;你的分数大于自划线,代表你有很大可能进入复试。所以选择学校的时候要注意看看历年的国家线和自划线分数。

最后,可以去研招网对比查阅院校信息。不过研招网的数据没有非常准确,最好筛选出3个左右的目标院校后,再去院校网站或咨询学长学姐了解更加详细准确的院校招生信息。

2. 如何选择目标院校?

第一,考虑报录比,对于那些四五十个人里面录取一两个的专业院校需要慎重选择,问问自己有没有承受失败的勇气？以及对失败和风险的承受能力有多大？

第二,考虑目标院校信息多寡,如果你在网上找得到目标院校考纲、录取人数等一系列关键信息,以及院校学长学姐或相关经验贴等,对这个学校考研内容有七八成了解,那么可以一试。如果这个院校找不到学长学姐、找不到经验贴,相关招生信息也少得可怜,就要谨慎选择。

第三,初试内容和参考教材,比如考中国语言文学研究生,院校考的是大综合还是小综合？大综合一般要求对现当代、古代文学、外国文学、文学理论、语言学都熟悉,小综合要求对某一门类精通,只有找符合自己兴趣的,复习起来才不容易厌倦。此外,参考书目的多少、难易,都要考虑在内。

择校是个关键,综合考虑以上三个方面,以及自己未来的发展规划,多和家人、老师、学长学姐聊天商讨一下,再听从自己的内心做出决定。选择在一定层面上大于努力,要找到合适自己的赛道。

(二) 大三如何分阶段备考

刚开始备考,每个人都需要根据个人情况制订个性化的学习计划,包括学习内容、时间安排、复习进度等。合理安排每天的学习任务和时间,比如每天定时复习、做题练习、阅读文献等,做到高效学习。

1. 大三上学期备考思路

(1) 寻找自己的备考节奏:每个人注意力的最长时间和单位时间内的效率程度各不相同,所以我们建议根据自己的情况制定每天复习备考的时间,不要太少但也不需要过多。很多考研上岸的学长学姐在分享经验时认为,大三上学期的寒假在家每天能学 5、6 个小时就很不错了;三月开始每天学习 8 小时左右;暑假可以更多一点,10 小时左右;十月开始可以的话最好每天学习 12 小时以上。具体执行起来因人而异,不需要被别人带节奏,但也不要掉以轻心。

这段时间可以把备考的精力放在学英语上,任务分摊到每天,背完大纲五千多个单词,然后开始练习长难句和英语阅读。

(2)试做模拟题和真题:做题是检验自己掌握程度的重要方式。建议多做模拟题和历年真题,熟悉考试形式、题型、命题规律、命题思路,同时也可以查漏补缺,加强自己的薄弱环节。

(3)培养解题思路和技巧:考研不仅要求掌握基础知识,还要求具备较高的思维能力和解题技巧。在备考过程中,需要注重培养自己的解题思路和技巧,多做一些有针对性的练习题和模拟题。

(4)做好笔记和总结:在学习的过程中,做好笔记和总结非常重要。这有助于你更好地理解知识点,加深记忆,同时也可以为后续的复习提供重要的资料。

(5)寻找合适的辅导和帮助:如果需要辅导和帮助,可以寻找学长学姐、老师等,这有助于你更好地解决问题和提高备考效果。

(6)学会取舍和重点突破:在备考过程中,有时候需要学会取舍和重点突破。对于一些难度较大但不常考的知识点,可以适当减少时间投入,重点突破常考知识点,提高整体复习效果。

(7)注意身心健康:研究生考试是一场体力和脑力的双重战斗,因此考生需要注意身体健康,保持良好的身体状态。要合理安排饮食和制定合理的作息时间表,保证充足的睡眠和高效的学习状态,避免过度疲劳和压力过大。合理安排学习和其他活动的时间,注重锻炼身体,增强身体素质和免疫力,保证身体健康和心理健康。

(8)保持乐观、坚韧:研究生备考是一场长期而复杂的"战役",需要考生具备持之以恒的毅力和保持积极的心态,坚持到底。在复习过程中,可能会遇到各种困难和挑战,甚至会让人处于崩溃的边缘,这时候,停一会儿,休息一下,做一些复习备考以外的事情,比如约朋友出门散步、参加体育运动,或者找个美食餐厅吃一顿,舒缓一下紧张、压抑的情绪,让心情放松下来。待心情平复,再继续复习备考。相信自己,只要保持乐观积极的心态和必胜的信心,就一定能够克服困难,成功上岸。

2. 大三下学期备考思路

大三下学期的考研备考,在做好夯实初期所学的基础之上,多数人会进行背诵和提高工作。

人的大脑是一个记忆的宝库,人脑经历过的事物,思考过的问题,体验过的情感和情绪,练习过的动作,都可以成为人们记忆的内容。例如英文单词、短语和句子,甚至文章的内容都是通过记忆完成的。从"记"到"忆"是有个过程的,这其中

记忆方法

包括了识记、保持、再认和回忆。有很多人在学习英语的过程中,只注重短时记忆效果,殊不知,要想做好学习的记忆工作,是要下一番功夫的,单纯注重当时的记忆效果,而忽视后期的保持和再认,同样是达不到良好的效果的。

每天新背多少内容,因人而异,审时而变,但最主要的是不要忘记复盘,及时复盘非常重要,能帮你避免无效背诵。每日按计划巩固旧知识,然后安排新的背诵,多背几遍后就有了肌肉记忆。刚开始背诵要保持一个平和的心态,不要着急。一开始背诵大家都会花很长的时间、很多的精力,而且还要面对第二天能记住的东西并不多的崩溃情况。这个时候需要做到不气馁,别急着自我否定,基础知识记忆需要稳扎稳打慢慢来,你在七、八月做的事情,到了十一、十二月自然会有回报。

3. 大四上学期:考研冲刺期

大四上学期是考研备考的冲刺阶段,这个时候会有许多考生不同程度地出现备考厌倦、烦躁、惶恐、畏难、排斥、拖延、想放弃等情绪。这时候适时的自我心态调整就变得非常重要。

对于这种为时一年的超长战线备考,不管做什么,都尽量在大方向基本正确的前提下选择舒服、可持续的方式匀速前进。宁愿每天少学一点,让自己对这件事不要太畏惧、太排斥,明天、后天、下个月都还能稳定地开开心心学、开开心心练,避免出现三天打鱼、两天晒网的情况。保持内心稳定,就算休息一两天,后面还能再爬起来元气满满,继续战斗。

另外,对于一些觉得很难、工程量很大的事情,养成每天做一点的习惯,一点点积攒起来,慢慢地,一些看起来很艰难很不想理的大工程也就在这么一天一点的努力和坚持中所剩无几。我们要相信,在为期将近一年的考研备考中,坚持、稳定就是伟大。

考研案例

二、推荐保研方向

保研经常被参加的学生们形容为"三年磨一剑",主要是因为:

1. **竞争激烈**。保研的竞争非常激烈,保研需要学生在本科期间积累丰富的学术、科研和实践活动经验,并在这些方面表现优秀,需要学生付出极大的努力和时间。

2. **准备时间长**。保研的准备时间通常长达三年,需要学生从大一就开始规划自己的学习和科研计划,并按照计划逐步推进。在这个过程中,学生需要不断积累知识和经验,不断完善自己的学术和科研能力。

3. **综合素质要求高**。保研需要学生不仅要在学业上保持优秀,有优秀的学术和科研能力,还需要学生能积极参加各种社会实践活动,具备良好的综合素质,如领导能力、团队合作能力、沟通能力等。

(一)保研核心五要素

1. 综合排名

综合排名是敲门砖,大多数学校的综合排名是指年级前三的绩点排名加综测排名。综合排名直接决定了是否能获得保研名额,以及能申请到的院校水平。

2. 英语成绩

英语成绩是基本项,包括四六级、雅思托福以及外语竞赛成绩。很多学校要求只有通过四六级的同学才能获得推免资格,目标院校也会对英语有所要求,尤其是申请语言类专业,某些985院校会要求六级成绩在550分以上。

如果有些同学错过四六级英语考试时间,则可以用雅思或托福成绩来弥补,也有利于申请很多中外合作项目。例如清华—哥伦比亚大学商务分析双学院项目、复旦—全球媒介与传播国际双学位项目,这些项目非常适合文科生,且竞争力相对较小,毕业可获得国内外名校双学位,是非常好的选择。此外,高含金量的外语竞赛也很加分,例如外研社杯、大英赛等。

3. 科研经历

科研经历是撒手锏,亮眼的科研经历既能体现你的学术水平,面试时考官也会十分着重面试者的科研经历。同学们可以根据自己的能力与优势从国家级大学生创新创业计划、学术论文、学术会议、导师项目等方面着手开展科研工作。

对于本科生来讲,发表高质量期刊是很难的,自己投递有很大概率会被退回,比较稳妥的方式是主动寻求机会多与老师交流,积极表达自己的科研志向。对于态度积极、成绩优异、基础扎实的同学,很多老师还是愿意带着做科研项目的。跟着导师做项目,即使最后没有成功发刊,参与科研项目、掌握的知识与能力这些内容也是可以写到简历中的。

4. 竞赛经历

竞赛经历是突出点,同时也是综测分的重要加分项。在保研过程中,申请者的综合素质和能力是非常重要的。而科研和竞赛经历可以为申请者增加有力的证明和素材。申请者的科研论文、竞赛获奖证书等都是申请者在保研中的重要资本,高含金量的竞赛可以体现你的专业素养、实践能力及团队协作能力,可以让申请者在众多竞争者中脱颖而出,增加自己的保研机会。

我们在大二篇列过含金量较高的一些竞赛项目,同学们可以仔细了解相关竞赛情况,根据自己的专业、特长、兴趣等选择参与竞赛,争取拿奖,为自己的保研之路添上重要砝码。

5. 实践经历

实践经历是加分项,包括学生工作、社会实践、志愿活动以及大厂实习经历。学生工作包括班长、社团负责人、院学生会负责人、校学生会部长等。社会实践除了传统的校级实践,大家也可以去申请国内清华、北大、复旦、上交大、港大、港中文甚至国外的名校的交流活动。这些交流经历可以丰富个人实践经历,还有可能获得知名院校教授的推荐信,对于申请国外院校和中外合作项目研究生的同学是十分有利的。

除以上五个方面,学生还应做好相关保研材料的准备工作,如简历、PPT、推荐信、500—2 000 字的自我陈述、研究计划以及证明性材料(证件照、获奖证书、成绩单、排名证明等)。

抽出时间制作简历,请熟悉的学长学姐帮忙修改,或者直接找老师。在制作简历的同时,可以对自己的整体情况有一个系统认知,有助于你认识和评价自己的优势、弱势和有待提高的地方。在接下来的时间里可以进行针对性弥补和提升。

为了让招生老师更好地了解你的情况并写出有针对性的推荐信,你可以提供一些关于自己的信息,如个人简历、学术成果、获奖情况等。同时,也可以告诉老师你希望推荐信中强调的方面,如你的研究能力、团队合作精神等。

证明性材料也尽量提前搜集,如有些竞赛的证书迟迟不发,尽量找到主办方开具证明。

(二)寒假做好保研定位

大三上学期的寒假来临,保研冲刺期的号角正式吹响。在这段时期,我们首先要进行的就是保研定位。保研定位是指在准备申请推免研究生时,对自己目标院校的选择和对自我能力的认知。具体来说,就是弄清自己想申请哪些院校以及自己能申请哪些院校。

通过保研定位,同学们可以评估和梳理自身情况,有针对性地补上短板、冲刺和提升自我,在选择研究生目标院校时更有规划和策略,提高申请成功的概率。

在进行保研定位时,同学们需要综合考虑自身的教育背景、学术成绩、科研经历、论文发表等情况,以及目标院校的录取门槛和要求等因素。同时,学生还需要了解各个院校的保研政策和录取标准,以便更好地评估自己的申请条件和制定相应的申请策略。

1. 为什么在寒假进行保研定位?

(1)寒假事情较少,方便大家静下心来梳理自己的保研条件。

(2)这段时间脱离课程限制,有充足的时间查找相关信息。

(3)在寒假期间做好保研定位有助于大家对标目标院校的条件,发现自己欠缺的方面,在夏令营前还有机会弥补。但如果四五月才进行保研定位,发现欠缺点也无法弥补了。

2. 如何进行保研定位?

(1)梳理自身条件

自身条件可从排名、科研、英语、竞赛四个方面进行评估。

①排名是硬性门槛。一般来说双非或者普通211同学想保研985,最好成绩是专业第一。

②科研成果主要包括论文和专利,这部分在以前更像是加分项,但对于现在需要申请好学校的推免生而言,论文和专利更多是必备品。

部分学校的报名系统中会列有论文、专利等科研成果填写位置,或者要求提交科研成果表。如果需要申请排名远高于本校的学校,最好还有含金量极高的论文或其他科研成果。

③英语水平主要根据六级成绩进行划分,很多学校不会在通知中明确规定六级分数需在多少分之上,更多的是模糊地提到"英语成绩优秀"等。但在审核时,英语会有隐形分数线。

对于工科推免生而言,六级最好达到550分以上,或者500分以上也会有一定优势。若是英语着实是弱科,也尽量保证在425分以上,不然可能会在竞争中处于劣势。

④ 竞赛是很特殊的指标,更多用于取得本校保研资格加分。对于申请外校保研的同学来说,和专业相关的竞赛,并且竞赛中负责的工作很有价值,还是有一定的加分作用的。

(2)选择专业、院校、导师

选择保研专业、院校和导师是一个需要全面考虑和权衡的过程。需要根据自己的实际情况和需求来做出决策。在决策过程中,可以寻求老师、同学、学长学姐等人的意见和建议,但最终决策仍需由自己负责。

首先,应该认真考虑自己的兴趣所在,选择一个真正感兴趣的专业。这将有助于你在研究生阶段保持持续的学习动力和热情,取得更好的学术成果,并为未来的职业发展打下坚实的基础。研究生阶段的学习往往更加深入、专业,并需要你进行大量的独立研究和探索。如果学生对所选专业缺乏兴趣,可能会在学习和研究中感到困难重重,难以保持持续的学习动力和热情。考虑自己的长远职业目标,包括你希望从事的行业、职位类型、工作地点等,选择与之相关的专业和学校,这样,你在学习期间将能够获得与未来职业相关的知识和技能,有助于你在未来的职业生涯中更快地成长和发展。

其次,学校的整体排名可以反映其综合实力,包括师资力量、科研水平、教学质量等。学科排名靠前的学校，能够为学生提供更好的学术资源、创新氛围、合作交流机会以及就业前景，有助于学生接触到该领域的最新研究成果和前沿技术，为未来的学术和职业发展奠定坚实的基础。

在选择研究生导师时，应该综合考虑学术水平和指导能力两个因素，选择一个学术水平高、研究成果丰富且具备丰富教学经验和良好指导能力的导师。学术水平高的导师通常在该领域拥有深厚的学术造诣和广泛的研究网络。他们往往能够为学生提供更多的科研资源和机会，包括参与高水平的科研项目、接触最新的研究成果和技术、参与国际学术会议等。这样的机会不仅能够丰富学生的学术经历，还有助于他们培养独立思考和解决问题的能力，为未来的学术和职业发展打下坚实基础。

有丰富教学经验和良好指导能力的导师能更有效地指导学生进行科研工作。他们通常能够根据学生的学术背景和兴趣制订个性化的培养方案，提供针对性的指导和建议。在学生的科研过程中，这样的导师能够及时发现和解决学生的问题，帮助他们克服学术上的困难和挑战，从而提升他们的学术能力和科研素养。

此外，一个优秀的导师还应该具备良好的沟通能力和团队合作精神。他们应该能够与学生建立有效的沟通机制，及时了解学生的需求和困惑，为他们提供及时的支持和帮助。同时，他们也能够与其他研究人员和机构建立良好的合作关系，为学生提供更广阔的学术视野和合作机会。

在选择研究生学校时，除了考虑学校的综合实力和导师的水平外，还需要综合考虑地理位置和校园文化等因素。这些因素都会影响到个人的学习、生活和职业发展。地理位置影响着生活环境和便利程度。例如，一些人可能更喜欢位于大城市或市区的学校，因为这些地方通常有更多的文化活动和就业机会。而另一些人可能更喜欢位于自然环境优美、生活节奏较慢的地方，这样的环境有助于他们更好地专注学习和研究。

不同的学校有不同的文化和氛围，有的学校可能更加注重学术研究和专业训练，而有的学校则可能更加注重学生的全面发展和多元文化活动。一个积极、开放、包容的校园文化能够鼓励学生自由探索、勇于创新，而一个封闭、保守的校园文化则可能限制学生的发展和进步。因此，在选择学校时，了解并选择一个与自己成长目标相符的校园文化是非常重要的。

当你选定学校和老师后,便可以根据所选定学校的要求,提供初试所需的相关资料,这些资料多是需要你从大一到大三不断积累的,是无法一蹴而就的。前文已详细给出,不再重复。所以如果你在大学前三年一直浑浑噩噩,大四突发奇想地要去保研,那这条路径就可能不太适合你。

(三)本校名额与外校名额

1. 本校名额与外校名额的区别

若要保研,一般外校名额和本校名额缺一不可。一方面拿到本校保研(下文简称"内保")名额,这样才有保研资格。另一方面,外校保研(下文简称"外保")是指获得保研资格后还需要考虑自己想保送到哪一所学校,只有参加这所学校的考核并通过才算拿到外校名额,代表外校愿意接收,才算"外保"成功。

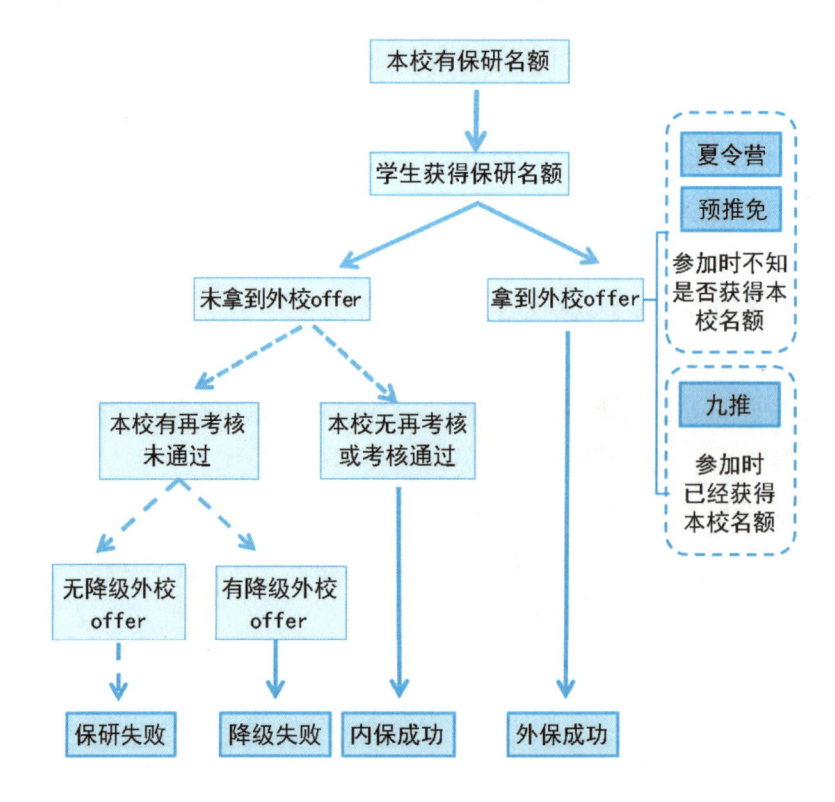

图 3—2　本校名额与外校名额关系概览

2. 如何获得本校名额

保研名额一般按照保研综合成绩从高到低发放,由学习成绩和加分构成。加分主要包括科研竞赛加分。不同学校保研综合成绩的计算不同,需要提前研读意向学校的保研政策。

3. 如何获得外校保研名额

外校保研考核主要包括四个方面:成绩排名、科研成果、英语水平、竞赛奖项。其余还可能包括:实习、学生工作、社会实践。考核形式主要为面试,部分学校有笔试,计算机类可能有机试,设计类有快题。学生可以拿到多个外校保研名额,最终选择其中一所学校就读。

4. 没拿到外校保研名额怎么办

如果本科学校可以接收,内保本校成功。如果本校不保护、不接收,有降级外校保研名额,那就选择接受降级保研。任何外校保研名额都没有,本校又不接收,则保研失败。

(1)内保与外保的优劣

内保的优势在于学生对本校环境和资源较为熟悉,可以更容易地适应研究生生活。同时,内保通常不需要参加烦琐的考核和面试,流程相对简单。如果你对本校的研究方向或导师非常满意,那么内保无疑是一个不错的选择。

然而,内保也存在一些劣势。首先,本校的研究生培养可能存在一定的局限性,无法满足你的学术追求或职业发展需求。其次,如果你希望有更广阔的发展空间和机会,内保可能会限制你的选择。

相比之下,外保则提供了更多的选择机会。你可以申请到其他学校,接触不同的学术氛围和研究资源,拓宽视野。外保通常会有更严格的选拔标准和更全面的考核,这有助于你提升自己的学术能力和综合素质。

但是,外保也存在一些挑战。首先,申请外保需要花费更多的时间和精力,准备各种申请材料和参加面试。其次,外保的竞争通常较为激烈,需要你有足够的准备和实力。

(2)内保保底,外保争取

在内保资格保底的情况下,保研的同学可以首先选择外保。拥有内保资格作为保底,意味着你至少有一个确定的研究生位置。这使得你在申请外保时可

大一大二大三——积累阶段

提升综合实力
- 保研实力评判要素：成绩 > 科研 > 英语 > 竞赛 > 实习

获取本校名额
- 本校保研政策、保研条件、保研名额、加分方式
- 保研综排 = 成绩 + 附加分（科研竞赛、荣誉称号、当兵退伍等）

大三——获取外校offer

- 5-7月夏令营：开设项目多、竞争大、门槛高、通过比例低、考核多样、项目周期长
- 8-9月预推免：开设项目少、竞争较小、门槛较低、通过比例高、考核单一、项目周期短

大四——确认本校保研名额

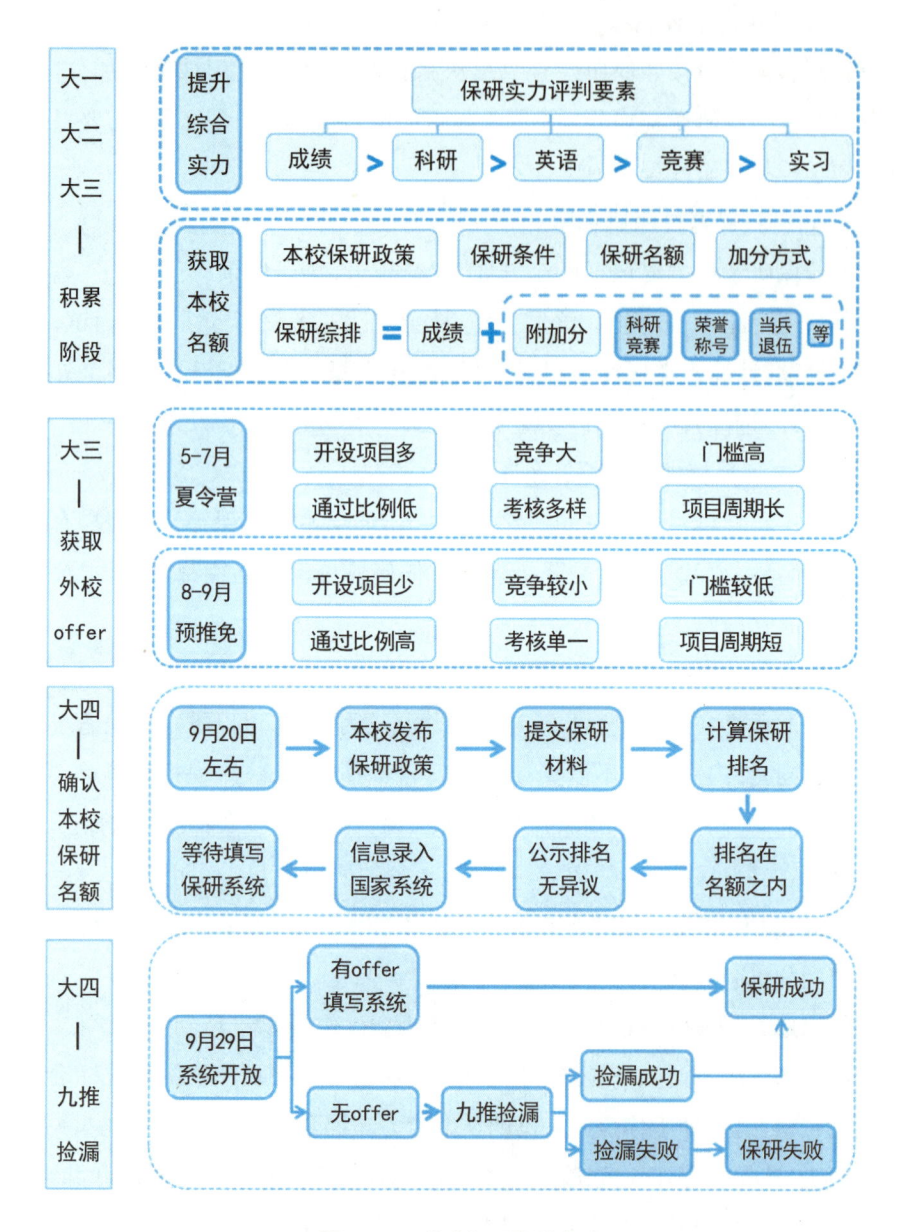

9月20日左右 → 本校发布保研政策 → 提交保研材料 → 计算保研排名 → 排名在名额之内 → 公示排名无异议 → 信息录入国家系统 → 等待填写保研系统

大四——九推捡漏

9月29日系统开放 → 有offer填写系统 → 保研成功
9月29日系统开放 → 无offer → 九推捡漏 → 捡漏成功 → 保研成功
九推捡漏 → 捡漏失败 → 保研失败

图 3—3　成功保研全流程

以更加灵活和自信，因为即使外保的申请结果不尽如人意，你仍然有本校作为备选。如果你已经确定获得了本校的内保资格，那么你可以放心地将更多的精力和时间投入追求其他更理想或更适合你学术和职业发展目标的学校。

选择外保的前提,务必确认你获得了本校的内保资格!否则,盲目冲高,很容易颗粒无收。

(四)保研边缘人如何成功上岸

通常所说的保研边缘人指的是处于保研名额边缘的同学,他们可能因为排名靠后、绩点低、竞赛缺失、论文缺失等某种原因处于保研名额的边缘,具有较大的不确定性。这些同学的综合竞争实力较弱,想要成功拿到推免名额,就需要补齐保研加分,从成绩、科研项目、发表论文、竞赛获奖、外语水平、社会实践等多维度上下功夫,查漏补缺,尽量争取保研加分,为自己的保研成功增加筹码。

1. 保研边缘人还要坚持保研的好处

既然保研边缘人上岸难度很大,为什么还要坚持走保研这条路呢?

(1)有上岸机会:虽然保研名额有限,但是这并不意味着没有机会。边缘人可以通过夏令营、预推免等途径争取获得优秀营员资格、本校推免资格等机会。

(2)有提升空间:保研边缘人可能因为课程难度、考试发挥等因素导致成绩排名稍微落后,但仍有获得校内保研名额的机会;虽然排名较为靠后,但仍然具备一定的学术基础和实力。通过努力准备,他们可以在科研、竞赛、奖励等领域突击,提高自己的学术成绩和综合素质,增加保研成功率。

(3)考研录取有优待政策:不少院校制定了相当不错的考研优待政策,给予待推免没有成功上岸的保研同学以"夏令营优秀营员只要通过考研初试,不用复试直接可以录取""考研复试同等情况下优先录取"的"特别优待"。保研边缘人即使没有保研成功,也大有可能凭着"优秀营员"的身份在考研复试中"捷足先登"。

(4)保研与考研两手准备,增加上岸概率。虽然保研和考研是两种不同的升学方式,但它们并不是相互排斥的,而是可以相互补充的。申请保研上岸的核心五要素(综合排名、科研项目、英语、竞赛和社会实践),同时也是考研备考的核心组成部分。考研在保研之后,同时考虑保研和考研并不冲突,如果能够制订合理的备考计划和应对策略,充分准备申请材料和考试内容,就有更大可能增加上岸的概率。即使保研失利,也可以在保研时掌握的良好的专业知识、英语能力的基础上复习备考,轻松应对考研。

2. 保研边缘人的预推免备战方案

对于保研边缘人来说，预推免是一个重要的上岸机会，需要制订合理的备考方案。以下是一些建议。

(1)保持积极乐观心态：保研过程中可能会遇到各种挫折和困难，需要保持积极的心态。尤其对于保研边缘人来说，更会经常因为排名、科研论文、竞赛结果而焦虑，这时候要注意调整心态，不要过分焦虑和紧张，以免影响自己的备战。

(2)了解政策与流程：关注目标院校的最新版保研政策与流程，了解其申请材料、面试流程、考察侧重点及录取标准等信息，明确名额分配、成绩排名要求、竞赛科研加分等评价标准，避免因关键信息的遗漏而错失机会。

(3)稳住绩点，尽力提升：在保研申请中学业成绩是排第一位的，有时候一个很微小的差额分都足以刷掉一个名额。因此，对于保研边缘人来说，凝心聚力，全力挖潜，提升自己的绩点，哪怕只是看上去微小的 0.01 分，说不定就能让你获得那最后一个推免名额。

(4)提升综合竞争力：全面评估自己在班级/年级中的水平，尽可能多地参与科研项目、学术竞赛等活动，增加自己的学术成果和学术能力。这不仅可以增加自己的学术背景，还可以在申请材料中展现自己的学术潜力和综合素质。

(5)关注各种保研形式：关注学校往年其他类型的保研形式，除一般渠道名额之外是否有本硕贯通、支教保研、竞赛保研等名额，为自己留后路。

(6)准备申请材料：申请材料是申请预推免的重要依据，需要认真准备。具体来说，需要准备个人简历、个人陈述、推荐信、成绩单、科研成果等相关材料。在准备材料时，要扬长避短，注意突出自己的优点和特长，提高自己的竞争力。

(7)提前联系导师：在申请之前，可以提前联系心仪的导师，向他们展示自己的学术成果和综合素质，增加他们对你的了解和认可。如果有机会，甚至可以争取到导师的推荐信，这将大大提高你的申请成功率。

(8)模拟面试：面试是保研的重要环节，需要认真准备。建议进行模拟面试，提高自己的面试表现和自信心。可以找学长学姐或者同学进行模拟面试，也可以自己录制面试视频进行自我评价和改进。

(五)夏令营详解

提到保研,就不得不说一下夏令营。保研夏令营是为即将毕业的本科生提供的一个重要机会,通过参加夏令营,学生可以更深入地了解目标院校的学术氛围、导师团队以及研究生生活。同时,夏令营也是研究生院选拔优秀本科生的途径之一,成功参加夏令营可以为保送研究生提供额外的加分和优势。

1. 夏令营的申请流程

(1)信息收集

在大三下学期,一般是3—7月,学生需要开始关注各个院校的研究生院和导师团队的夏令营信息,可以通过学校通知、网上搜索、研究生院官网等途径获取。每年3—7月,招生院校会陆续通过其官方网站及其研究生招生信息网站发布相关信息,有意向参加夏令营的学生需随时留意目标院校研究生院的官网和宣传信息,以免错过机会。

(2)准备材料

对于夏令营而言,大部分研究生招生院校对申请材料的要求大同小异。以下为常见的申请材料内容,具体内容和格式要求因各院校以及申请学科特点而不同。

①夏令营申请表(含个人陈述及个人简历,突出自己的学术兴趣、科研经历、获奖情况等);

②前两年半(五年制为前三年半)本科成绩单;

③由本科院系或教务部门开具的排名证明;

④副教授及以上职称教师(或任课教师)推荐信;

⑤英语水平证明材料;

⑥其他证明材料(学术论文首页复印件、获奖证书复印件等);

⑦部分学校要求按照指定课题撰写论文在申请时提交。

(3)在线报名

根据夏令营的要求,按时在线报名。注意填写准确、清晰的个人信息和材料。部分高校有统一的夏令营网申系统,需要在网申后再按照指定方式提交申请材料。成功寄送之后要注意关注自己的邮箱或者手机信息,避免错过入营通知。

(4)初步筛选确定入营名单

夏令营组织方会进行初步筛选,根据学术背景、奖项、综合素质等进行评估,确定参加夏令营的名单。

(5)确认参营

大部分招生单位会将入营名单公布在招生单位官网上,并向入营同学发送邮件通知,因此在入营名单公布时间内要经常关注自己的电子邮箱。入营学生需按照指定方式向该院校确认是否参加,以便主办方提前预订食宿和规划开营后的各项活动。

2. 夏令营活动主要形式

保研夏令营的主要活动形式通常包括多个方面,旨在帮助参与学生更好地了解研究生院的学术氛围、导师团队以及研究方向。以下是一些常见的保研夏令营主要活动形式。

(1)导师介绍

夏令营的开幕通常会安排招生导师向参与的学生介绍招生单位的发展情况和各自研究课题组的研究方向与前沿动态,展现自己的研究方向、研究兴趣、实验室成果等。这一环节让学生能够更全面地了解导师和导师团队,加深学生对导师的研究方向和学术成果的了解。

(2)学术讲座

夏令营中会安排一些学术讲座,由导师或邀请的专业领域的教授或专家,为学生讲解学科前沿动态、科研成果和学术思想,帮助学生了解学科发展趋势和研究方向。

(3)实验室参观

带领学生参观学校实验室、研究所等科研场所,让学生了解科研实验的具体流程和设备,增加学生对所学专业的感性认识。这有助于学生更具体地了解导师的工作环境和实际研究工作。

(4)小组讨论

夏令营通常会组织小组讨论,让学生有机会与其他同学一起交流学术观点、分享经验,并安排一些小组任务,考查学生的团队协作能力。

(5)研究生分享交流

一些夏令营还会邀请当前在读的研究生分享他们的学术生活经历,包括学术压力、科研项目、社交活动等,帮助学生更好地了解研究生的日常生活。参营学生可以在与该校研究生的座谈中,了解主办单位的学科实力、研究生待遇以及招生导师的水平素养,以此加深对招生单位、招生导师的了解,促进师生的双向选择。

(6)论文答辩

部分高校的夏令营会在入营前给出一些专业课题,要求入营学生以任一课题为题,在申请入营时提交一篇由本人撰写的学术论文,并在夏令营期间进行论文答辩,以此考核学生独立开展科研活动的能力。或者可能会在入营当天对学生进行分组,要求每组完成一项专业课题调研,然后进行汇报与答辩,以此检验学生的团队合作与科研能力。

(7)项目体验

有些夏令营可能会安排学生参与一个短期的研究项目或实践活动,让学生亲身体验研究的过程,从而更深入地了解自己是否适合这个研究方向。

(8)面试环节

一些夏令营的最后阶段可能包括面试环节,让导师或面试官与学生进行深入交流,了解学生的学术兴趣、科研潜力和团队协作能力。

①夏令营面试的主要形式

夏令营面试的主要形式包括个人面试、小组面试和集体面试。个人面试是申请者与面试官进行一对一的话,主要了解申请者的个人情况、兴趣爱好和参加夏令营的动机等。小组面试则将多个申请者组成一个小组,由面试官观察和评估申请者在小组中的表现。集体面试是将多个申请者放在一起进行面试,主要考察申请者的团队合作能力和沟通能力。

面试内容通常包括个人介绍、专业知识测试、情景模拟和问题回答等。在个人介绍环节,申请者需要简要介绍自己的姓名、学校、年级以及个人特长。在专业知识测试中,面试官可能会就申请者所报名的夏令营项目进行相关问题的提问,以考察申请者的专业知识水平。情景模拟则是通过给定的场景,观察申请者在特定情况下的反应和处理能力。最后,在问题回答环节,面试官会向申请者提出一些问题,以了解申请者的思维能力和解决问题的能力。

②夏令营面试的注意事项

礼仪:面试前礼貌地向面试官问好,注意仪容着装整洁大方,保持自信和谦虚的态度。在面试过程中要保持眼神交流,认真倾听问题,并注意语音语调和肢体语言。面试结束后可以表达感谢。

专业知识准备:提前了解自己所报名的夏令营项目,并针对性地准备相关知识和问题。熟悉自己所学的专业课程,并能够用英语流利地表达出来。

英语口语训练:夏令营面试中英语的使用比较广泛,需要提前做好英语口语的准备。可以通过模拟面试、口语练习等方式提高自己的英语口语能力。

综合素质展现:在面试中要展现自己的综合素质,包括学习能力、思维能力、沟通能力、领导能力等。可以通过自己的经历、成就和荣誉来证明自己的综合素质。

心态调整:夏令营面试中可能会遇到各种情况,需要保持冷静和自信。不要紧张,调整好心态,积极应对面试中的挑战。

提前了解学校和专业:在面试前要提前了解自己所报名的学校和专业的相关信息,包括学校的历史、文化和特色专业等。这样可以更好地展示自己对学校的兴趣和适应性。

3. 夏令营后续工作

夏令营结束时,一些高校会根据学生的表现情况,发放预录取通知书或者评选出"优秀营员"。一般来说,获得预录取通知书的学生已经基本确定保研资格,只需要在后续的推免系统中填报该学校即可。

而"优秀营员"则是指招生院校设置一定的评选机制,根据参营学生的学术水平、英语水平、综合素质、夏令营活动表现等方面,评选出一些"优秀营员"。一般而言,"优秀营员"相当于通过了所有的推免考核环节,与获得预录取通知书相同。

保研案例

但有些夏令营评选出的"优秀营员",还需要参加招生院校九月的正式推免考核,与未获得"优秀营员"称号的学生相比,会在同等条件下获得优先录取的机会。

三、出国读研方向

升到大三,除了学好专业课,稳住绩点,尽可能努力提升各科成绩外,下定决心选择出国读研的同学必须开始为出国做准备了。

由于每个国家和学校的具体流程和要求可能有所不同,因此下述出国读研的时间节点仅供同学们参考。在实际操作中,建议同学们根据申请的目标学校和项目的具体要求,制订详细的申请计划,并随时关注学校的通知和要求,以确保申请过程的顺利进行。

(1)选校与定专业(1—3月,大三下学期)

根据个人兴趣、背景和目标,选择适合的目标学校和专业;研究学校的排名、课程设置、师资力量等。

(2)准备申请材料(3—6月,大三下学期)

撰写个人陈述和简历;联系教授或导师获取推荐信;准备成绩单、语言成绩证明(如托福、雅思等);准备其他可能的材料,如研究计划、作品集等。

(3)网上申请(7—12月,大四上学期)

按照学校要求,在线填写申请表格;上传或邮寄申请材料;注意申请截止日期,确保按时提交申请。

(4)等待录取通知(1—4月,大四下学期)

耐心等待学校的录取通知;及时查看并回复学校的邮件,确认录取意向。

(5)选择学校与收录取通知(4—5月,大四下学期)

根据录取通知和个人偏好,选择最终要就读的学校;确认录取并接受学校的录取通知。

(6)缴纳学费与确认入学(5—6月,大四下学期)

按照学校要求缴纳学费或定金;确认入学,并接收学校的入学通知和入学材料。

(7)签证申请(6—8月,大四下学期)

准备签证申请所需的材料,如护照、签证申请表、录取通知书、财务证明等;预约签证面试(如需要);前往领事馆或大使馆进行签证申请;等待签证审批结果。

(8)行前准备与出发(8—9月,拿到毕业证后)

购买机票、预订住宿。准备行李,包括必需品、学习用品等。购买旅行保险(如需要);安排接机服务(如需要);出发前往留学国家。

(一)确认出国读研费用有保障

对于我们每一位选择继续深造的同学来说,出国读研都是一个大事件,而留学费用支出是出国的根本条件。"兵马未动,粮草先行"说的就是这个道理。我们要清醒地认识到出国读书费用是一笔不小的开销,在你决定出国留学之前,一定要和家里人沟通确认好,家里是否支持你出国读研,是否有足够的经济实力能支持你出国读研的计划,提前准备好充足的留学费用,做好资金规划。

出国读研费用参考

确认出国读研,那随之而来的经济支出就包括:考语言费用、申请学校费用、中介费用(按需选择)、交通费用、住宿费用、学费、生活费等。而其中占大头的,就是每年的学费和生活费。

(二)筛选申请学校和专业

出国读研第一步便是选择学校和选择专业。通过对自己学历、资金、年龄、工作经历、能力、资质等方面的综合评估,结合自己的兴趣和背景以及未来的职业规划确定自己要留学的院校和专业。

通常情况下,学校的选择基于以下几个因素:学术声誉、地理位置、项目和课程、费用以及奖学金机会等。你可以通过学校的官网了解学校的概况、院校排名、课程设置、关于你所选择专业的教学资源和研究水平等。在大二篇中已详细介绍,此处不再赘述。

(三)准备语言考试

许多国家要求申请研究生课程的留学生参加标准化考试,通过托福、雅思、GRE、GMAT等考试的成绩来检测申请者的语言水平、学术能力和思维能力等。许多国家和高校对这些成绩有一定的要求,申请者需要达到一定的分数线才能被考虑录取。特别是对于一些竞争激烈的留学项目,高分成绩可能会成为申请者的优势。

1. 如何准备语言考试

(1) 根据目标国家要求选择合适的考试类型

不同的国家和学校对语言成绩的要求不同,因此需要先了解目标国家的语言成绩要求,包括考试类型和成绩标准等。根据目标国家的语言成绩要求,同学们可以根据自己的情况选择其中一种适合自己的考试。

(2) 制订备考计划

备考语言考试需要制定详细的计划,包括备考时间、复习内容、做题量等。可以根据自己的实际情况和考试时间,制定每天、每周、每月的复习计划,确保按计划进行备考。

(3) 参加培训课程或自学

备考语言考试可以通过参加培训课程或自学两种方式进行。如果自己英语水平较差,可以选择参加培训课程,通过系统的学习和培训提高自己的语言水平。如果自己英语水平已经达到一定水平,可以尝试自学备考,通过阅读、听力、口语练习等方式提高自己的语言能力。

(4) 多做模拟试题

做模拟试题是备考语言考试的重要环节,可以帮助考生熟悉考试形式和题型,提高答题技巧和应试能力。可以从官方网站或备考资料中获取模拟试题,多做练习。

(5) 报名和参加考试

准备语言考试需要提前报名并参加考试。要关注考试时间和报名截止日期,以免错过考试机会。同时,要注意考场规定和要求,确保自己符合考试资格和要求。

(6) 有必要适当刷分

由于很多院校有最低录取分数要求,如果语言考试成绩不理想,不要气馁。要保持积极的心态,重新备考,争取考出更好的成绩。

2. 几种语言标准化考试比较

托福(TOEFL):托福考试主要评估申请者的英语能力,包括听力、阅读、写作和口语。一般来说,申请美国、加拿大、澳大利亚等英语国家的研究生课程,需要提供托福成绩。托福成绩的满分是 120 分，一般而言，如果要申请排名较前的学校，托福成绩最好达到 90 分以上。在难度方面，托福的难度相对较高，主要表现为听力部分的语速较快，且涉及的词汇量较大。

雅思(IELTS)：雅思考试也广泛用于评估申请者的英语能力，更注重生活场景和学术场面的英语应用能力。包括听力、阅读、写作和口语。英国、澳大利亚、加拿大等国家的大学也接受雅思成绩作为申请材料之一。一般来说，申请研究生课程要求达到 6.5 分以上，部分专业可能要求更高。相比托福，雅思的听力部分难度相对较低，但阅读部分难度较大，因为涉及的词汇量较多。

GRE：GRE 考试是申请美国和加拿大的研究生项目时需要提供的标准化考试成绩。GRE 考试主要评估申请者的逻辑推理、数学和分析能力。一般来说，申请排名较前的学校，GRE 成绩最好达到 320 分以上。

GMAT：GMAT 考试主要用于申请商学院的研究生项目，评估申请者的逻辑推理、数学和分析能力。一般来说，申请排名较前的商学院，GMAT 成绩最好达到 700 分以上。

3. 如何备考托福

为了备考托福考试，以下是一些建议。

(1)制订合理的复习计划

备考托福需要有一定的时间投入，建议考生制订一个合理的复习计划，根据自己的时间安排和英语水平进行有针对性的复习。

(2)提高听力水平

托福的听力部分是托福考试中的重要组成部分，主要测试考生在学术环境下的听力理解能力。比如会模拟真实的学术环境和日常生活中的场景，涵盖了学术讲座、课堂讨论、对话等不同类型的听力材料，内容又会涵盖社会科学、自然科学、人文科学等不同领域的内容。为了顺利通过托福听力考试，建议同学们多听英语材料，练习听懂各种口音和话题，包括学术讲座、新闻报道和电影对话等。同时，还需要熟悉各种题型和解题技巧，进行大量的模拟练习，提高自己的应试能力。

托福听力部分的题型主要有以下几种。

短对话题：这种题型涉及两个人之间的对话，通常涉及日常生活中的场景或学术话题。问题通常是关于对话中的主要内容或某个具体细节。

长对话题：这种题型通常涉及一段较长的对话，可能是一个课堂讨论或讲座的节选。问题通常是关于讲座或讨论的主题、主要观点或某个具体细节。

篇章理解题：这种题型通常是一篇较长的文章，可能是一篇学术讲座的录音或一篇说明文。问题通常是关于文章的主题、主要观点或某个具体细节。

多选题：这种题型通常涉及多个选项，考生需要从选项中选出与听力材料内容相符的答案。问题可能涉及听力材料中的主要内容或某个具体细节。

配对题：这种题型通常会给出多个名词或短语，考生需要根据听力材料的内容将它们进行配对。问题可能是要求考生找出某个特定名词或短语在听力材料中出现的次数或位置。

排序题：这种题型通常会要求考生根据听力材料中描述的事件或流程进行排序。问题可能是要求考生排列出一个正确的流程或时间顺序。

表格题：这种题型通常会提供一张表格，表格中列出了多个信息点，考生需要根据听力材料的内容填写表格中的信息。问题可能是要求考生填写某个具体的信息点或总结出某个表格中的信息点。

(3) 提高口语和写作技巧

托福考试的口语和写作部分考查的是考生的表达和组织能力，因此需要提高相应的考试技巧。

口语部分：口语部分共有 6 道题目，包括 2 道独立回答题和 4 道综合题。独立回答题要求考生就某一话题阐述自己的观点，而综合题则要求考生先读一段文章，再听一段文章，然后陈述两段文章在思想内容上的联系。

写作部分：写作部分包括独立写作和综合写作两种题型。独立写作要求考生在 30 分钟之内就某一话题阐述自己的观点，字数要求为 300 字以上。综合写作则要求考生先阅读一篇文章，再播放一段与文章有关的课堂演讲，随后要求考生在 20 分钟内写一篇作文，阐述两段文字在思想上是如何联系的。

建议考生多练习口语表达，包括模仿和跟读等，同时多写不同类型的文章，提高自己的写作速度和表达能力。

(4) 阅读理解能力培养

托福阅读文章的题材广泛，涉及自然科学、社会科学、人文学科等多个领域,文章类型包括说明文、议论文和新闻报道等。这些文章通常具有高度的学术性,需要同学们具备一定的学术词汇量和背景知识。托福阅读部分的文章数量较多,需要在有限的时间内完成阅读并回答相关问题。因此,同学们需要具备良好的时间管理能力,需要培养快速阅读和理解能力,在保证答题质量的同时,尽可能提高阅读速度。

建议考生在备考期间多阅读学术性文章,提高自己的阅读理解能力和学术词汇量。同时,还需要熟悉各种题型和解题技巧,进行大量的模拟练习,提高自己的应试能力。模拟考试可以帮助考生了解自己的备考情况和找出自己的不足之处。

4. 如何备考雅思

为了备考雅思考试,以下是一些建议。

(1)听写训练

雅思听力考试注重实际的语言运用能力,考生需要在备考过程中全方位提高自己的英语水平,包括词汇积累、听力训练、口语训练等。在备考雅思听力时,听写训练是一种有效的学习方法。

考生可以选择适合自己英语水平的听力材料,确保所选材料的语言难度适中,不要选择过于简单或过于困难的材料。可以是雅思样题的录音,或者一些英语新闻、讲座、电影片段等。将整个听力材料分成若干个段落,逐一进行听写。这样可以帮助你更好地理解和掌握每个段落的内容,加深对听力材料的理解。在听写过程中,注意捕捉每个单词、短语和语调的变化。这些细节信息往往对于理解整个句子或段落的意思至关重要。对于难以听懂的段落或句子,可以反复播放,直到完全理解并写下所有的细节信息。完成听写后,与原文进行核对,找出错误和遗漏的地方,分析错误的原因,并加以改进。

听写训练需要持续的练习和坚持。每天抽出一定的时间进行听写训练,可以帮助你保持对英语语言的敏感度,提高听力水平。平时可以与其他备考雅思的学习者交流,分享彼此的听写经验和技巧,互相促进,共同提高。

(2)勤加练习,提升阅读理解能力

雅思阅读部分文章题材广泛,包括社会科学、自然科学、人文科学等各个领域,这要求考生有较为广泛的阅读兴趣和知识储备。文章的长度在2 000—

2 750字之间,考生可以通过大量阅读英文文章、书籍、杂志等提高阅读速度和阅读能力。

雅思阅读部分题型多样化,包括选择题、判断题、填空题、匹配题等多种题型,这要求考生对各种题型都有所了解并掌握相应的解题技巧。例如,对于判断题,考生需要根据文章内容判断题目的正确性;对于填空题,考生需要填写正确的单词或短语。

雅思阅读部分对词汇量的要求较高,考生需要掌握一定的词汇量,注意词汇积累,特别是对于一些专业领域的词汇,更需要深入了解。

考生可以多进行模拟练习,通过模拟考试来检验自己的备考情况,熟悉考试流程和时间管理。在练习时,考生需要合理安排时间,根据题目的难易程度和分值大小合理分配时间,确保能够在有限的60分钟内完成所有题目。同时,也可以通过模拟练习来提高自己的答题技巧和应变能力。

(3)全方位提高英语水平和写作技巧

雅思写作部分主要测试考生在学术环境下的写作能力,包括议论文、说明文、应用文等类型。

雅思写作考试时间有限,考生需要在规定时间内完成两篇作文,其中一篇是图表说明文,另一篇是议论文或说明文。不仅要求文章结构清晰、逻辑严谨,还要求内容切题、深入、有创新性。雅思写作对语言的标准非常高,要求考生具备丰富的词汇和句型,语言表达自然流畅,同时要避免语法和拼写错误。此外,写作中还需注意文化差异。

备考雅思写作部分,可以从以下几个方面着手。

提高语言基础:扩大词汇量,熟练掌握常用句型和语法知识,提高语言表达的准确性和流畅性。

了解题型和评分标准:熟悉雅思写作的题型和评分标准,了解不同类型作文的写作要求和技巧。

阅读范文:多读优秀的范文,学习范文的写作技巧和表达方式,逐渐培养自己的写作风格和思维方式。

模拟练习:进行大量的模拟练习,包括图表说明文、议论文和说明文等不同类型的作文。在练习中要注意控制时间,提高写作速度。

反馈和修改：请老师或同学对自己的作文进行反馈和修改，找出自己的不足之处并加以改进。同时也可以参考他人的作文，取长补短。

注意逻辑结构：在写作时要注意文章的结构和逻辑性，合理安排段落和布局，使文章更加易于阅读和理解。

关注社会热点：了解当前的社会热点问题，关注时事新闻和趋势，为写作积累素材和观点。

（四）准备申请材料

一旦确认了学校和专业，就可以开始准备申请材料了。目标院校的官网会提供具体课程的申请材料要求，除申请表外，通常还包括：个人简历、动机函或个人陈述、推荐信（两封）以及加盖有效印章的证明材料，比如学历学位证明、成绩单、语言证明、工作经验证明（若有）、健康证明、财力证明等，另外个别专业课程会要求提供 GRE 或 GMAT、作品集等辅助材料。

1. 申请材料要件解释

个人简历：个人简历需要包括你的教育背景、工作经历（如果有的话）、实习经验、研究成果、获奖情况等。

动机函：这是向学校展示你的才能和志向的重要手段。你需要在其中阐述为何选择该专业，出国学习的目的和专业计划，以及为何认为自己能够完成这个专业的学业。该文长度应在 500—1 000 字，一定要充分向人展示出你的学术成就、学术观点、智慧和所具备的其他独特才能。内容真实、诚恳、具体，文章语言表达清楚流畅，尽量避免低级语法错误。

个人陈述：撰写个人陈述，介绍自己的背景、兴趣、学术目标等，展示个人特点和优势。

推荐信：大多数出国读研的学生需要提供两至三封推荐信。推荐信可以来自你的老师，他们可以从专业角度为你的能力和资质进行背书。

语言证明：提供符合要求的托福/雅思/GRE 等语言考试成绩单，证明自己的语言能力。

学术材料：整理大学期间的成绩单、获奖证书、科研成果等学术材料，证明自己的学术能力和潜力。

其他材料：根据学校和专业的要求，准备其他相关的申请材料，如护照复印件、艺术作品集等。

当你准备好所有的材料后，你就可以开始通过学校的官网或者统一的申请平台提交你的申请了。

2. 准备申请材料注意事项

在准备申请材料的过程中，建议注意以下事项。

（1）提前了解目标学校和专业的具体要求，确保申请材料的完整性和准确性。

（2）与教师或导师保持良好的沟通和关系，争取获得有力的推荐信。

（3）个人陈述要真实、有针对性，突出自己的特点和优势，避免套话和空洞的内容。

（4）注意申请材料的格式和排版，保持整洁和美观。

（5）提前准备并留出足够的时间进行申请材料的准备和修改，确保在申请截止日期前完成提交。

四、考公考编方向

在大二篇，我们已经初步介绍了一些公务员考试的概念、国考省考的区别、选调等基础知识。进入大三，相信很多同学已经基本决定考公务员了。虽然考公不像考研，需要历时一年之久的备考，但是考公的难度相比考研也并不会降低多少，立志考公的同学也还是要非常认真地对待。

据国家公务员局数据，2024年国家机关公务员考试实际参加考试的人数为225.2万人，实际参加考试的考生与录用计划数之比约为57∶1，这意味着每57名考生中，只有1人能够被录用。同时，竞争最热的前十个岗位的报录比都超过了1 700∶1，其中最热门的职位报录比达到了惊人的3 572∶1。最终进入面试环节的有11.564万人，拟录用3.96万人，最终录用的人数大约为3.85万人。

预计2024—2025年考公考编时间

表 3—1　　　　2020—2024 年国家公务员考试报名人数统计数据

年份	招考职位（个）	招录人数（人）	审核通过（人）	参考人数（人）	招录比
2020	13 849	24 128	111 000	965 000	40∶1
2021	13 172	25 726	359 000	1 017 000	40∶1
2022	16 745	31 242	2 123 000	1 422 000	46∶1
2023	17 655	37 000	1 948 000	1 525 000	41∶1
2024	18 948	39 561	2 613 000	2 252 000	57∶1

这些数据展示了近几年公务员国考的高竞争性和选拔的严格性。立志考公的同学要想在庞大的竞争人群中脱颖而出，不仅需要扎实的专业知识，还需要良好的应试技巧和心态。考公是一个需要明确目标、制订计划、付诸实践的过程。以下是一些建议，帮助你在大学三年级高效备考公务员。

(一)公务员备考宜早不宜晚

众所周知，国家公务员考试选拔的是从事公共管理、服务的各级机关工作人员。公务员选拔对考生掌握的知识点和综合素质要求较高，需要考生具备扎实的综合素质、行政能力、专业知识，以及了解社会热点和时事政治和具备解决问题的能力等，这些要求都需要长期的积累和准备。

公务员考试涉及的知识面非常广泛，包括政治、法律、经济、管理等多个领域。要深入理解各个知识点，全面掌握这些知识，建立相对完整的知识体系，需要花费大量的时间和精力。

而且公务员考试不仅要求考生掌握理论知识，还需要具备分析问题、解决问题的能力。公务员日常工作中往往涉及复杂的社会问题，需要考生运用所学的知识和方法进行分析，进而提供合理科学的解决方案。这些能力的培养，都需要考生通过大量的模拟题和真题练习，长时间的准备才能够逐步学习、提升。

公务员考试竞争激烈，每年的报名人数都在不断增加。提前备考既可以让考生有更多的机会了解自己的优势和不足，从而制定更有效的备考策略，又可以让考生更早地进入备考状态，减轻竞争带来的压力。

(二)大三备考公务员的基本步骤

1. 了解考试内容、形式

在制订备考计划前,首先要深入了解公务员考试的内容、形式和要求。通过阅读考试大纲、历年真题和模拟题,了解各科目的考点、题型和难度,为备考计划的制订提供基础。

2. 评估自身实力和水平

可以通过裸考历年真题、自测、模拟考试等方式,了解考试的难易程度,客观评估自己的实力和水平,明确自己的优势和劣势,找出自己的薄弱环节,为备考计划的制订提供依据。

3. 合理规划,制订备考计划

根据考试内容和自己的实际情况,制订详细的备考计划。备考计划应该包括每天的学习任务、复习进度和模拟考试等。合理规划时间,将备考时间分阶段划分,为每个阶段设定具体的任务和目标,将学习任务划分为不同的模块,并为每个模块分配相应的学习时间。确保计划既具有挑战性又实际可行。当然,在备考过程中,可能会遇到一些意外情况或变化,需要及时调整备考计划。

4. 关注时事热点

公务员考试往往涉及当前时事和热点问题。因此,日常学习过程中需要关注国内外时事新闻和政策动态,了解最新的社会热点、时事政治等。可以通过阅读新闻、关注政府部门的政策文件、参加时事热点讨论等方式,来提高自己对时事热点的关注度和分析能力。同时,也可以多做一些与时事热点相关的练习题和模拟题,提高自己的应试能力。

公务员考试中时事热点的考察通常通过多种方式进行,以下是一些具体的例子。

(1)选择题或判断题:考试中可能出现给定一段时事新闻或热点事件,然后要求考生选择或判断与该事件相关的正确信息或观点。

(2)简答题或论述题:这类题目可能要求考生对某个时事热点进行简要描述,或者对某个事件进行分析和评论。考生需要展现对事件的理解、分析能力和批判性思维。

（3）案例分析题：考试中可能出现一个具体的时事热点案例，要求考生根据案例内容进行分析，提出解决方案或建议。这种方式能够测试考生对时事热点的深入分析能力。

（4）作文题：有时考试会要求考生根据某个时事热点或社会问题写一篇文章，展示自己的观点和分析。这种方式能够全面考查考生的写作能力、思维逻辑和对时事的敏感度。

（5）综合应用题：在综合应用题中，时事热点可能作为背景材料出现，考生需要结合时事热点分析解决实际问题。这要求考生具备将理论知识应用于实际问题的能力。

例如，在2023年的国家公务员考试中，有一道论述题是关于"数字经济对传统产业的影响及应对策略"，这就涉及当前的时事热点——数字经济的发展及其对传统产业的冲击。考生需要分析数字经济的趋势、影响，并提出针对性的应对策略。

考生需要密切关注国内外新闻，了解时事热点和社会动态，同时加强对相关政策的学习和理解。这样，当考试时遇到与时事热点相关的问题时，考生就能够更加从容地应对，展现出自己的分析能力和综合素质。

5. 留出足够的时间进行模拟考试和真题练习

模拟考试是检验你备考效果的有效方式。你可以参加一些模拟考试，熟悉考试环境和流程。通过模拟考试和真题练习，熟悉考试题型和答题技巧，检验自己的备考效果，找出自己的不足之处，及时调整备考策略。同时，注意掌握答题时间，学会取舍和优化答题顺序。

五、前期就业准备

在大三阶段，如果确定直接就业的同学可以在此期间申请一份与专业对口或者感兴趣的暑期实习，全身心投入实习工作中，在实习中检验所学，在锻炼中提升能力，在体验中修正方向。

（一）暑期实习的目的与意义

寻求一份专业对口的暑期实习工作对于马上到来的求职就业具有非常重

要的现实意义。

1. **了解行业和职业**：通过暑期实习，同学们可以更深入地了解自己所学专业的行业和职业特点，包括工作内容、行业发展趋势、职业发展路径等。这种了解能够帮助学生更好地规划自己的职业发展路径，选择适合自己的职业方向。

2. **明确职业规划和目标**：在暑期实习中，学生可以发现自己擅长的领域和不足之处，进而明确自己的职业规划和目标。这种明确的目标能够帮助学生更有针对性地进行职业准备和实践，提高自己的职业发展效率。

3. **提升职业技能和经验**：通过专业对口的暑期实习，学生可以在实际工作环境中应用所学的知识和技能，提升自己的职业技能和经验。这种实践经验对于学生未来的求职就业非常重要，能够让学生更具有竞争力。

4. **建立人脉关系**：在暑期实习期间，学生有机会与同事、上司和业界专家建立联系，扩展自己的人脉关系。这些人际关系对于学生未来的求职就业非常重要，能够为学生提供更多的机会和资源。甚至可能凭实习期间的优异表现，获得同事内推，提前锁定实习单位的招聘名额。

5. **增加就业竞争力**：在求职过程中，有实习经历的学生往往更受到雇主的青睐。专业对口的暑期实习经历能够帮助学生更好地展示自己的能力和技能，提高被录用的概率，让学生更具有求职竞争力。

(二) 寻找暑期实习的基本流程

大三、大四之间的暑期实习十分重要，可能直接与后面的就业相关，应将此次实习定位为自己的职业发展做的定向测试。

如何寻找一份高含金量的暑期实习呢？

1. **确定方向**：根据所学专业或个人特长和喜好确立一个择业规划，确定自己的求职方向，选择目标实习单位。目标明确了，一身所学得到检验与提升，你的实习经历才能转化为就业时的优势。

2. **搜索信息**：在各大招聘网站、学校就业官网、企业官网上浏览企业发布的暑期实习信息。许多企业会在每年 4—6 月进行暑期实习岗位的招聘，所以想要寻求暑期实习的同学可以提前准备，积极寻找暑期实习的相关信息。学长学姐手上的资源也不要忽视，他们曾经的实习企业与岗位很大可能就是你的去向。

3. **制作简历**：简历是招聘者对求职者的第一印象，一份优质的简历可以成功地把自己推销出去。制作简历时我们要注意以下几点：简洁明了、表达清晰、定位准确、突出重点、逻辑流畅、用数据说话。

4. **投递简历**：投递简历的方式主要有三种：网络申请、邮箱投递和问卷申请。

5. **参加面试**：根据岗位性质，安排的面试可能会在1～3场不等。面试流程大致分为以下三步：自我介绍、问答环节、提出问题。面试官会根据你的回答判断你是否符合公司招聘人才的标准。

6. **拿到录取通知**：面试通过后，公司决定录用你时，招聘者会通过邮箱给你发录取通知，拿到录取通知即代表你成功拿到了实习岗位。

7. **协商上岗时间**：拿到录取通知后，可以与公司协商上岗时间，双方达成协议之后，根据协商好的时间按时上岗即可。

(三)寻找实习的主要途径

大三、大四之间的暑假实习可以通过多种途径寻找，以下是一些常见的途径：

1. **招聘网站和App**：例如智联招聘、前程无忧、应届生网、拉勾招聘等，用人单位会在这些平台上发布各类实习招聘信息，需要申请实习的同学可以根据自己的需求在这些平台上搜索合适的实习岗位并进行申请。

2. **企业官网**：一些大型企业会在自己的官网上发布暑期实习信息，可以关注心仪企业的官网，及时了解最新的实习招聘信息。

3. **内推**：如果有认识的学长学姐已经在一些公司工作，可以请他们帮忙内推，一般来说，内推的面试成功率会更高。

4. **高校就业指导中心**：很多高校就业指导中心会有一些实习机会，可以关注学校的相关通知，或者直接去就业中心咨询。

5. **线下或线上的实习招聘会**：有时候学校或者一些机构会组织招聘会，可以多留意这方面的信息，参加一些相关的招聘会，积极投递简历。

6. **微信公众号和社交媒体**：一些微信公众号和社交媒体上也会发布实习招

聘信息,可以通过这些渠道了解相关信息并进行申请。

(四)实习简历的制作

在众多求职者中,一份好的简历往往能够吸引招聘者的注意。简洁明了的格式、重点突出的内容、使用关键词等技巧,能够让你的简历脱颖而出,带来更多的面试机会,从而提高求职成功率,增加被录用的机会。

简历模板

招聘者可以通过简历中描述的实习经历、校园经历、技能与证书等,了解实习生的实际能力和对专业知识的掌握程度,更好地评估其实践能力和解决问题的能力。

下面为同学们介绍一下简历的基本结构和内容、制作简历的注意事项等。

1. 简历的基本结构和内容

(1)个人信息:包括姓名、联系方式(如电话号码和电子邮箱)、现居住地、求职意向(如应聘的职位和工作地点)等。

(2)教育背景:按照时间倒序排列,包括学校名称、专业、入学和毕业时间等。如果还没有毕业,可以注明预计的毕业时间。

(3)实习经历:详细列出曾经参与过的实习或相关工作经验,包括实习单位、职位、实习时间以及实习期间的主要工作内容和成果。这部分是简历的重点,需要详细描述,以体现你的实践能力和对专业知识的掌握程度。

(4)校园经历:如参加过的社团、比赛、项目等,这些经历可以展示你的团队合作能力、领导能力等。

(5)技能与证书:列出你掌握的专业技能和其他技能,如语言能力、计算机技能等。如果有相关的证书,如英语四六级证书、专业技能证书等,也可以在此部分列出。

(6)自我评价:简短地描述自己的性格特点、优点和职业规划,让招聘者更好地了解你。

2. 简历制作注意事项

(1)简洁明了:简历要简洁明了,避免冗长和复杂的描述。每部分的内容都要有明确的标题,方便招聘者快速浏览。

(2)突出重点：根据应聘的职位，突出相关的实习经历和技能。对于与职位无关的内容，可以适当省略。

(3)使用关键词：在描述实习经历和技能时，使用行业或职位相关的关键词，以增加简历的吸引力。

(4)格式统一：简历的格式要统一，字体、字号、颜色等要保持一致。避免使用过于花哨的字体或颜色，以免影响阅读。

(5)避免错误：在制作简历时，要仔细检查，避免出现错别字、格式错误等问题。一份整洁、规范的简历会给招聘者留下良好的印象。

3. 实习简历的加分亮点

(1)强调实践能力：在暑期实习简历中，要特别强调自己的实践能力，如参与过的项目、实习期间的具体工作内容和成果等。

(2)展示学习能力：由于是在校学生，招聘者会比较关注你的学习能力。因此，在简历中可以提及自己的学习成绩、获奖情况等，以展示自己的学习能力。

(3)突出时间管理：暑期实习通常时间较短，因此招聘者会比较关注你的时间管理能力。在简历中，可以提及自己如何平衡学习、实习和生活等，以展示自己的时间管理能力。

(五)投递实习简历的要求

在投递简历时，需要注意格式、文件名、邮件主题和正文等方面的要求，以确保简历能够被顺利接收并被关注。以下是一些常见的简历投递格式要求。

1. 文档格式：我们投递简历大多选择将 PDF 格式或者 Word 格式的简历以附件的形式发送给招聘方，这样方便招聘方下载、使用。PDF 格式是一种常用的文档格式，可以确保简历的排版和格式不会在传输过程中发生变化。在发送 Word 格式的简历时，建议使用"简洁"或"一页纸"的格式，避免因为格式过于复杂而导致阅读不便。

2. 邮件正文：在邮件正文中简要介绍自己的应聘职位和姓名，同时表达对招聘职位的兴趣和自己的优势，以便招聘方更好地了解自己的求职目的和背景。

3. 附件：如果选择将简历作为附件发送，要确保附件的文件名和邮件正文中的文件名一致,同时注意检查附件是否已成功添加到邮件中。

在投递简历时,还需要注意以下几点。

文件名:将简历文件命名为自己的姓名和应聘职位的名称,以便于招聘方更好地识别、下载、管理。

邮件主题:在邮件主题中简要说明自己的应聘职位和姓名,以便招聘方更快地了解邮件内容。

邮件正文尽量不要直接粘贴简历内容:由于各电脑显示器分辨率、尺寸等原因,在你自己电脑上看起来简洁明了、条理清晰的简历内容,很容易出现证件照错位,表格跳行错行等意外情况,影响简历的美观,而且也不利于招聘方下载使用。

(六)实习面试

在简历通过后,就是面试了。投递简历时很多同学会抱着"广撒网,多敛鱼,择优而从之"的心态多家投递,这也无可厚非,谁也不能保证心仪的单位一投就中。这里要建议同学们的是,在手机中建一个备忘录或者准备一个笔记本或者一张纸,详细登记你所投递的单位、岗位、投递时间、投递简历的版本等信息,这样在招聘单位打电话过来通知面试的时候能够及时、准确地做出回应。

面试是求职者展示自己能力和潜力的重要机会,同学们面试时也需要掌握一些技巧和要求,并注意一些事项。

1. 面试要求

(1)熟悉简历:面试前要确保自己对应聘的岗位和简历内容非常熟悉。这样,当面试官提到相关经历或技能时,可以迅速、准确地做出回应。

(2)着装得体:虽然是实习岗位,但面试时仍需保持专业、得体的着装。避免过于休闲或过于正式的装扮,以展现对面试的重视和尊重。

(3)准时到达:尽量提前到达面试地点,这既是对面试官的尊重,也体现了自己的职业素养和时间管理能力。

2. 面试技巧

(1)充分准备:在面试前,对应聘的单位和岗位进行深入了解,包括单位的文化、业务、发展前景等,以及岗位的具体职责和要求。同时,回顾自己的简历和求职信,确保能够清晰地阐述自己的经历和能力。

(2)清晰表达:在面试过程中,要保持清晰、流畅的表达。对于面试官的问题,要准确地理解并给出有针对性的回答。同时,也要注意控制语速和音量,保持自信、自然的态度。

(3)展示能力:通过具体的例子和经历来展示自己的能力和潜力。例如,可以分享自己在实习或学习中的具体项目经验,以及在这些项目中如何解决问题、实现目标等。

(4)积极互动:在面试过程中,不要害怕与面试官进行互动。可以就岗位或单位的一些问题提出自己的见解和疑问,展现对岗位和单位的关注和热情。

3. 注意事项

(1)保持自信:面试时要保持自信的心态,相信自己能够胜任这个岗位。即使遇到不会的问题或不确定的答案,也要坦诚地表达自己的想法和态度。

(2)注意礼仪:在面试过程中,要注意基本的礼仪和礼貌。例如,进入面试房间时敲门、与面试官打招呼、离开时表示感谢等。

(3)避免负面语言:在面试过程中,要避免使用负面语言或表达消极情绪。例如,不要抱怨前一份实习或学习的经历,而是着重展示自己从中学到的经验和教训。

(4)提问环节:面试最后通常会有提问环节,这是展现自己对单位和岗位关注的好机会。可以提前准备一些与岗位或单位相关的问题,以显示自己的热情和主动性。

第二节　继续提升学习

大学三年级是专业学习的关键之年,是考研、保研、出国的准备之年,是能力、素质的提升之年。大学三年级抓好学习至关重要,不仅关系到个人的学业发展和未来的职业规划,也是培养自身综合素质和提升竞争力的重要时期。同学们应该珍惜这段时间,刻苦学习,努力提高自己的学术水平和综合素质。

一、学好每门课,提升专业排名

学习方面,随着教学进度的深入,核心专业课程逐渐增多,同学们需要花费更多的精力与时间专注于所学专业的核心课程,完成必修和选修课程,掌握扎实的专业知识,确保学术能力符合培养计划。并努力争取提升绩点和专业排名,为以后的保研、出国或者就业打下坚实的基础。

大学三年级是提高专业排名和学好专业课的关键时期。以下是一些具体的建议,帮助你实现这两个目标。

(一)提高专业排名

深入学习专业课程:专业课程是评估专业排名的重要依据,因此你需要投入更多的时间和精力来深入学习这些课程。这里,尤其要重视学分高的课程。通常情况下,学分高、绩点占比大的课程,在学习得法、考试顺利的情况下可以大幅度提升绩点,赶超同专业同学。

积极参与学术会议、研讨会和研究项目等活动:不仅可以拓宽你的学术视野,还可以提升你的学术能力。这些活动通常会为你的学术成果和贡献提供机会,从而有助于提升专业排名。

建立良好的学术声誉:通过发表高质量的学术论文、参与重要的研究项目或获得重要的奖项等方式,可以建立良好的学术声誉。这将对你的专业排名产生积极的影响。

(二)学好专业课

制订合理的学习计划:确保你有足够的时间来预习、学习和复习专业课程。制订一个明确的学习计划,并按照计划执行,可以帮助你更好地掌握课程内容。不要羡慕临阵磨枪、考前突击的同学,虽然有些人可能也能取得不错的成绩,但终究还是会存在较大的风险,远远没有认真复习来的踏实稳妥。

积极参与课堂互动:在课堂上积极参与讨论和提问,与教师和同学交流观点和经验。这不仅可以提高你的学习效率,还可以培养你的批判性思维和沟通能力。

寻求帮助和支持：如果你遇到学习困难或问题，不要犹豫，及时向教师、同学或辅导员寻求帮助。他们可以为你提供指导、解答疑惑，帮助你克服学习障碍。

培养良好的学习习惯：养成良好的学习习惯，如定期复习、整理学习笔记、参加学习小组等，可以提高你的学习效率和质量。这些习惯将帮助你更好地掌握专业知识，提升学习效果。

二、按需刷高四、六级成绩

对于大多数同学来说，英语四级考试是一项必要且必须通过的考试。因为很多学校要求学生在毕业时必须通过大学英语四级考试，否则无法获得学位证书。

而在就业市场上，四、六级证书早已成为用人单位招聘人才的最基本要件。虽然很多学校没有将大学英语六级证书与毕业挂钩（一些涉外专业除外），但是在保研考研、出国留学、就业等方面又都与它产生关联。所以，同学们还是要认真对待，不管各大高校是不是把四、六级证书与学位挂钩，都要尽可能学好英语，努力备考，争取考取一个较高的四、六级分数，以适应这种需求，为自己以后就业、考研、保研、出国、找工作加份砝码。

三、考取教师资格证

教师资格制度是国家实行的法定职业许可制度。中国公民在各级各类学校和其他教育机构中专门从事教育教学工作，必须依法取得教师资格。教师资格证书由教育部统一负责印制，在全国相应的学校通用。除了另有规定的高校教师外，申请认定其他类教师要达到《普通话水平测试等级标准》二级乙等以上，有良好的身体素质和心理素质，无传染性疾病，无精神病史。根据教师资格证考试的相关规定，普通高等学校毕业及其毕业前一年级学生，以及在校全日制研究生，可凭学校学籍管理部门出具的在籍学习证明报考。

教师资格考试分为国家统考教师资格和省考教师资格考试。国家统考地区报名时间一般在1月和9月；省考教师资格考试，各地方不一样，一般在每年的下半年。

第三节　着手论文与科研

一、撰写发表论文

对于本科阶段的同学来说,想要在核心期刊上发表论文还是挺困难的一件事。但这并不影响大三学生撰写、投稿论文的热情。能争取发表最好,即使论文未能发表,仍然可以通过学术会议、研讨会等渠道与其他学者进行交流和合作。

(一)投稿论文

直接投稿或通过老师推荐投稿期刊:选择符合自己研究方向和需求的期刊,了解其投稿要求和流程,然后按照要求撰写论文并投稿。需要注意的是,选择期刊时要确保其正规性和学术性,避免被非法期刊或低质量期刊所蒙骗。

很多老师会拥有一些论文发表的渠道或认识期刊社的编辑,他们可能会推荐一些适合学生发表的期刊或提供投稿建议。因此,与老师保持良好的沟通和合作关系,对于论文的发表会有很大的帮助。

(二)学术会议/论坛论文

学术会议和学术论坛是学术界进行交流和研讨的重要平台,它们为研究者提供了展示最新研究成果、分享学术观点、建立学术网络的机会。在这些活动中,论文扮演着至关重要的角色,它们不仅是研究成果的载体,还是展示研究者学术水平的重要方式。参加与自己研究方向相关的学术会议或论坛,将自己的研究成果整理成论文,提交给相应的学术会议,如果论文被接受,作者就有机会在会议上宣读论文,与同行进行面对面交流,甚至参与深入讨论。学术会议论文通常要求具有较高的原创性和学术价值,内容应反映最新的研究进展或突破。如果研究成果得到认可,你可能会被邀请刊登论文到相关期刊或会议论文集中。

学术论坛论文与学术会议论文类似,但通常是在线或线下举行的专题论坛上发表的。这些论坛可能由学术机构、研究机构或专业组织举办,旨在探讨某一具体领域或主题。学术论坛论文的发表流程可能因论坛而异,但通常包括提交论文、经过同行评审、接受或拒绝等步骤。与学术会议论文不同的是,学术论坛论文可能更注重深入的理论探讨或实践应用,而不是单纯的实验结果展示。

(三)学术比赛获奖论文

学术比赛论文是指在学术比赛中提交的论文,通常是由学生或研究人员撰写,旨在展示他们在某个领域的研究成果或创新思想。高级别的学术比赛中,获奖论文往往具有创新性强、研究价值高、学术水平高等特点。这些论文不仅展示了参赛者在某个领域的深入研究和探索,还反映了他们在学术研究方面的潜力和实力。因此,这些论文往往能够获得更多的关注和引用,对参赛者的学术发展和职业生涯产生积极的影响。

(四)社会实践项目论文

社会实践项目论文是一种结合社会实践经验与实际问题的学术论文。它的主要目的是通过实践活动的经验总结,分析并解决问题,进而提出具有实际操作意义的建议和方案。社会实践项目论文是一种将理论知识与实践经验相结合的学术论文,它不仅需要作者具备扎实的理论知识,还需要具备丰富的实践经验。通过撰写社会实践项目论文,作者可以提升自己的研究能力、分析能力和解决问题的能力,为社会实践提供有益的参考。

最后需要强调的是,发表论文并不是唯一的目的,更重要的是通过研究和写作提高自己的学术能力和综合素质。

二、参与科研项目

(一)大三开展科研项目的意义

大三学生开展科研项目具有多重意义,这些意义不仅体现在学术和个人能力的发展上,还可以为未来的职业生涯打下坚实的基础。

1. **扩展深化专业知识**：参与科研项目的学生可以通过阅读文献、实验操作等方式，了解所研究领域的最新动态和实际应用，从而增强对专业的理解和认知，扩展和深化专业知识。

2. **培养科研兴趣与专业素养**：通过直接参与科研活动，学生可以更全面地了解专业的国内外发展动态，发现自己的研究兴趣所在。同时，科研过程中的实践和创新乐趣也能激发学生的专业兴趣，培养他们的专业素养。

3. **提升独立思考与解决问题能力**：科研项目需要学生自主探究、查阅文献、设计方案、采集数据、分析结果、总结归纳，这些过程有助于培养学生独立思考和解决问题的能力，对于未来的学术和职业生涯都非常重要。

4. **增强团队合作与沟通能力**：科研项目通常是团队合作的结果，学生需要与导师和其他团队成员密切合作，共同完成任务。这有助于培养学生的团队合作精神和沟通能力，学会处理各种关系，加强与他人沟通交流的能力。

5. **提高就业竞争力**：参与科研项目可以为学生提供宝贵的实践经验，加强研究能力，这在求职过程中具有很大的优势。许多雇主看重候选人的实践经验和研究能力，尤其是那些与所申请职位相关的经验。

6. **为未来的研究生生涯或学术研究奠定基础**：对于那些有志于继续深造或从事学术研究的学生来说，参与科研项目，熟悉科研流程和方法，积累研究经验，可以为他们未来的研究生生涯或学术研究奠定坚实的基础，而一篇高质量的科研论文更是参加保研夏令营、后续面试的重要加分项。

（二）大三如何开展科研项目？

作为大三学生，开展自己的科研项目并不是一件容易的事情。需要足够的耐心、坚强的毅力和不懈的努力，同时还需要一定的规划和准备。以下是一些步骤建议，希望能帮助你顺利开展科研项目。

1. **选择感兴趣的研究领域**：你需要选择一个你感兴趣的研究领域。这将有助于你保持对项目的热情和动力，同时也有助于你在未来职业生涯中更深入地探索该领域。

2. **寻找合适的导师**：寻找一个在你感兴趣的领域有丰富经验的导师是非常重要的。导师将能够为你提供指导、建议和资源，帮助你避免走弯路，更好地完成科研项目。

3. **制订研究计划**：在与导师讨论后，你需要制订一个详细的研究计划。这包括研究目标、方法、时间表、预期结果等。确保你的计划具有可行性和明确性，以便你能够按计划进行。

4. **参加相关课程和讲座**：参加与你研究领域相关的课程和讲座，深入了解该领域的知识和技术。此外，这些课程还可能为你提供与其他研究人员建立联系的机会，为你的研究项目提供更多资源和支持。

5. **积累实验和研究经验**：尽可能多地参与实验室工作、研究项目或实践活动，以积累实验和研究经验。这将有助于你更好地理解和执行你的科研项目。

6. **保持与导师和其他研究人员的沟通**：在研究过程中，保持与导师和其他研究人员的沟通是非常重要的。他们可以为你提供指导、解决问题，并帮助你更好地完成科研项目。

7. **撰写研究报告和论文**：在完成科研项目后，你需要撰写研究报告和论文。这将有助于你总结研究成果、展示你的研究能力，并为未来的学术和职业发展打下基础。

(三)如何参与老师的科研项目？

作为大三学生，参与老师的科研项目是一个很好的学习和实践的机会。以下是一些建议，可以帮助你成功地参与老师的科研项目。

首先，你需要寻找与你的兴趣和专业方向相符的科研项目。可以通过与你的专业课老师沟通、浏览学校的科研项目网站或参加学术讲座等方式来寻找合适的项目。

1. **了解项目要求和期望**：在决定参与某个科研项目之前，确保你了解项目的具体要求和期望。这包括项目的目标、研究内容、所需的时间和精力等。这将帮助你做出明智的决策，并确保你能够充分投入项目中。

2. **主动与老师沟通**：与老师进行积极的沟通是参与科研项目的重要一环。你可以向老师表达你对项目的兴趣，并询问关于项目的具体细节、所需的知识和技能等方面的问题。通过沟通，你可以建立与老师的良好关系，并获得更多关于项目的指导和支持。

3. **认真学习和准备**：参与科研项目需要一定的知识和技能储备。因此，你需要认真学习和准备与项目相关的知识和技能。可以通过阅读相关文献、参加相关课程或向其他研究人员请教等方式来提升自己的能力。

4. **积极参与并承担责任**：一旦你开始参与科研项目，就需要积极参与并承担相应的责任。这包括按时完成任务、与团队成员合作、参与讨论和决策等。通过积极参与，你可以获得实践经验，提升自己的能力和技能。

5. **及时反馈和沟通**：在参与科研项目的过程中，及时与团队成员和老师进行反馈和沟通是非常重要的。你可以向他们报告你的研究进展、遇到的问题和需要的帮助等。通过及时反馈和沟通，你可以更好地了解项目的进展和期望，并及时调整自己的研究方向和方法。

6. **尊重团队的决策和成果**：作为科研项目的一员，你需要尊重团队的决策和成果。在参与项目的过程中，你可能会遇到不同的意见和观点，在这种情况下，需要保持开放和包容的态度，尊重他人的观点，并积极参与讨论和合作。

7. **充分利用项目资源**：参与科研项目时，你将有机会接触到各种学术资源，如文献、数据库和实验设备等。你可以充分利用这些资源，提升自己的学术素养和研究能力。

8. **为未来做好准备**：参与科研项目不仅是为了积累经验，还是为未来做好准备。在项目中，关注与你的职业规划和学术目标相关的方面，如论文发表、研究技能的提升等。

（四）如何在老师的科研项目中发挥作用？

要想在老师的科研项目中发挥自己的作用，锻炼自己的各项能力，为未来的研究生生涯或学术研究奠定基础，首先需要明确自己的角色和职责，然后积极投入并主动寻找可以发挥自己优势的机会。

1. **理解项目目标和自己的角色**：在开始参与项目之前，确保你完全理解项目的目标和期望结果并明确自己在项目中的角色和职责，这样你就可以有针对性地做出贡献。

2. **积极学习和准备**：根据项目的需求，积极学习相关的知识和技能。如果项目涉及特定的领域或技术，你可以通过阅读文献、参加研讨会或课程等方式来提升自己的专业素养。

3. 主动沟通和协作：与老师和其他团队成员保持良好的沟通，定期汇报你的工作进展。当遇到问题时，不要害怕寻求帮助或提出自己的建议。同时，积极参与团队讨论和决策，为项目的成功贡献自己的力量。

4. 发挥自己的特长和优势：每个人都有自己的特长和优势，比如分析能力、写作能力、实验技能等。在项目中，尽量发挥自己的特长和优势，为团队带来独特的价值。例如，如果你擅长数据分析，可以主动承担数据处理和分析的任务；如果你有良好的写作能力，可以尝试撰写项目报告或论文。

5. 提出创新性的想法和解决方案：在参与项目的过程中，不断思考并提出创新性的想法和解决方案。这不仅可以为项目带来新的视角和思路，还能展示你的创新能力和独立思考精神。

6. 承担责任并展现领导力：在项目中，勇于承担责任并展现自己的领导力。如果有机会，可以尝试领导一个小团队或负责一个重要的任务。通过展现你的责任感和领导力，你可以赢得老师和团队成员的尊重和信任。

(五) 如何确保高效高质量完成承担的任务？

参与科研项目并承担任务后，同学们要确保自己承担的部分能够高效、高质量完成，否则容易拖累整个科研项目的进程。以下是一些建议，可以帮助你实现这一目标。

1. 制定详细的计划：制订一个详细的计划，包括任务的目标、步骤、时间表和资源需求。这有助于你清晰地了解任务的全貌，确保你能够有条不紊地进行工作。

2. 设定优先级：在计划中，根据任务的重要性和紧急性设定优先级。优先处理重要的、紧急的任务，确保它们能够按时完成。

3. 合理安排时间：合理分配时间，确保每个任务都有足够的时间来完成。避免拖延症，尽早开始工作，并在必要时调整时间计划。

4. 保持专注和集中注意力：在工作时，关闭手机通知、社交媒体等干扰源，创造一个专注的工作环境，保持专注和集中注意力，避免分散注意力。

5. 与团队成员和导师保持沟通：在任务执行过程中，与团队成员和导师及时沟通。遇到问题时,及时向他们请教和寻求帮助。同时,定期汇报进展,确保任务能够按计划进行。

6. **注重质量**:在完成任务时,注重质量而不是速度。确保你的工作准确无误,符合项目的要求和标准。如果需要,进行多次检查和修改,以确保质量达到最佳。

7. **寻求反馈和改进**:在完成任务后,向团队成员和导师寻求反馈。听取他们的意见和建议,了解你的优点和不足。根据反馈进行改进,提高你的工作效率和质量。

第四节　参加校内外实践

一、社会公益项目

在大三阶段,有许多社会公益项目可以参加,这些项目不仅能够帮助社区,还能够提升个人的社会责任感和实践能力,让你更好地了解社会、认识自己。你可以根据自己的兴趣和能力选择适合的项目。

1. **教育支持**:在农村或贫困地区,教育资源相对匮乏。你可以参加支教项目,为当地的学生提供教育支持,如教授课程、分享学习经验等。

2. **社区服务**:在社区中,有许多需要帮助的群体。你可以参加社区志愿者团队,为老年人、儿童、残障人士等提供服务,如陪伴、辅导、照料等。

3. **环保活动**:环保是一个长期且重要的社会议题。你可以参加植树造林、垃圾分类、河流清洁等环保活动,或者加入环保组织,参与他们的项目。

4. **公益筹款**:许多公益组织会定期举办筹款活动,为需要帮助的人群筹集资金。你可以参与这些活动,如义卖、募捐等,为公益事业贡献一份力量。

5. **文化传播**:如果你对文化有浓厚的兴趣,可以考虑参加文化传播类的公益项目。比如,参与图书馆管理、博物馆导览、文化遗产保护等活动,让更多的人了解和欣赏文化的魅力。

6. **动物保护**:动物保护也是一个重要的社会议题。你可以参加动物保护组织,参与动物救助、宣传等活动,为动物保护事业贡献一份力量。

二、大学生创业

近几年,随着国家对创新创业的重视和支持力度的加大,以及高校对创新创业教育的深入推进,越来越多的大学生选择走上创业的道路。大学生选择的创业领域也越来越多元化。除了传统的餐饮、零售等行业外,越来越多的大学生选择进入科技、教育、文化、医疗等高端领域创业。比如选择通过网络平台开展创业活动,如电商、社交媒体营销、内容创作等。这种新型的创业模式具有低成本、低风险、高效率等优势,成为越来越多大学生的选择。

有一些大学生项目通过深入了解目标市场和消费者需求,提供独特的产品或服务,并注重品质和用户体验,从而在激烈的市场竞争中脱颖而出。这些成功的案例为其他大学生创业者提供了宝贵的经验和启示。

但创业并不一定就是一条平坦的通天大路,更多的可能是一条铺满荆棘、遍地坎坷的羊肠小道。大学生创业项目普遍面临着一些艰巨的挑战和困难。想要创业的同学一定要综合评估自己的优势和项目,多做市场调查,务必把自己的创业之路找准、夯实。

(一)大学生创业面临的困难和挑战

大学生创业面临的困难和挑战是多方面的,主要包括以下几个方面:

1. **筹集资金问题**:创业运营需要资金支持,而大学生往往缺乏足够的资金储备。常规的融资、贷款等筹集资金的方式,往往存在较高的门槛和成本,对学生创业企业来说并不友好,给大多数大学生创业企业带来极大的融资压力。

2. **管理经验问题**:大学生在创业时往往缺乏实际的管理经验、市场洞察力和资源积累。这可能导致他们在决策、执行等方面出现失误,从而增加创业的风险。

3. **市场竞争问题**:商场即战场。无论在哪个行业,市场竞争都是激烈的,不会因为你是大学生就会高抬贵手,网开一面。大学生创业者需要面对来自其他成熟企业的竞争,这些企业可能拥有更强大的品牌、更丰富的资源和更成熟的运营模式。大学生创业企业往往处境艰难,举步维艰。

4. **学业与创业平衡问题**：创业和学业一样，都需要投入大量的时间和精力。大学生在创业时可能需要在学业和创业之间做出平衡，这往往会给他们的身心带来巨大的压力和挑战。

5. **技术迭代投入问题**：科学技术的发展和更新换代日渐加快，尤其是在科技领域创业的大学生如果不紧跟技术更新和市场变化，他们的产品或服务很可能迅速失去竞争力。但技术迭代需要不断地投入研发，这对于大学生创业企业来说无疑是一个巨大的挑战。

6. **团队建设管理问题**：组建和管理一个高效的团队对于创业成功至关重要。大学生创业者需要具备良好的团队管理能力和卓越的领导力，来吸引和留住优秀的人才，并激发团队的创造力、凝聚力和执行力。

（二）创业扶持政策

为了支持大学生创业，国家和高校也出台了一系列的扶持政策和激励机制。这些政策包括创业补贴、创业担保贷款、免费创业培训、税费减免等，旨在降低创业门槛，提供资金和资源支持，帮助大学生创业成功。同时，高校也加强了创新创业教育的推进，为大学生提供了更多的创业机会和平台。以下是一些主要的扶持政策和激励机制：

1. **创业补贴**：很多地方政府为大学生创业提供一次性创业补贴，以鼓励其积极创业。此外，对于大学生创办的小微企业，如果新招用了毕业年度的高校毕业生并与其签订了1年以上的劳动合同并缴纳了社会保险费，还可以享受1年的社会保险补贴。

2. **创业担保贷款和贴息**：大学生创业可申请最高不超过20万元的个人创业担保贷款，如果创办的是小微企业，还可以申请最高不超过300万元的贷款。这些贷款通常会有一定的贴息政策，以降低创业者的财务压力。

3. **免费创业培训**：国家提供免费的创业培训，包括GYB、SYB等创业知识培训，内容涵盖创业意识培养、创业计划培训、如何选择项目、寻找场地、办理证件、筹措资金、筹划开业等一系列培训。持有SYB和GYB创业培训证书的大学生，从事个体经营还可以享受小额贷款贴息政策。

4. **税费减免**：大学生在毕业两年内自主创业，自首次注册登记之日起，3年内免收登记类等行政事业性收费。同时,如果从事个体经营,还可以按每户每年 12 000 元为限额依次扣减增值税、城市维护建设税、教育费附加、地方教育费附加和个人所得税。

5. 免费创业服务:有创业意愿的大学生可以免费获得公共就业和人才服务机构提供的创业指导服务,包括政策咨询、信息服务、项目开发、风险评估、开业指导、融资服务、跟踪扶持等"一条龙"创业服务。

6. 取消高校毕业生落户限制:高校毕业生可以在创业地办理落户手续,这有助于解决创业过程中的居住和户口问题。

7. 创新人才培养:创业大学生可以享受各地各高校实施的系列"卓越计划"、科教结合协同育人行动计划等,同时享受跨学科专业开设的交叉课程、创新创业教育实验班等,以及探索建立的跨院系、跨学科、跨专业交叉培养创新创业人才的新机制。

虽然大学生创业面临诸多困难和挑战,但这并不意味着不应该尝试创业。通过充分的市场调研、精心策划和有效执行,大学生创业者仍然有机会在市场中取得成功。相信随着国家扶持和高校的支持力度的加大,以及大学生自身素质和能力的提升,未来大学生创业的道路会越走越宽广。

大四篇
飞跃与奔赴

» 毕业实习与毕业论文
» 毕业去向
» 就业扶持政策
» 就业流程与档案管理
» 就业指导与服务
» 平稳度过职场新手期

时间如同白驹过隙,一闪即逝。不知不觉间,同学们就进入了大四。这是本科生涯的最后一个学年,也是同学们开始为未来生活和职业发展做准备的一年。

在这一年里,同学们可能会经历各种情绪,既有对即将结束的学生生活的眷恋和不舍,也有对未知未来的期待和焦虑。大四这一年,既充满了挑战和压力,也充满了机遇和希望。

在这一年里,所有的同学都要完成剩余课程学习、毕业实习、毕业报告/设计等既定的学习任务。选择继续深造的同学,要继续为自己的考研、保研、出国读研做最后的冲刺和准备;而选择就业走向社会的同学,或者选择考公考编进入体制内工作,或者响应国家号召参加"三支一扶""志愿服务西部计划"等基层就业计划,或者参军入伍、报考军队文职,投身国防事业,或者发现一个好项目,直接投身创业浪潮,或者沿着入学既定的目标直接进入企业就业……

只要我们足够努力,一切都会向好而生。

第一节 毕业实习与毕业论文

一、毕业实习

毕业实习是教学计划中的一个重要环节,指的是学生在完成全部课程的学习之后,到相关单位参与实际工作的一种实践性教学活动。其主要目的是让学生综合运用所学的专业知识,通过实际操作,获取独立的工作能力,同时在思想上、业务上得到全面锻炼,并进一步掌握专业技术。毕业实习通常是在生产实习基础上的进一步深入,要求学生能主动、独立地进行并完成实习任务,通过深入的调查研究、钻研和分析,发现与课题相关的问题,搜集和整理相关资料,为完成毕业任务打下坚实的基础。

高校对毕业实习的要求一般包括以下几个方面。

1. **实习单位的选择**:高校通常会要求学生选择与专业对口的单位进行实习,以便更好地将理论知识应用于实践中。同时,高校也会对实习单位进行实地考察和评估，确保其满足实习条件。

2. **实习时间**：高校会规定毕业实习的时间，通常要求学生在一定时间内完成实习任务，以确保实习的质量和效果。

3. **实习内容**：高校会要求学生在实习期间完成一定的任务和目标，如参与具体项目、解决实际问题等。同时，学生还需要进行实习日志的记录和实习报告的撰写，以反映实习过程和成果。

4. **实习管理和考核**：高校会设立专门的实习管理机构或负责人，对实习过程进行管理和考核。通常包括实习前的培训和指导、实习期间的跟踪和监督、实习结束后的考核和评价等环节。

在选择毕业实习单位时，学生应结合自身专业与兴趣进行选择。

首先，学生需要客观分析自己的专业知识、沟通技能、思维能力以及自身性格、兴趣等方面的优缺点，分析实习机会会带来哪些能力和素质的提高。

其次，在选择实习单位时，可以考虑实习单位的规模、知名度、文化氛围等因素，以及实习岗位与自己的专业方向和职业发展规划是否相符。

同时，学生还可以向身边的老师、同学或朋友咨询建议，以获得更多的信息和帮助。

二、毕业论文/毕业设计

大四毕业生有一项重要的任务就是写毕业论文或做毕业设计。毕业论文和毕业设计是大多数高校为了检验学生在校期间的学习成果和综合能力而设置的重要环节。虽然它们的名称可能因学校或专业的不同而有所差异，但它们都是为了使学生能够将所学知识和技能应用于实际问题中，从而培养其独立思考、创新和实践的能力。

哪些学校和专业做的是毕业设计，哪些学校和专业要求是毕业论文，这主要取决于学校和专业的教学计划和课程设置。一般来说，工科、理科、农学等专业更注重实践和应用，因此通常会要求学生完成毕业设计，以展示其在解决实际问题中的应用能力和创新精神。而文科、商科、法学等专业则更注重理论研究和文献综述，因此通常会要求学生完成毕业论文，以展示其对某一课题的深入理解和分析能力。

(一)毕业论文

毕业论文一般安排在最后一学年进行,学生须在教师指导下,选定课题进行研究,撰写并提交论文。论文题目由教师指定或由学生提出,经教师同意确定。

毕业论文是毕业生总结性的独立作业,是学生运用在校学习的基本知识和基础理论去分析、解决一两个实际问题的实践锻炼过程,也是学生在校学习期间学习成果的综合性总结,是整个教学活动中不可缺少的重要环节。撰写毕业论文对于培养学生初步的科学研究能力,提高其综合运用所学知识分析问题、解决问题的能力有着重要意义。

1. 毕业论文分类

(1)按照毕业要求与形式分类

毕业设计类:指的是由学生独立构思、设计与实现的设计,一般还配有毕业设计文档流程介绍,以基础工程专业的大学生为多。

作品制作类:独立完成表演或者艺术品制作的学生需要完成的作品,通常还需要配备制作手册或总结。

实证调查报告类:学生现场调查直接获取数据组成主要篇幅,接着进行研究,从中得出分析结论的调查报告,通常是经管和文科类专业的大学生写作较多。

毕业论文类:学生通过查阅书籍、网络或其他方式获取数据组成论文的主要篇幅,最后得出论文的主要研究结论,这也是大部分应届毕业生的主要写作任务。

(2)按照研究性质和内容分类

理论性论文:主要从理论角度来探讨特定问题,讨论不同理论观点、框架或概念的适用性和影响。这类论文通常包括引言、理论分析、结论等部分。

实证性论文:通过对实际问题的实证研究,收集和分析实证数据来验证研究假设或解决问题。这类论文通常包括研究问题、研究方法、数据分析和结论等部分。

综述性论文:对某一领域的研究文献进行综合整理和评述,分析已有研究的不足之处,提出自己的观点和建议。这类论文通常包括引言、文献综述、问题分析和结论等部分。

应用性论文:结合实际实践经验,对特定问题进行解决方案的设计、实施和评估,强调解决实际问题的实际可行性和效果。

(3)按照学科领域和研究方法分类

文科论文:通常更侧重于理论性探讨,如文学批评、哲学思考、社会学分析等。

理科论文:往往涉及实验、数据分析和模型构建,如物理学、化学、生物学等。

工科论文:可能涉及工程设计、技术实现和系统分析等,如机械工程、电子工程、计算机科学等。

2. 毕业论文写作流程

毕业论文的写作流程一般包括以下步骤。

(1)选定研究题目和方向:选择自己感兴趣且具备研究价值的题目,并与导师进行讨论和确定。

(2)确定研究对象和案例:根据研究题目,选择合适的研究对象或案例,确保研究具有实际意义和可行性。

(3)确定目录框架和大纲:构建论文的整体框架和大纲,细化到三级标题,并与导师进行沟通和确认。

(4)整理数据、资料、文献:根据研究需要,收集、整理和分析相关的数据、资料和文献,确保研究的可靠性和准确性。

(5)写作开题报告:在论文写作之前,需要撰写开题报告,明确研究的目的、意义、方法、预期结果等,作为论文写作的初步计划。

(6)写作文献综述:梳理前人的研究情况,提出自己的研究设想和假设,为后续研究奠定基础。

(7)写作论文正文:按照大纲和目录,依次撰写论文的各个部分,包括绪论、正文、结论等。确保论文内容逻辑清晰、论证充分。

(8)论文修改/完善:根据导师的意见和建议,对论文进行修改和完善,提高论文的质量和水平。

（9）论文查重/降重/AI检测：在最终提交之前，进行论文查重和降重处理，确保论文的原创性和合规性。

（10）提交论文：按照学校要求，将论文提交至指定平台或邮箱，完成毕业论文的写作和提交过程。

3. 毕业论文的组成部分

毕业论文的组成部分根据不同的学校和学科有所差异，但一般来说，毕业论文主要包括以下几个部分：

（1）标题：标题是论文的"眼睛"。一个优秀的毕业论文标题应该简洁、明确且具备概括性，以便在有限的字数内有效地传达论文的核心内容和研究焦点。在撰写标题时，作者应该仔细考虑每个词汇的选择，确保标题能够准确、清晰地反映论文的主要内容和研究价值。字数不宜超过20个字。

毕业论文写作框架

（2）摘要：摘要是对论文内容的简要概述，是整篇论文的精华所在。摘要应当言简意赅地突出论文的核心观点或主要论点，简要描述研究采用的方法或技术手段，包括实验设计、数据来源、分析方法等，总结研究的主要结论，并强调论文的创新点或贡献，方便读者快速评估论文的价值。摘要的字数通常要求在200—300字之间。

本文旨在探讨（研究主题），通过（研究方法）对（研究对象）进行了深入研究。研究发现（主要发现或结论），这为（相关领域）提供了新的见解。本文的主要贡献在于（创新点或贡献），对（实践或理论意义）具有重要影响。研究结果表明，（研究主题）的重要性不容忽视，未来研究可进一步关注（未来研究方向）。

（3）关键词：关键词是反映论文主题内容的词汇或短语，通常选取3—5个，以便读者和检索系统快速了解论文的核心内容。关键词必须具有代表性，与论文的主题和内容紧密相关，能够概括论文的主要观点和创新点，能够准确反映论文的研究领域和重点。要优先考虑学术界和相关领域内常用的词汇或短语作为关键词，这有助于提高论文的可见度和检索率。

（4）目录：目录是整篇论文的导航，应当清晰地列出论文的各个部分以及相应的页码，方便读者迅速定位到感兴趣的部分，从而更加高效地阅读和理解论文。

（5）引言：毕业论文的引言部分是整篇论文的开场白，它承担着为读者铺设研究背景、明确研究目的和意义的重任。一个好的引言应该能够吸引读者的注意力，引导他们进入研究主题，并为后续的论述奠定基础。引言部分应简要介绍研究背景、目的、意义、相关文献综述和领域现状，明确研究问题和研究方法。

（6）正文：正文部分是整篇论文的主体和核心，承载着详细阐述研究内容、方法、结果和讨论的重任。正文的质量直接关系到论文的学术价值和实践意义。因此，在撰写正文时，应重视逻辑关系和内容组织，将其分为若干章节，以确保论文的结构清晰、内容连贯。

首先，正文应以研究内容为主线，按照研究进程的顺序展开。这包括研究问题的提出、研究方法的选择、实验设计、数据收集与分析、结果呈现等各个环节。

其次，正文应注重方法和结果的客观性和准确性。在描述研究方法时，应详细介绍实验条件、样本选择、数据处理等方面的信息，以确保研究的可重复性和可信度。在呈现研究结果时，应使用客观、准确的数据和图表来展示研究成果，避免主观臆断或夸大其词。

此外，正文还应包括对研究结果的深入讨论和解释。在讨论部分，应结合自己的研究成果和前人研究进行对比分析，探讨研究的创新点和局限性，并提出未来研究的方向和建议。

最后，正文的章节组织应遵循逻辑关系和内容联系。每个章节应围绕一个核心议题展开，确保内容紧凑、连贯。同时，还应注意章节之间的过渡和衔接，使整个论文呈现为一个完整、有机的整体。

（7）结论：结论部分是整篇论文的收尾之处，是对整个研究过程的总结。一个好的结论应当突出研究的主要发现和贡献，同时坦诚地揭示研究的局限性和不足，并提出未来可能的研究方向。

首先，结论部分需要概括性地回顾整篇论文的研究内容。这包括简要概述研究主题、目的、方法、结果和讨论等关键要素。通过这一回顾，可以更加清晰地展现研究的全貌和主要观点。

其次，结论部分需要强调研究的主要发现和贡献。这些发现和贡献可能是对某个问题的新认识、新理论、新方法或新应用等。应当用简洁明了的语言突出这些创新和亮点，以凸显研究的价值和意义。

同时，结论部分也需要客观地揭示研究的局限性和不足。这包括研究方法的限制、样本规模的不足、数据解释的局限性等方面。通过坦诚地呈现这些局限性，可以展示研究的真实性和可信度。

最后，结论部分还可以提出未来可能的研究方向。这些方向可以是基于当前研究的不足和局限而提出的改进建议，也可以是对相关领域的未来发展进行展望和预测。这些建议和方向可以为后续研究提供有价值的参考和启示。

（8）参考文献：毕业论文的参考文献是论文中不可或缺的一部分，列出了作者在撰写论文过程中所引用的各类文献，包括书籍、期刊文章、会议论文、网络资源等。参考文献不仅是对他人研究成果的尊重和引用，也是读者进一步深入了解相关研究的重要途径。

在排版参考文献时，应遵循特定的引用格式要求，通常包括文献的排列顺序、编号方式、作者姓名、文章标题、期刊名、出版日期等详细信息的呈现方式。遵循这些格式要求可以确保参考文献的准确性和规范性，提高论文的整体质量。

（9）致谢：毕业论文的致谢部分是对在论文撰写过程中给予帮助和支持的组织、个人表示感谢的重要环节。这部分内容应简洁明了、实事求是，真诚地表达对各方的感激之情。

需要注意的是，不同学校和学科对毕业论文的组成部分可能有具体要求，因此在实际撰写过程中，应根据学校或学科的要求进行调整和完善。同时，在撰写过程中，还应注意各部分之间的逻辑关系和内容连贯性，确保整篇论文的完整性和一致性。

（二）毕业答辩

毕业答辩是学生在完成毕业论文后，向导师和评审专家展示其研究成果并接受质询的重要环节。毕业答辩是对学生研究成果的一次全面检验，需要学生提前做好准备，并在答辩过程中保持自信、认真和谦虚的态度。

1. 提前准备

熟悉论文内容：确保你对论文的每个部分都了如指掌，能够清晰地阐述你的研究目标、方法、结果和结论。

制作幻灯片：制作简洁明了、重点突出的幻灯片，帮助你在答辩过程中更好地展示你的研究成果。

准备问题：预测评审专家可能会问的问题，并提前准备答案。

2. 答辩过程

自我介绍：简短介绍自己的基本信息和论文主题。

陈述论文：按照论文的结构，清晰地陈述你的研究目标、方法、结果和结论。注意控制时间，确保在规定时间内完成陈述。

回答问题：当评审专家提出问题时，保持冷静，认真倾听问题，然后给出清晰、有条理的回答。如果不知道答案，可以诚实地表达你的不确定，并承诺在答辩后查找资料并给出回复。

3. 注意事项

语言表达：注意语言表达的准确性和流畅性，避免使用过多的专业术语，确保评审专家能够理解你的意思。

态度端正：保持谦虚、认真的态度，尊重评审专家的意见和建议。

自信满满：对自己的研究成果有信心，相信自己能够成功完成答辩。

收集反馈：在答辩结束后，向评审专家表示感谢，并收集他们的反馈和建议。

完善论文：根据评审专家的反馈和建议，对论文进行修改和完善。

第二节　毕业去向

根据大四毕业生的毕业去向，我们可以大体分为继续深造和就业两个方向。继续深造相对比较简单，分为国内考研、保研和出国读研三种。而系统的就业方向则包括：考公考编、三支一扶、志愿服务西部计划、大学生村官等基层就业，以及应征入伍或军队文职、企业就业、自主创业和灵活就业等。

一、继续深造

保研所要求的具体准备和流程在大三篇就已经详细介绍过了,此处不再重复。大四阶段,你要更重视复试技巧。

(一)保研复试

1. 保研复试主要内容

保研复试中通常会涉及以下几个方面的测试,需要考生在复试前做好准备工作。

(1)**专业理论及技能考核**:这是保研复试的核心部分,主要考查考生对本专业基础知识的掌握程度,综合运用知识解决问题的能力,以及科研创新潜质和专业能力倾向等方面。通常包括专业课笔试、综合素质面试、专业技能测试等内容。例如,计算机专业的学生,可能会被要求详述某个算法的原理、应用场景及其优化方法。在综合素质面试中,主要考查学生的表达能力、逻辑思维能力、人际交往能力等。例如,导师可能会给出一个社会热点问题,要求学生进行分析并提出自己的看法,以此来评估学生的综合素质。导师还可能会询问考生的科研经历、竞赛经历等。

(2)**英语口语与听力测试**:主要考查考生的听、说、读、写能力,通常包括外语口语测试、阅读理解、听力理解、翻译等内容。对于保研到英语要求较高专业的学生,如国际关系、商务英语专业等,这部分通常是必考项。例如,学生可能会被要求就某个话题进行一分钟的英语演讲,并随后回答导师的英语提问。

(3)**科研经历与潜力评估**:导师通常会询问学生在本科阶段的科研经历,包括参与的项目、承担的角色、解决的问题等,以了解考生的科研能力和综合素质。例如,学生可能会被要求详细描述自己在某个科研项目中的贡献,以及从这个项目中获得了哪些宝贵的经验。此外,考生的科研成果、论文发表情况等也可能成为考核的一部分。

(4)**思想政治素质**:主要考查考生的政治态度、思想品质、道德品质、遵纪守法等方面的表现。

需要注意的是,不同高校和专业的保研复试考核内容可能有所不同,具体考核内容和方式需要参考所报考高校和专业的相关规定和要求。

2. 如何准备保研复试

(1)巩固专业知识

保研复试是对学生专业素质和综合能力的全面考察,因此,对于所学专业的基础知识的深入复习和巩固是必不可少的。同时,由于科研和学术的发展日新月异,关注专业领域的前沿动态和热点问题也是非常重要的,这能够展现出考生对专业的热情和关注度,以及他们的前瞻性和创新思维。巩固专业知识可以从以下两个方面入手。

①深入复习和巩固基础知识

回顾教材:教材是知识的基础,复习应首先回顾和巩固教材中的重要概念、原理和公式。

做练习题:通过做题可以加深对知识点的理解和记忆,同时也可以提高解题能力。

模拟考试:模拟考试可以帮助考生熟悉考试形式,找出自己的不足之处,从而进行有针对性的复习。

②关注专业领域的前沿动态和热点问题

在保研复试中,除了对基础知识的考察,导师通常也会关注考生对专业前沿和热点问题的了解。因此,考生可以在面试中适当引用一些前沿研究或热点问题,展示自己的专业素养和关注度。例如,在面试中,考生可以提及某个领域的最新研究进展,或者谈谈自己对某个热点问题的看法和分析。这样不仅能够增加面试的互动性,还能够展现出考生的专业素养和前瞻性。

(2)多渠道了解导师研究方向

在参加保研复试前,可以在学校的官方网站、学术数据库或者导师社交媒体账号上查找所报考导师发表的论文、参与的项目以及获得的奖项,了解导师的专长、最新研究成果、当前正在进行的研究课题以及对相关领域的看法。以便在面试中能够更好地与导师进行沟通和交流,展示自己的研究兴趣和方向。如果可能的话,参加导师主持的学术讲座和研讨会是一个很好的机会,你可以亲自聆听导师的学术观点和研究思路,同时也可以向导师展示自己的学术素养和兴趣。如果你对导师的研究方向有疑问或者想要更深入地了解他们的研究,可以尝试通过邮件或电话与导师进行交流。在邮件或电话中，你可以礼貌地表达你对导师研究的兴趣，并询问一些相关的问题。在面试中，你可以根据自己对导师研究方向的了解，提出一些有针对性的问题或者展示一些与导师研究方向相关的研究成果或想法。这样不仅可以增加面试的互动性，也可以让导师看到你的研究潜力和热情。

(3)提高英语水平

保研复试中可能会涉及英语口语和听力的测试，因此提前加强英语听力和口语的训练，提高自己的语言应用能力是非常重要的。以下是一些提高英语口语和听力的建议。

积累词汇：掌握足够的词汇量是提高口语和听力的基础。可以通过背单词、阅读英文文章等方式来扩大自己的词汇量，并注意词汇在不同语境中的用法。

多听多说：提高口语和听力的最有效途径就是多听多说。可以通过听英语广播、看英语电影、同英语母语人士交流等方式来提高自己的听力和口语水平。在听的过程中，可以尝试模仿发音和语调，提高自己的口语表达能力。

练习听力：听力是口语技能的重要组成部分。可以通过听英语新闻、听力练习软件等方式来提高自己的听力水平。在听的过程中，可以尝试默写听力材料中的关键信息，提高自己的听力理解能力。

练习口语：口语练习是提高口语能力的有效方法。可以找语伴进行对话练习，或者参加英语角等活动来锻炼自己的口语表达能力。在练习的过程中，可以尝试使用新学的词汇和表达方式，提高自己的口语流利度和准确性。

注重语音语调：良好的语音语调可以让自己的口语更加自然流畅。可以通过模仿英语母语人士的发音和语调，或者参加语音课程等方式来改进自己的语音语调。

(4)刷往年复试题目

往年复试题目可以帮助你了解考试形式和题型，熟悉出题规律和难度，从而更好地准备考试。同时，通过练习往年题目，你也可以找到自己的薄弱点，有针对性地进行复习和提高。你可以向已经保研的学长学姐请教，了解往年复试的情况和题目，或者通过互联网自行搜索获取往年复试题目。

获得真题之后,你可以通过做往年复试题目找到自己的薄弱点。

详细分析题目:你需要仔细研究和分析往年的复试题目。这包括理解题目的考查点、题型、难度以及解题思路。尝试找出自己不熟悉或不确定的答案,并思考为什么会这样。

总结错误类型:将自己在题目中犯的错误进行分类和总结。例如,你可能发现自己在某个知识点上的理解不够深入,或者在某个题型上的解题技巧不够熟练。

对比标准答案:对照标准答案,找出自己的解题思路和答案与标准答案的差异。这有助于你更清楚地了解自己的薄弱点,并找到改进的方向。

寻求他人帮助:如果你在某个题目上遇到困难,可以向学长学姐、老师或同学寻求帮助。他们可能会提供不同的解题思路和方法,帮助你更好地理解和解决问题。

制订复习计划:根据自己的薄弱点,制订一个有针对性的复习计划。这包括重点复习某个知识点、多做某种类型的题目、参加相关辅导课程等。确保你的复习计划具有可行性和有效性。

持续练习和反思:通过持续练习和反思,你可以逐渐克服自己的薄弱点。每次练习后,都要对自己的表现进行反思和总结,找出需要改进的地方,并调整复习计划。

(5)模拟面试练习

模拟保研复试的面试环节是一个非常实用且有效的方法,它可以帮助你提前熟悉面试流程和氛围,缓解紧张情绪,增加自信心和应对能力。以下是一些关于如何进行模拟面试的建议。

准备面试材料:在模拟面试前,准备好你的个人简历、研究计划、推荐信等可能需要的材料。这样可以让模拟更加贴近真实情况。

设定面试场景:尽可能模拟真实的面试环境,比如在一个安静的房间里进行,保持正式的着装和坐姿。

选择合适的模拟面试官:找一些有经验的同学或老师来扮演面试官的角色。他们最好对保研复试有一定了解,能够针对你的表现给出建设性的反馈。

进行模拟面试:让模拟面试官提问一些常见的面试问题,如自我介绍、科研经历、对专业的理解等。然后按照面试的流程进行回答。

接收反馈并改进：模拟面试结束后，向模拟面试官寻求反馈。注意倾听他们的意见和建议，特别是关于表达、逻辑、态度等方面的评价。根据反馈，你可以调整自己的回答方式和策略。

多次模拟以增强效果：进行一次模拟面试可能不够，你可以进行多次模拟，每次尝试改进自己的表现。通过多次练习和反馈，你会逐渐熟悉面试的节奏和氛围，提高自己的应对能力。

保持积极心态：模拟面试是为了帮助你更好地准备真实的面试，所以无论表现如何，都要保持积极的心态。把每一次模拟都当作是一个学习和提高的机会。

通过模拟保研复试的面试环节，你可以更好地了解自己的优势和不足，为即将到来的真实面试做好充分的准备。记住，自信是成功的关键，而模拟面试正是帮助你建立自信的有效途径之一。

在准备过程中，还要关注所报考的招生单位的通知和要求，及时了解复试的具体安排和要求，以便做好相应的准备。

3. 保研调剂

保研调剂是指当意向的专业已经招满学生时，学校会将你调剂到其他专业。这种情况通常发生在研究生入学录取的过程中。保研调剂的发生是因为你所报的大专业下分为不同方向的小专业，而这些小专业的录取是根据择优原则进行的。如果因为竞争激烈或其他原因，你未能被录取到你最初选择的小专业，学校会根据你的综合表现和其他小专业的空缺情况，将你调剂到其他相关专业。

需要注意的是，虽然调剂可能会导致你的研究方向与最初的选择不一致，但由于是在一个大专业内部进行调剂，研究方向的差异通常不会很大。因此，对于保送生来说，选择调剂的影响相对有限。

而如果你拒绝了保研调剂，那么你可能会失去这次保研的机会。一旦错过了这次调剂保研机会，你如果还想继续深造读研，除了出国留学，可能只能参加研究生入学考试了。

(1)校内调剂和统一调剂

校内调剂和统一调剂是研究生入学过程中可能出现的两种调剂方式。总的来说,校内调剂主要发生在同一学校内部不同专业之间的调整,而统一调剂则涉及不同学校之间的跨校调剂。

①校内调剂。假设你报考的是A大学的经济学专业,但此专业的招生名额已满。此时,A大学的商学院还有一个与你原专业相关的名额,如国际商务专业。A大学的招生办公室可能会联系你,询问你是否愿意调剂到国际商务专业。考虑到你仍然对经济学领域感兴趣,并且希望留在A大学,你决定接受这个校内调剂的机会。因此,你完成了从经济学到国际商务的校内调剂,继续在A大学攻读研究生。

②统一调剂。假设你报考的是B大学的法学专业,但同样此专业的招生名额已满。这时,国家线已经公布,各个学校的调剂系统也即将开放。你了解到C大学在法学专业还有调剂名额,并且你对C大学也有好感。于是,在调剂系统开放的第一天,你立即登录系统并填报了C大学的法学专业作为你的调剂志愿。经过一段时间的等待,你收到了C大学的复试通知。经过充分的准备和面试,你成功通过了C大学的复试,并被录取为该校的法学专业研究生。这就是一个典型的统一调剂的例子,你通过调剂系统成功地从B大学调剂到了C大学。

(2) 是否接受调剂

①了解调剂专业。在选择是否接受保研调剂时,个人兴趣和职业规划是两个核心要素,它们对于你未来的学术生涯和职业发展具有深远的影响。因此,了解调剂后的专业是否与你的兴趣和职业规划相符十分重要。

首先,个人兴趣是你持续学习和深入研究的关键动力。如果你对某个领域有浓厚的兴趣,那么你会更加投入、更加专注地去探索和学习。相反,如果你对调剂后的专业完全不感兴趣,那么在学习和研究过程中可能会感到沉闷和厌倦,这不利于你的长远发展。

其次,职业规划也是一个重要的考量因素。你需要考虑调剂后的专业是否与你的未来职业目标相符。如果你已经有一个明确的职业目标,那么选择一个与该目标相符的专业会更有助于你未来的职业发展。

②考虑调剂专业的学术资源和机会。在保研调剂的决策过程中,你需要认

真评估调剂后的专业所能提供的学术资源与机会。选择一个具备丰富学术资源和良好学术氛围的专业,将为你的研究生阶段学习和发展奠定坚实的基础。同时,也要关注该专业是否能为你提供多样的学术机会,以便你在学术道路上不断前行并取得优秀的成果。

学术资源是支持研究生学术研究的基石。了解调剂后的专业是否具备优秀的导师团队、先进的实验室设备以及丰富的图书资料等,是评估该专业学术水平和发展潜力的重要依据。优秀的导师能为你提供宝贵的学术指导和建议,先进的实验室设备则有助于你开展实验研究和探索未知领域,而丰富的图书资料则能为你提供广泛的知识背景和学术支持。这些学术资源将直接影响你的学术成果和研究质量。

除了学术资源,还要考虑调剂后的专业是否能为你提供更多的学术机会。参与科研项目、发表学术论文、参加学术会议等都是提升学术能力和积累宝贵经验的重要途径。通过参与科研项目,你可以深入实践、锻炼研究能力,并与导师和同行建立紧密的合作关系。发表学术论文则能展示你的研究成果和学术水平,增加学术影响力。参加学术会议则能让你与国内外同行交流学术观点、拓宽学术视野。

③综合考量学长学姐或专业人士的意见。在保研调剂的重要决策过程中,咨询学长学姐或专业人士的意见是一种明智的做法。他们拥有丰富的经验和专业知识,能够为你提供宝贵的建议和指导,帮助你做出更明智的选择。

除了学长学姐,你还可以咨询一些专业人士,如学校的招生办公室、学院的教授或导师等。他们具有深厚的学术背景和丰富的教育经验,能够为你提供更全面和专业的建议。他们可以根据你的兴趣、能力和职业规划,为你推荐适合的专业,并解答你在保研调剂过程中遇到的疑惑和问题。

(3)统一调剂时如何填写调剂系统

在统一调剂时,填写调剂系统需要按照以下步骤进行。

登录中国研究生招生信息网,选择硕士栏的网上调剂。

进入调剂系统后,需要先登录自己的学信网账号。建议提前记好账号和密码,避免在关键时刻遗忘。

调剂注意事项

依次完成以下步骤:查询计划余额、填报调剂志愿、参加复试、等待录取通知。在调剂系统中,你可以看到各招生单位的计划余额信息,通常,这会包括专业、缺额人数等关键信息。为了获取最准确的数据,建议直接访问你感兴趣的招生单位的官方网站或联系其招生办公室,查看最新的调剂信息。在查询计划余额时,要特别注意对应招生单位官网发布的调剂申请条件,这些条件可能包括你的考试成绩、专业背景等。确保你满足这些条件后,再考虑填报该专业的调剂志愿。

以上具体流程可能因年份或不同学校而有所差异,建议参考当年的招生简章和调剂通知,以获取最准确的信息。

(二)考研

大四上学期对于考研的同学来说,可以说是最忙碌、最关键,也最具挑战性的特殊时期。考研的同学不仅需要投入大量的时间和精力来完成剩余课程和实习任务,还要准备期末考试、毕业论文或毕业设计,同时考研报名、择校、考试等重要事项也都需要在这几个月内完成,可以说是多重任务叠加在一起。面对如此多的任务和压力,考研的同学们需要学会调整心态,保持冷静和乐观,合理安排好时间,确保每一项任务都能得到妥善处理。

1. 研究生考试的几个时间节点

9月:发布公告与考研预报名

通常在9月初,教育部和各高校会陆续发布考研的报名通知和政策,明确考试的具体时间、地点、报名条件、考试科目等重要信息。预报名是为了让考生提前熟悉报名流程,避免正式报名时因不熟悉流程而错过报名时间。预报名并不是强制性的,但建议考生参与,以便为正式报名做好准备。

10月:正式报名

考生需要按照官方发布的要求,登录指定的报名网站进行正式报名。报名时需要填写个人信息、选择报考学校和专业、上传证件照等。报名成功后,考生需要支付考试费用,通常可以通过网上支付或到指定地点缴纳。

11—12月:最后冲刺与现场确认

这两个月是考生复习的关键时期,需要密集地进行知识复习、模拟考试等,以确保在考试中取得好成绩。通常在11月底或12月初,有些考点的考生需要前往指定地点进行身份验证和照片采集等现场确认工作,这是为了确保考生的身份真实有效,确保考试的公正性。完成现场确认后,考生可以在官方网站上下载并打印准考证。准考证是考生参加考试的重要凭证,务必妥善保管。

12月:研究生考试(初试)

研究生考试(初试)根据官方发布的时间表,通常在12月的第三个周末进行研究生考试(初试)。

次年2—3月:公布成绩与录取分数线

考研成绩和分数线通常会在次年2月到3月之间发布。具体的时间可能会因地区和学校的不同而有所差异。一般来说,考研笔试的成绩会在2月中旬公布,而考研国家线则会在3月中下旬发布。对于自主划线院校,他们的复试分数线一般会在2月底左右公布。这个复试分数线可能会高于或低于国家线,具体情况会根据学校的招生政策而定。

次年3—4月:研究生复试

研究生复试是考生通过研究生入学考试(初试)后,由报考院校组织进行的第二次考试,具体科目和形式根据学校和专业的不同而有所差异。复试的时间因地区、学校和专业而异,但一般来说,大部分院校的研究生复试工作会在3月下旬至4月上旬进行。不过,也有部分院校,尤其是自主划线院校,他们的复试时间可能会相对早一些。另外,像医学类专业的复试时间也可能会相对较晚,有些甚至可能延迟到5月份。具体的复试时间和地点,考生需要密切关注报考院校的通知,及时了解复试的具体安排和要求,并做好相应的准备。同时,考生也可以参考往年的复试时间和地点,做好提前规划和准备。

2. 考前考中注意事项

(1)考前

熟悉考场:12月考研初试前,考研的同学在正式考试前可以到考场看看,熟悉一下考场和周边环境,了解考场布局、中午休息场所以及熟悉从学校/家/酒店到考场的路线和距离。避免出现意外。

注意饮食:考前考中尽量保持清淡饮食,避免食用过于油腻、辛辣的食物,以免影响考试状态。早午餐也避免摄入太多液体物,可以备几块黑巧克力,一方面可以充饥,另一方面也可以在一定程度上帮助缓解紧张情绪。

注意作息：保持良好的作息习惯，保证充足的睡眠，避免在考试前熬夜。如果有失眠困扰，可以提前准备一些帮助睡眠的食物，尽量避免出现彻夜未眠的情况。

(2)考中

注意时间管理：在考试中，要合理分配时间，确保每个部分都能得到充分的回答。避免在某个部分花费过多的时间，导致其他部分没有时间完成。

仔细阅读题目：在答题前，要仔细阅读题目，理解题目的要求。避免因为误解题目而导致答非所问。

保持答题规范：在答题时，要按照规定的格式和要求进行书写。保持字迹清晰、卷面整洁。

注意检查：在答题完成后，要留出一定的时间进行检查。检查答案是否合理、是否符合题目要求等。

注意调整心态：不管前面一场考试发挥如何，尽量避免情绪波动过大影响下一科考试。

3. 考研复试

考研复试的内容一般包括外语综合能力测试、专业笔试和综合面试。其中，外语综合能力测试主要考查考生的外语口语、翻译和听力能力；专业笔试则主要考查考生的专业知识；综合面试则主要考查考生的综合能力，包括发展潜力、创新能力、科研能力、社会工作能力、实践经历等。

对于通过初试的考生，可以提前准备复试面试的相关内容，包括中文面试、英文面试等，并开展相应的训练。

面试是考研复试的一部分，内容一般包括专业知识、综合素质和发展潜力等，旨在通过面对面的交流，全面了解考生的学术水平、科研能力、性格特点等。面试结果将作为招生单位录取的重要依据。在面试时，需要注意着装得体、仪态端庄、表达清晰、态度诚恳，以展现出自己的最佳状态。

(1)研究生导师想要什么样的学生？

总的来说，研究生导师希望录取的学生是那些既有学术潜力，又对研究领域充满热情，同时具备良好的独立思考能力、团队合作和沟通能力，以及适应压力、有坚持不懈的毅力的学生。这样的学生更有可能在研究生阶段取得优秀的学术成果，并为导师的研究团队做出贡献。

学术潜力：研究生导师通常希望录取在学术上表现出色的学生，包括在本科阶段的学习成绩、参与科研项目或发表论文的经历等。这些都能证明学生具备一定的学术潜力和研究能力。

研究兴趣：导师通常会关注学生对研究领域的兴趣和热情。一个对研究领域充满热情的学生更有可能在研究生阶段做出出色的成绩，因为他们会更有动力去探索和创新。

独立思考能力：导师希望学生能够独立思考，具备批判性思维，能够在研究中发现问题并提出新的解决方案。这样的学生通常能够在学术研究中取得更好的成果。

团队合作和沟通能力：研究生阶段的研究往往需要与其他学生或研究人员合作，因此导师会关注学生的团队合作能力和沟通技巧。一个能够与他人有效沟通、协作的学生更有可能在团队中发挥积极作用。

适应能力和毅力：研究生阶段的学习和研究往往面临各种挑战和困难，导师希望学生能够具备适应这些压力的能力，以及坚持不懈的毅力。

专业素养：导师也会关注学生在专业知识、技能和方法上的掌握程度，以及他们是否具备进行高质量研究所需的基本素养。

所以，在自我介绍中要有针对性的准备、介绍。

(2)考研复试准备

在研究生面试前，做好充分的准备是至关重要的。

深入了解研究领域和导师：仔细研究你申请的研究生项目，了解它的研究方向、课程内容和预期目标。了解你的潜在导师的研究领域、主要成就和近期项目，思考如何将你的兴趣与他们的研究结合起来。

了解面试流程和细节：了解面试的具体流程，包括面试时间、地点、形式（线上或线下）以及可能涉及的环节（如自我介绍、问题回答、展示等）。

复习基础知识和核心概念：回顾你本科阶段学习的核心课程和基础理论知识，特别是与你申请的研究生项目密切相关的内容。准备关于你的学术背景、研究经历以及为什么选择这个研究生项目等常见问题的答案。

模拟面试练习：与同学、朋友或家人进行模拟面试练习，通过实际演练来提高你的自信心和回答问题的流畅度。准备并回答可能遇到的面试问题,包括个人背景、研究兴趣、职业规划和团队合作等。

准备个人陈述和研究计划:如果你需要在面试中提交个人陈述或研究计划,你要提前完成并仔细校对它们。在个人陈述中,突出你的学术背景、研究兴趣和为什么选择这个研究生项目。在研究计划中,展示你对未来研究的想法和目标。

注意着装和形象:选择一套得体、整洁的服装,展现你的专业和严谨态度。注意个人形象,包括发型、面部清洁和指甲护理等,确保你以最佳状态出现在面试中。提前了解并遵守面试的礼仪和规则,如准时到达、保持安静、尊重他人等。

保持积极心态和充足准备:保持积极的心态,相信自己能够顺利通过面试。确保在面试前有足够的休息和准备时间,避免疲劳或紧张影响你的表现。

(三)出国读研

1. 出国读研的步骤

(1)确定学校和专业

确定学校和专业是留学规划中的重要步骤,涉及个人兴趣、背景、目标以及未来的职业规划。这方面的内容已在大二和大三部分详细讲解过,此处不再赘述。

(2)准备申请材料

准备申请材料是留学申请过程中的关键环节。这些材料不仅展示了你的学术背景和研究潜力,也是招生委员会了解你个人特质和动机的重要途径。

(3)网上申请和寄送材料

网上申请和寄送材料是出国留学过程中非常关键的一步。你需要了解申请要求,在线填写申请表格,上传申请材料,邮寄申请材料,检查和确认,遵守截止日期,备份申请材料,跟踪申请状态。

具体流程在大三篇中已详述。

(4)申请签证

一旦你收到了学校的录取通知书,你就可以开始申请学生签证了。你需要准备相关的申请材料,如护照、签证申请表、录取通知书、财务证明等。你可能还需要参加一次面试,以证明你的学习目的和资金来源。

(5)了解目的地国家的文化和风俗

了解目的地国家的文化和风俗对于即将出国留学的学生来说至关重要。这不仅能够帮助你更好地融入新的环境,避免不必要的误解和冲突,还能让你在异国他乡感受到更多的温暖和归属感。

阅读相关书籍:选择一些介绍目的地国家文化、历史和社会习俗的书籍进行阅读。这些书籍可以为你提供丰富的背景知识,帮助你了解当地人的生活方式、价值观和行为准则。

浏览官方网站和在线资源:政府机构和旅游网站通常会提供关于目的地国家文化的详细信息。你可以在这些网站上找到关于当地文化、节日、习俗、礼仪等方面的介绍。

参加文化交流活动:在你所在的城市或学校,可能会有一些与目的地国家相关的文化交流活动,如语言交换、文化展览、烹饪课程等。参加这些活动可以让你亲身体验目的地国家的文化魅力,与当地人建立联系,了解他们的生活方式。

关注社交媒体和博客:关注一些目的地国家的社交媒体账号和博客,了解当地人的日常生活、风俗习惯和社会动态。这可以帮助你更好地了解当地的文化氛围和生活方式。

尊重当地文化:在了解目的地国家文化和风俗的过程中,最重要的是保持尊重和开放的态度。尊重当地人的价值观和生活方式,避免做出冒犯或不当的行为。同时,保持开放的心态,积极融入当地文化,享受留学带来的美好体验。

2. 回国学位认证

出国读研后的学位认证,一般可以在教育部留学服务中心网上服务大厅进行。

(1)注册账号并进行实名认证

登录教育部留学服务中心网上服务大厅。

点击右上角的"登录",选择"个人用户登录"。

如果没有账户,点击"立即注册",填写个人信息并完成账号注册。

(2)实名认证

在手机上下载"国家政务服务平台"手机 App，根据提示完成人脸识别身份认证。

(3)在线申请学位认证

登录后，点击"学历学位认证"页面，选择"在线申请"。

填写需要认证的学历学位信息，选择申请类型［国(境)外学历学位认证］，并填写申请信息和学习经历。

至少填写两条从高中起的学习经历，包括学位信息、学习经历等。

上传申请材料，包括证件照、文凭证书、成绩单、护照信息页、签证记录和居留卡等。

(4)支付认证费用并等待结果

确认信息无误后，点击"提交"，并按照提示页面支付认证费用。

完成申请后，会有短信和邮件通知你。你可以在"个人中心"的"我的申请"中查看认证结果。

请注意，以上步骤和所需材料可能会因具体情况和网站更新而有所变化，请以实际情况为准。在进行学位认证时，务必确保提供的信息和材料真实、准确、完整。

二、就业

(一)考公务员

近几年来经济环境严峻，就业形势并不乐观，追求稳定成为众多年轻人的首选。虽然体制内大部分工作收入并不算高，但因为工作稳定，社会认同感较高，福利保障体系相对完善和健全，一些毕业生出于现实考虑还是渴望进入体制内工作。

1. 确定岗位

(1)国考与省考

公务员考试分国考和省考两种，国考是中央机关及其直属机构考试录用一级主任科员及以下和其他相当职级层次公务员的简称，省考是本(省、区、市)各级机关面向社会考试录用一级主任科员以下及其他相当职级层次公务员的简称,北京、上海、天津和重庆四个直辖市也称"市考",广西、西藏、内蒙古、宁夏和新疆五个自治区也称"区考"。国考和省考都有笔试公共科目,还有部分岗位加试专业科目。

国考和省考在组织单位、考录机关、招考对象范围、考试时间、考题难度以及录用待遇等多个方面存在显著的区别,考生需要根据自己的实际情况和需求选择参加哪种考试,并充分准备以提高竞争力。

组织单位不同:国考是由中央组织部、人社部和国家公务员局共同组织的,而省考则是由各省省委组织部、各省人社厅、公务员局组织的。

考录机关不同:国考即为中央序列职位的考试,而省考即为地方序列职位的考试。这意味着,国考的招录机关通常是中央机关,如住建部、发改委等,而省考的招录机关则主要是省市县党政机关以及行政机关等相关机构。

招考对象不同:国考面向全国招考,除个别岗位有户籍限制外,大多数无户籍限制,而省考则是向本省考生招考,部分省考有职位和户籍限制。

考试时间不同:国考通常在 10 月份考试,而省考时间则不尽相同,具体参考各省招考公告。因此,考生需要关注各自省份的招考公告,及时了解考试时间。

考试内容和难度不同:国考和省考在考试内容上存在差别,国考的考试内容和难度通常要大于省考。国考的竞争也相对更加激烈。

编制和福利待遇不同:国考录用后属于国家公务员序列,而省考录用编制属于地方公务员序列。虽然国家和地方公务员都按照同一制度管理,并有统一的薪酬体系,但因地域范围、行业不同等,薪酬及晋升空间会存在一定的差异。

(2)省考联考与非联考

省考联考是指多个省份联合统一时间进行考试,试卷可能是相似的也可能是不同的,但考试时间一致。常见的联考省份有黑龙江、安徽、贵州、湖北、吉林、江西、山西、山东、宁夏、内蒙古、河南、云南、广西、四川、福建、陕西、新疆、天津、湖南、重庆等。

非联考省份则是指不参与多省联合考试的省份,即他们各自规定考试时间,试卷为自主命题。常见的非联考省市有北京、上海、广东、深圳、广州、江苏、浙江等。

需要注意的是,每年联考和非联考省份会有所不同,有些省份会退出联考,有些省份会加入联考,因此具体情况需要参考当年的考试公告。

(3)中央选调生与省选调生

选调生是中央及各省党委组织部门有计划地从高等院校选调品学兼优的应届大学本科及其以上毕业生到基层工作,作为党政领导干部后备人选和县级以上党政机关高素质的工作人员人选进行重点培养的群体的简称。

中央选调生是指中央或国家机关通过特定渠道选拔录用优秀高校毕业生的一种特殊公务员招录方式。与常规的公务员招录不同,中央选调生的招录对象主要是国内顶尖高校的优秀毕业生,如 C9 联盟高校(包括北京大学、清华大学、复旦大学、上海交通大学、南京大学、浙江大学、中国科学技术大学、哈尔滨工业大学和西安交通大学)的毕业生。

省选调生是指由各省党委组织部门有计划地从 985、211 等重点高等院校选调品学兼优的应届大学本科及其以上毕业生到基层工作,作为党政领导干部后备人选和县级以上党政机关高素质的工作人员人选进行重点培养的群体的简称。省选调生提拔速度比公务员快得多,一般本科毕业定科员,硕士毕业生定副科,博士毕业生定正科。但省选调生的选拔条件一般都很严格,要求报考选调生的学生政治素质好,有志于从事党政工作并有发展潜力,中共党员(含预备党员),在校期间担任班级以上学生干部,有一定的组织协调能力,学习成绩优秀,本科或研究生毕业必须获得相应学位,身体健康,年龄在 35 岁以下等。

选调生考试分为统招、定向和优选三类。

统招选调生:也称为"优大生"或"调干生",是由各省区市党委组织部门有计划地从高等院校选调品学兼优的应届大学本科及其以上的毕业生,以及具有 2 年以上基层工作经历的大学生"村官"到基层工作。这些选调生会作为党政领导干部后备人选和县级以上党政机关高素质的工作人员人选进行重点培养。经过考试,选调生可以直接录用为公务员。

定向选调生:这类选调生通常是针对特定学校或特定专业的毕业生。各省份一般会定向双一流大学,即我们常说的 985、211 一类大学,报名人群也是在校成绩排名靠前的人才。定向选调生的招录单位通常也会明确要求报考者的学校和专业背景。

优选生：优选生（或称为"优秀选调生"）是省委或相关政府部门从国内重点高等院校中选拔出来的优秀毕业生，作为储备干部进行培养。这种选拔通常是为了满足党政机关、事业单位、央企、国企等重要机构对高素质人才的需求。优选生并不一定完全进入党政机关工作，国家会根据需求和岗位性质，把优选生安排到事业单位、央企、国企等担任重要职位。这样的安排旨在充分发挥他们的专业优势和潜力，为国家和社会的发展做出贡献。

需要注意的是，不同省份和地区的选调生考试类型和具体政策可能会有所不同。因此，有志于报考选调生的同学需要及时关注相关政策和招录公告，以便及时了解相关信息和要求。

2. 公务员考试内容

（1）笔试

国考、省考的笔试公共科目均为《行政职业能力测验》（以下简称《行测》）和《申论》。《行测》均为客观题，需要涂卡，《申论》均为主观题，根据给定的材料回答问题。

《行测》，主要考查考生的基本素质和综合能力，包括常识判断、言语理解与表达、数量关系、判断推理和资料分析五大部分。其中，常识判断主要测试考生对社会、政治、经济、文化等方面基本知识的掌握程度；言语理解与表达则主要测试考生的语言运用能力和对文字材料的理解能力；数量关系主要测试考生的数学运算能力；判断推理主要测试考生的逻辑思维能力和分析判断能力；资料分析主要测试考生对图表、数据等材料的分析和解读能力。

《申论》，主要考查考生的文字表达能力和对问题的深入分析能力，通常会给定5~12则材料，要求考生根据材料内容回答问题，并可能需要根据材料进行文章写作。一般包括归纳概括题、综合分析题、提出对策题、贯彻执行题和文章写作题五大题型。部分省考的乡镇卷可能不考文章写作题，但会考公文题，这主要测试考生的实际应用能力和对公文写作规范的掌握程度。

（2）分级分类考试

国考《行测》《申论》均实行分级分类考试，按照省级以上（含副省级）综合管理类、市（地）以下综合管理类和行政执法类职位的不同要求，设置三类试卷。

省考的公共科目与国考类似，大部分省份为《行测》和《申论》，不分类。但部分省份会实行分级分类考试,比如浙江行测分 ABCD 四类,申论分 ABC 三类;山东申论试卷分为 AB 两类;海南考试申论分为 ABC 三类。

需要注意的是,不同省份的分级分类考试标准和要求可能会有所不同。因此,考生在备考时需要了解所在省份的具体考试要求,有针对性地进行复习和准备。

3. 公务员考试笔试备考

(1)笔试备考

笔试备考要制订科学的学习计划和方案,分阶段、按步骤进行。计划好时间线,纵向来讲,要规划具体开始备考的时间,每个阶段要完成的任务;横向来讲,要把每天的学习规划做好,每天尽量按照考试时间进行学习,做真题的时候尽量按照规定时间进行限制,以保障最优的考试效果。

① 时间规划

制定详细的时间线:根据备考时间的长短,你需要制定每天、每周、每月的学习计划。确保每个阶段都有明确的目标和任务。

合理分配时间:根据每个科目的难易程度和你的掌握程度,合理分配学习时间。对于薄弱的科目,你可以适当增加学习时间,重点突破。

② 题型专项学习

选择合适的专项学习顺序:根据自己的实际情况,可以先从较为熟悉的题型开始,逐渐过渡到较为陌生的题型。这样可以保持学习的连贯性和积极性。

深入学习和练习:在专项学习过程中,要深入理解和掌握每种题型的解题方法和技巧。同时,通过大量的练习来巩固所学知识,提高解题速度和准确性。

③ 综合套题刷题

模拟考试环境:在做综合套题时,要模拟真实的考试环境,包括时间限制、答题方式等。这样可以帮助你更好地适应考试节奏,提高应试能力。

及时总结和反思:每次做完套题后,要及时总结和反思自己的表现。分析错题的原因,找出自己的不足之处,并制定针对性的改进措施。

④ 错题整理和思维拓展

错题整理:将做错的题目整理到一个专门的错题本上,方便以后查阅和复习。同时,要深入分析错题的原因,避免再犯同样的错误。

思维拓展:在做题过程中,如果出现思路与答案不符的情况,要重新审视自己的思维过程,找出问题所在。通过拓宽思维、调整思路来解决问题,提高解题能力。

(2)申论答题技巧

①归纳概括题

归纳概括题是考试中比较常见的题型,主要要求考生对给定材料进行归纳和概括,提炼出主要观点或问题。

解答思路如下。

审题:仔细阅读题干,明确归纳概括的对象和范围。

提炼信息:从给定材料中提炼出关键信息,包括主要观点、问题、事实等。

归纳概括:将提炼出的信息进行归纳和概括,形成简洁明了的表述。

②综合分析题

综合分析题要求考生对给定材料进行深入分析,从多个角度探讨问题,并提出解决方案或建议。

解答思路如下。

审题:明确分析的对象和问题,确定分析的角度和重点。

分析问题:从多个角度分析问题,包括问题的成因、影响、解决方案等。

提出建议:根据问题分析的结果,提出合理的解决方案或建议。

③提出对策题

提出对策题要求考生针对给定的问题或现象,提出具体的解决方案或对策。

解答思路如下。

审题:明确问题的具体内容和要求,确定解决方案或对策的方向和重点。

分析问题:深入分析问题,找出问题的根源和关键因素。

提出对策:根据问题分析的结果,提出具体的解决方案或对策,并说明其可行性和有效性。

④贯彻执行题

贯彻执行题是一种重要的题型,主要考查考生在实际工作中对政策、法规、计划等内容的理解、把握和执行能力。贯彻执行题目的本质还是对于材料内容的归纳概括,在对材料综合理解的基础上,参考材料逻辑,对要点进行分类整理,注意语言适当加工优化以及格式要素完整。

解答思路如下。

审题:仔细阅读题目,明确题目要求你做什么。贯彻执行题通常要求考生根据给定的情况或政策,制订一个具体的执行计划或方案。

理解背景:深入理解题目给出的背景信息。这可能是一个政策、法规、计划或对某个社会问题的描述。理解背景是为了确保你的执行方案与题目的要求相契合。

分析问题:分析问题是制订有效执行方案的关键。在这一步,你需要考虑以下几个方面:明确问题的核心是什么,它涉及哪些关键要素;确定哪些群体或机构将受到这个执行方案的影响,并考虑其需求和利益;评估可用于解决问题的资源和存在的限制,如资金、时间、技术等。

制订方案:基于对问题的分析,开始制定具体的执行方案。方案应该包括以下几个方面:目标设定,明确执行方案要达到的具体目标;列出实现目标所需的详细步骤,并为每个步骤分配具体的时间表;确保所需的资源(如人力、资金、设备等)得到合理分配;设定监测机制以跟踪方案的执行情况,并定期评估效果。

撰写答案:将你的执行方案以清晰、有条理的方式表达出来。确保答案涵盖了所有重要的方面,并且逻辑严密。

⑤文章写作题

文章写作题主要考查的是考生的综合素质和能力,包括问题理解、逻辑思维、文字表达、社会关注以及政治觉悟等方面。

解答思路如下。

审题:认真审题,明确题目的要求,理解题目的核心意图,确定文章的主题和写作方向。

立意:根据题目的要求,明确文章的中心思想或核心观点,这通常是文章的主题句或论点,它应该准确、鲜明地表达文章的主要内容和立场。

搜集素材:围绕文章的中心思想或观点,搜集相关的素材。素材可以来自给定的材料、个人的知识储备、社会热点等。确保素材具有代表性、典型性和说服力。

构建文章结构:在开始写作之前,构建文章的结构,包括确定文章的开头、主体和结尾,以及各部分的逻辑关系。一个好的文章结构应该清晰、连贯,使读者能够轻松地理解文章的主旨和要点。

写作:按照构建好的文章结构,开始写作。在写作过程中,可以适当使用修辞手法和论证方法,增强文章的说服力和感染力。

修改和润色:完成初稿后,仔细阅读文章,检查语言的准确性和流畅性,以及内容的逻辑性和条理性。如有需要,进行适当的修改和润色,使文章更加完善。

当然,在正式考试中,具体的步骤可能会因题目的要求和个人的写作习惯而有所不同。但无论如何,明确主题、搜集素材、构建结构和认真写作都是必不可少的环节。

⑥省考公文题

部分省考的乡镇卷可能不会考文章写作题,但会考公文题。

通知类公文:这是用于传达某种信息、指令或要求的公文。例如,会议通知、工作通知、任免通知等。在这类公文中,通常需要明确告知接收者需要做什么、何时做以及为什么要这么做。

报告类公文:这主要用于向上级或相关部门汇报工作进展、完成情况、问题反馈等。如工作报告、调研报告、财务报告等。在这类公文中,需要详细阐述事实、分析原因、提出建议,以便上级或相关部门了解实际情况并作出决策。

请示类公文:这是当下级机关或部门在遇到问题、困难或需要决策时,向上级或相关部门寻求指示、批准或支持的公文。在这类公文中,需要明确陈述问题、说明原因,并提出具体的请示事项和建议。

批复类公文:这是对下级或相关部门的请示进行答复的公文,通常包含决策、意见或建议。在这类公文中,需要明确表达批复的意见和决定,并给出具体的执行要求或建议。

函类公文:这是用于与平行单位或不相隶属的单位之间进行沟通、协商或处理某些事项的公文。如商洽函、答复函、请批函等。在这类公文中,需要保持语气平和、礼貌,同时内容要具体、明确。

以上只是公文题类型的一些常见分类,实际上还有很多其他类型的公文,具体分类可能会根据不同的行业、机构或国家的规定而有所不同。

解答思路如下。

明确目的和内容:明确公文的目的和内容,确保写作方向正确。

格式规范:遵循公文的格式要求,如标题、正文、落款等。

逻辑清晰:确保公文内容逻辑清晰,条理分明。

语言准确:使用准确、简练的语言,避免模棱两可或冗长的表达。

数据支撑:如为报告类公文,确保使用真实、准确的数据支撑观点。

省考公文题案例

4. 公务员考试面试备考

(1)面试形式

公务员面试通常包括三种形式:结构化面试、无领导小组讨论面试和结构化小组面试。每种形式都有其特点和考察重点。

结构化面试是最常见的一种面试形式,因为其规范性和效率性,被大多数招录单位所采用。它通常按照事先制定好的面试题目和流程进行。在结构化面试中,考官会按照预定的题目和评分标准对考生进行提问,考生需要在规定的时间内回答问题。这种面试形式主要考查考生的基本素质、口头表达能力、思维能力、组织协调能力以及人际交往能力等。结构化面试通常包括四道或五道题目,考生需要在规定的时间内完成作答。面试形式一般为听题形式,但也有招录部门会提供题本。面试过程中,有的考官会逐题提问,考生逐题回答;而有的考官则会一次性将所有题目读完,考生再依次作答。作答时间一般为20分钟左右。

无领导小组讨论面试则是一种比较灵活的面试形式,相对来说难度更大一些,因为考生需要在没有指定领导的情况下,就某个问题或主题进行讨论,并展现自己的领导力和团队协作能力。这种面试形式无法事先做准备,要求考生具备很强的应变能力和丰富的基础知识,同时还要有控场能力,以确保讨论能够有序、高效地进行。在这种面试形式中,考官主要观察考生的言行举止、沟通技巧、团队合作精神以及解决问题的能力等。国考时个别部委会采用无领导小组讨论面试的形式,以考查考生在较为自由、开放的讨论环境中的表现。

结构化小组面试则是结合了结构化面试和无领导小组讨论面试的特点,通常是由一组考生共同完成一项任务或解决一个问题,并在过程中进行相互讨论和交流。在这种面试形式中,考官会观察考生的组织协调能力、沟通能力、团队合作精神以及解决问题的能力等。税务系统、海关等部门则更倾向于采用结构化小组面试的形式,以更全面地考查考生的团队协作能力和沟通能力。结构化小组面试则是由每3名考生组成一组,先进行个人陈述,然后进行互动答题和点评。这种面试形式除了考查考生的基本素质和能力外,还着重考查考生的团队协作能力和沟通能力。一轮下来需要30分钟左右。

(2)面试备考要点

了解所报考的岗位及其考情是面试备考的第一步,也是至关重要的一步。只有明确了考试的具体要求和内容,才能更有针对性地进行备考。如面试时间、面试形式、考查题目数量以及是否考察专业相关性知识等都是非常重要的信息。

搜集该岗位近五年的试题并分析出题规律,把握考试的大致方向和高频考点,从而更有针对性地进行复习。

关注时事热点也是面试备考中不可或缺的一部分。考生可以通过多种渠道,如人民网、新华网、学习强国App等,获取最新的新闻资讯,提升自己的政治素养和时事敏感度。

(3)结构化面试流程

在国考和省考中,结构化面试是比较常见的考察形式,虽然不同部门的结构化面试会有一些细微差别,但大致面试流程一样,下面是大概流程供大家参考。

考生报到抽签:考生一般需要提前10—30分钟到达指定地点报到,考试工作人员核对考生身份证和面试通知书等相关证件。之后,考生抽签确定分组和进场顺序。

候考:考生抽签完毕后进入候考区等待考试,考试未结束不许随便离开,有考场工作人员监督,上卫生间需要工作人员陪同。

进入考场:按照顺序,轮到某考生入场时,引导员将到候考室宣布"请××号考生入场"。考生随同引导人员到达考场门口后自行进入考场。

答题:考生进入考场后,直接走到考生席,站定后向考官问好,得到"请坐"的指令后,考生可以落座。落座后,考生一般需要报自己的考试顺序号,等考官宣布导入语后,考试开始。面试中一般有题本和考官读题两种形式。整个面试时间大约在20~30分钟,考生需要回答4~5道题目。在回答问题时,考生需要注意不要自报姓名,以免被取消面试资格。

退场:在回答无补充后,主考官会宣布考生退场,并到候分室等待分数公布。

公布成绩:记分员收集各考官对该名考生的评分表,核算分数。核算完毕后,交给监督员审核,监督员和主考官签字后交给工作人员到候分室向考生当场宣布。

面试结束:考生得到成绩后,整个面试流程结束。考生离开考场。

(4)结构化面试技巧

①综合分析类题型答题技巧

综合分析类题型是公考结构化面试中的常见题型,主要考查考生对时政、社会现象、哲理等问题的深入理解和分析能力。这类题目要求考生能够全面、客观地分析问题,并提出合理的解决方案或建议。

明确并阐述观点:在回答问题之前,先要明确自己的观点和立场。清晰地阐述你的观点,确保面试官能够明白你的态度。

使用具体事例或逻辑支持观点:使用具体的事例、数据或逻辑论证来支持你的观点,增加说服力。可以引用相关的政策文件、研究报告或新闻报道来加强论证。

综合分析类题型答题技巧详解示例

分析问题的多个角度:在分析问题时,要考虑问题的多个方面和角度,包括正面和负面、长期和短期影响等,展示你的全面性和客观性,避免片面看待问题。

提出解决方案或建议:在分析问题的同时,提出一些切实可行的解决方案或建议。说明这些方案或建议的可行性和预期效果,展示你的实际操作能力。

强调观点的重要性和实际落实:阐述你的观点对于解决问题或推动社会发展的重要性,讨论如何在实际中落实你的观点或建议,使其具有可操作性和实际意义。

②统筹协调类题型答题技巧

统筹协调类题型是公考结构化面试中常见的一种题型,常见考题为几项工作需要统筹协调处理,考查考生对于工作目标轻重缓急的理解,以及是否具备协调沟通能力和团队合作精神、分析能力和解决问题的能力、细节把控能力和执行力等。

明确任务目标和要求:分析每个任务的目的、紧急程度和所需资源,确定每个任务的时间限制和可能的影响。

确定优先级:将任务按照紧急性、重要性和影响程度排序,优先处理紧急且影响大的任务,如工厂排放污染事件。确保重要但不紧急的任务(如环保知识宣传活动)得到合理安排,以防其变得紧急。长期项目可根据其进度和阶段性目标来安排工作。

统筹协调类题型答题技巧详解示例

制订详细计划:为每个任务制定具体的时间表、责任人和执行步骤,确保计划具有灵活性和可调整性,以应对不可预见的情况。

强调沟通和协调:说明如何与其他部门、团队成员和利益相关者进行有效沟通,展示如何协调不同任务间的资源分配和进度安排。

展现分析解决问题的能力:分析可能遇到的困难和挑战,并提出解决方案,展示如何利用现有资源和条件解决问题。

细节把控和执行力:强调对任务细节的关注和把控,确保工作质量和效率,展示个人和团队的执行力,确保计划得到落实。

③言语表达类题型答题技巧

公考结构化面试言语表达类题型主要考查考生的演讲能力、论述能力和语言表达能力。这类题目通常会给定一个主题或情境,要求考生进行即兴演讲或论述。

明确并紧扣主题：在开始演讲之前，要清楚地理解并记住主题。演讲内容应紧密围绕主题展开，避免偏离。

注意表达的逻辑性和条理性：在演讲中，使用清晰的逻辑结构，如"引言—主体—结论"模式。主体部分可以采用分点论述的方式，使内容条理清晰，使用过渡句或连接词来增强句子之间的连贯性。

适当使用修辞手法：使用比喻、排比、反问等修辞手法来增强语言的感染力和说服力。注意修辞手法的使用应自然贴切，避免过于生硬或夸张。

④应急处突类题型答题技巧

在公考结构化面试中，应急处突题型通常要求考生在面对突发事件或紧急状况时，能够迅速、有效地做出判断和应对。

理解情境并快速分析：准确理解题目描述的情境，包括突发事件的性质、影响范围和紧急程度。快速分析问题的核心，确定需要优先处理的事项。

明确角色与权限：根据自己在情境中的角色，明确自己的职责和可采取的行动范围，考虑如何在权限范围内有效解决问题。

制订解决方案：根据问题的性质和紧急程度，制订切实可行的解决方案，考虑解决方案的可行性和潜在影响，确保不会引发新的问题。

突出紧急与重要事项：在回答过程中，突出解决紧急和重要问题的措施，展示自己的判断能力。要避免在次要问题上花费过多时间，确保主要矛盾得到解决。

注重实际操作与细节：在描述解决方案时，注重实际操作的可行性和细节处理，展示自己对实际情况的考虑和对细节的把握能力。

总结与反思：在回答结束时，总结自己的处理过程和结果，展示自己解决问题的能力。反思自己在处理过程中的不足，提出改进措施，展示自我提升意识。

⑤人际关系题型答题技巧

公考结构化面试中的人际关系题型,主要考查考生在工作环境中如何处理与上级、下级、同事、群众等各方的人际关系。

理解情境:仔细阅读题目,理解情境中的核心问题和人际关系冲突。

明确身份与职责:分析自己在情境中的角色和职责,明确自己应该采取的行动范围和立场。

积极沟通:强调沟通的重要性,展示自己在沟通中的主动性,表达要清晰、有效。

展现解决问题的能力:提出具体、可行的解决方案,展示自己面对问题时的应对能力和解决问题的能力。

反思与总结:在回答结束时,反思自己在处理过程中的表现,提出可能的改进方案,并总结经验和教训。

(5)无领导小组讨论面试流程

无领导小组讨论是一种集体面试形式,不指定谁是领导的讨论,小组成员在讨论中的地位是平等的,尤其是在自由讨论环节,往往是无领导小组面试最"无序"的环节。一组考生要在没有组织者的情况下达成高质量的一致意见,就需要每位考生充当一定的角色,并能够各司其职,相互配合。那么,无领导小组讨论面试都有哪些角色?如何确定自己适合什么角色呢?以下是一些常见的角色划分和选择技巧。

①角色划分

领导者:负责引导小组讨论的方向,主持整体流程。这个角色需要有较强的组织能力和逻辑思维能力,能够清晰地阐述观点,并引导其他成员参与讨论。懂得合理分工,善长发挥资源优势,关键时刻能够掌控局面、协调关系、归纳决策。这个角色风险最大,但收益也最大,通常也会是破冰者,第一个提出分析问题的主线和讨论框架。

时间管理者:负责掌控小组讨论的时间,确保讨论在规定时间内完成。这个角色需要有较强的时间管理能力和协调能力,能够在讨论过程中及时调整时间分配,确保讨论进度。

倾听记录者:在自由讨论中扮演的是倾听记录的角色,负责记录小组讨论的要点和结论,确保讨论内容不被遗漏。这个角色需要有较好的笔记能力和总结能力,能够在讨论结束后整理出清晰的思路和结论。有些同学可能在整场过程中实在插不进话,不要气馁,这个时候倾听记录就非常重要,听取别人观点的同时把讨论的过程和结果详细记录。在适当的时候进行阶段性总结,发挥好了可以扭转考官对自己的印象。或者在最后,将总结陈词完美地呈现给考官,展现个人的综合分析能力、语言表达能力、归纳概括能力等,如此也能给考官留下深刻的印象。

观点陈述者:负责阐述自己的观点和看法,为小组讨论提供思路。这个角色需要有较强的表达能力和逻辑思维能力,能够清晰地表达自己的观点,并与其他成员进行有效的沟通。

②选择技巧

如何选取自己的角色使预先准备和临场抉择相结合?一方面要根据自己在平时生活和工作中,更善于做哪个角色进行预先设定,只有角色定位适合自己平时的表现,才能更自然、更出色地在这个方向上做出较大的贡献。另一方面也要做好担任其他角色的预案,在临场时也要考察小组成员之间的能力、性格和专业构成,如你原先选定的方向,在面试中被他人抢先一步,建议不要过分地争抢,选择其他相近的方向或者担当这个方向的辅助角色即可,一定记住最重要的是团队的完整与和谐。

根据自身特点选择角色:在选择角色时,应根据自己的性格、能力和特长来选择适合自己的角色。例如,如果你具有较强的组织能力和逻辑思维能力,可以选择担任领导者;如果你有较好的笔记能力和总结能力,可以选择担任记录者。

充分了解讨论问题和背景:在选择角色前,应充分了解讨论问题的背景和相关知识,以便更好地担任相应的角色。例如,如果讨论问题是关于社会热点的,可以选择担任观点陈述者,从多个角度阐述问题。

与其他成员协商和配合:在选择角色时,应与其他成员进行协商和配合,确保每个角色都有人担任,并且能够相互支持和协作。例如,可以与团队成员商量,根据自己的特点和优势选择合适的角色。

(二)考事业单位

事业单位招聘考试,通常被称为考编,是指通过事业单位招聘考试,获得事业单位编制的过程。事业单位招聘考试一般由事业单位自行组织,考试难度相对较低,竞争也相对较小。一旦成功获得事业单位编制,就可以享受到事业单位工作人员的福利待遇和职业发展机会。

事业单位是国内一种特殊的组织形式,通常由政府或政府部门设立,以提供某种公共服务或管理某种公共资源为主要职责。

事业单位对应事业编制,按管理和供养性质,分为参公人员、全额拨款、差额拨款、自收自支等几类身份。事业单位的类型非常多样,涵盖了教育、医疗、科研、文化、体育等各个领域。以下是一些常见的事业单位类型。

教育事业单位:包括各类学校,如小学、中学、大学、职业学校等,以及幼儿园、特殊教育机构、成人教育机构等。

卫生事业单位:主要包括医院、卫生院、诊所、疾控机构、妇幼保健院等提供医疗或卫生保健服务的机构。

科研事业单位:如研究所、研究中心、科学院等,主要从事科学研究和技术创新。

文化事业单位:如图书馆、博物馆、文化馆、艺术团体等,负责传承和发展文化事业。

体育事业单位:如体育馆、运动队、体育学校等,负责体育活动的推广和人才培养。

社会福利事业单位:如养老院、福利院、救助站等,负责社会福利和救助工作。

其他事业单位:如环境保护机构、城市规划机构、土地管理机构等,负责特定领域的公共管理和服务。

1. 厘清考编相关概念

(1)事业单位联考与非联考

联考,即事业单位联合考试,是多省份或同省份的各地级市以相同时间、相同内容、相同评分标准的形式进行的事业单位联合考试。联考根据岗位性质的不同,主要分为ABCDE类,即综合管理类、社会科学专技类、自然科学专技类、中小学教师类、医疗卫生类,考试科目通常为《职业能力倾向测验》和《综合应用能力》。

非联考,即各省市单独招考的事业单位考试,这种模式下,各省市会根据自己的需求和情况,单独命题,单独发布信息进行招考。非联考的考试科目不固定,具体考试科目需要参考各省市的招聘公告。

此外,联考和非联考在考试形式和内容上也有所不同。联考通常比较统一,大部分考试科目相同,考试形式大多为单项选择,答案一般有固定的选项。而非联考则比较多样,多为笔试和面试相结合的形式,具体的考试内容根据招聘单位的需求而定,考生可能需要提交一些材料做证明、简历等,备考内容也更加复杂。

(2)事业单位统考

事业单位统考,也称为全省事业单位招聘统一考试,是指多个省份或同省份的各地级市以相同的时间、笔试科目和评分标准进行的事业单位招聘考试。

统考的时间不固定,由各省根据实际情况自行决定。考试科目一般包括《职业能力倾向测验》和《综合应用能力》,也可能包括《综合基础知识》《综合知识》《综合知识和能力素质》《申论》《公共基础知识》等,具体考试科目和形式需要根据各省的招聘公告来确定。

与事业单位联考不同,统考是由各省自行组织的,参与省份数量相对较少,但考试内容和时间相同,可以方便考生备考和参加考试。同时,统考通常适用于该省内各级事业单位招聘,包括省直、市直、县区等,考生可以根据自己的实际情况选择报考的岗位和地区。

(3)参公事业单位

参公事业编是指对政府委托或授权具有行政执法能力的单位和不属公务员系列的人员,参照公务员法进行管理。参公事业单位人员可以和公务员之间相互流动,享受与公务员相同的工资、福利和晋升机会等待遇。同时,他们也可以参加公务员的职称评定和职务晋升等,与公务员具有相同的职业发展路径。

参公事业单位属于事业编制,但人员并不通过事业单位考试录取,而是通过公务员考试录取。这意味着参公事业单位人员的选拔标准和程序与公务员相同，都需要经过严格的考试和考核。

常见的参公事业单位主要包括以下几类。

行政类参公事业单位：包括供销社、粮食局、机关局、移民局、地震局、发展研究中心、公积金中心、社保局、房产局、档案局等。

行政执法类参公事业单位：这类单位主要集中在各大职能部门的二级部门，具有行政执法职能，如文化广电新闻出版局的文化执法、交通局的交通执法、农业农村局的农业执法、卫健委的卫生监督执法、国土局的国土清理执法、环保局的环保执法、劳动局的监察执法、城管局的城管执法等部门。

党委群团类参公事业单位：包括所有党委机关和群团机关，如省市县委、人大、政协机关办公室，团委、妇联、工会、科协、文联、关工委、残联、政法委、统战部、宣传部、组织部、纪委等团体机关单位。

2. 考公与考编的区别

性质不同：考公是指参加公务员考试，成为国家机关工作人员，拥有国家行政编制；而考编则是指参加事业单位招聘考试，成为事业单位工作人员，拥有事业单位编制。

招聘单位不同：考公的招聘单位主要是国家机关，如政府、法院、检察院等；而考编的招聘单位主要是事业单位，如学校、医院、科研机构等。

招聘方式不同：考公采用国家公务员考试的方式，由国家人力资源和社会保障部门组织；而考编则采用事业单位招聘考试的方式，由各地人力资源和社会保障部门组织。

考试内容不同：考公的考试内容通常包括《行政职业能力测验》《申论》等，部分岗位需要考专业知识；而考编的考试内容则根据不同岗位和地区而有所不同，通常包括《公共基础知识》、专业知识和面试等。

工作性质不同：考公进入国家机关工作，主要是国家行政管理和执法岗位；而考编进入事业单位工作，性质较为多样，包括教学、科研、服务等。

竞争激烈程度不同：由于考公的范围较广，竞争通常会更为激烈；而考编的竞争程度可能相对较低。

3. 事业单位考试特点

事业单位招聘考试是选拔事业单位工作人员的重要途径，其考试内容、形式、流程和答题技巧等方面都具有一定的特点。

(1)考试内容

事业单位招聘考试的考试内容通常包括笔试和面试两部分。

①笔试内容

笔试主要包括《综合素质测试》《行政能力测试》《专业知识测试》等。其中，《综合素质测试》主要考查考生的基本素质，如言语理解、数量关系、判断推理等；《行政能力测试》主要考查考生的行政管理和执法能力，如《行政职业能力测验》和《申论》等；《专业知识测试》则主要考查考生在所报考岗位所需的专业知识和技能。

②面试内容

面试环节主要考查考生的综合素质和应变能力，包括仪态仪表、口头表达能力、思维能力、组织协调能力以及人际交往能力等。

(2)考试形式

事业单位招聘考试的考试形式一般分为笔试和面试两种形式。其中，笔试通常采用闭卷考试的方式，考生需要在规定时间内完成试卷上的题目；面试则通常采用结构化面试的形式，考生需要按照面试官的提问进行回答，并展示自己的综合素质和应变能力。

(3)考试流程

事业单位招聘考试的考试流程一般包括报名、资格审查、笔试、面试、体检、考察及公示等环节。

报名：考生需要在规定时间内登录招聘网站或现场报名，提交相关材料并缴纳报名费。

资格审查：招聘单位对考生的资格进行审查，确认考生是否符合报考条件。

笔试：通过资格审查的考生参加笔试，按照要求完成试卷上的题目。

面试：根据笔试成绩和招聘需求，招聘单位通知部分考生参加面试。

体检：面试合格的考生需要参加体检，检查身体是否符合要求。

考察：对体检合格的考生需要进行考察，了解其政治表现、道德品质、业务能力等方面的情况。

公示：根据考察结果，招聘单位确定拟聘用人选，并在招聘网站或相关媒体上进行公示。

(4)答题技巧

仔细阅读题目：在答题前，考生需要仔细阅读题目，理解题意，确定答题方向。

合理安排时间：在考试中，考生需要合理安排时间，确保每道题目都有足够的时间进行思考和回答。

注意答案逻辑：在回答题目时，考生需要注意答案的逻辑性和条理性，避免出现思路混乱、表述不清的情况。

突出重点：在回答题目时，考生需要突出重点，抓住关键点，尽可能简洁明了地表达自己的观点和想法。

多做模拟题：备考过程中，考生需要多做模拟题，熟悉考试形式和题型，提高答题速度和准确性。

(三)基层就业

基层就业是指到城乡基层工作，包括到农村、社区、乡镇等基层单位从事教育、卫生、文化、科技、农业等方面的工作。

大学生基层就业的主要形式包括"大学生志愿服务西部"计划、"三支一扶"(支教、支农、支医和扶贫)计划、"农村义务教育阶段特设岗位"计划、"选聘高校毕业生到村任职工作"计划，以及"大学生征兵入伍"等。这些计划旨在鼓励大学生到基层、到西部、到艰苦地区就业，为毕业生提供丰富的实践机会和发挥专长的空间，让大学生在实践中成长，成为学真本领、善于动手、勤于思考的实用型技术人才。

1. 毕业生基层就业主要优惠政策

对高校毕业生到中西部地区和艰苦边远地区基层单位就业、履行一定服务期限的，按规定给予学费补偿和国家助学贷款代偿。

结合政府购买服务工作的推进，在基层特别是街道(乡镇)、社区(村)设置一批公共管理和社会服务岗位，优先用于吸纳高校毕业生就业。

艰苦边远地区基层机关招录高校毕业生可适当放宽学历、专业等条件，降低开考比例，可设置一定数量的职位面向具有本市、县户籍或在本市、县长期生活的高校毕业生。

艰苦边远地区县乡事业单位公开招聘高校毕业生可适当放宽年龄、学历、专业等条件,可以拿出一定数量岗位面向本县、本市或者周边县市户籍人员(或者生源)招聘;乡镇事业单位招聘本科以上高校毕业生、县级事业单位招聘硕士以上高校毕业生,以及招聘行业、岗位、脱贫攻坚急需紧缺专业高校毕业生,可以结合实际情况,采取面试、直接考察的方式公开招聘;可以根据应聘人员报名、专业分布等情况适当降低开考比例,或不设开考比例,仅划定成绩合格线。

2. 学费补偿和助学贷款代偿政策

对到中西部地区和艰苦边远地区基层单位就业的中央部门所属高校应届毕业生实行学费补偿或国家助学贷款代偿政策,本、专科毕业生每人每年最高不超过12 000元,研究生每人每年最高不超过16 000元。本科、高职(专科)、研究生和第二学士学位毕业生补偿学费或代偿国家助学贷款的年限,分别按照国家规定的相应学制计算。每年补偿学费或代偿国家助学贷款总额的1/3,三年代偿完毕。

各省(自治区、直辖市)制定的吸引和鼓励本地所属高校毕业生面向艰苦边远地区基层单位就业的学费补偿和国家助学贷款代偿办法均有一些出入,同学们可以在政府官网上查找具体的政策。

3. 基层就业户口档案政策

落实省会及以下城市放开对高校毕业生落户限制的规定,高校毕业生在基层就业可根据需要自愿迁移户口。人事档案按规定转至就业地县级人力资源社会保障部门所属公共就业和人才服务机构,或有关单位的组织人事部门。

4. 中央基层就业项目优惠政策

(1)公务员招录优惠:每年拿出公务员考录计划的一定比例,专门用于定向招录服务期满且考核称职(合格)的服务基层项目人员。服务基层项目人员也可报考其他职位。

(2)事业单位招聘优惠:各省(区、市)县乡基层事业单位公开招聘时,应根据本地区实际拿出一定数量或比例的岗位,对"三支一扶"等服务期满考核合格的人员进行专项招聘,并增加工作实绩在考察中的权重,聘用后可以不再约定试用期;省市事业单位公开招聘时,对"三支一扶"等服务期满且考核合格的人员同等条件下优先聘用。

(3)考学升学优惠:服务期满后 3 年内报考硕士研究生初试总分加 10 分,同等条件下优先录取;高职(专科)学生可免试入读成人本科。

(4)国家补偿学费和代偿助学贷款政策:参加中央基层就业项目的毕业生,符合规定条件的,可享受相应的学费补偿和助学贷款代偿政策。

(5)服务期满自主创业的,可享受税收优惠、行政事业性收费减免、创业担保贷款和贴息等有关政策。

(6)参加基层服务项目前无工作经历的人员,服务期满且考核合格后 2 年内,在参加机关事业单位考录(招聘)、各类企业吸纳就业、自主创业、落户、升学等方面可同等享受应届高校毕业生的相关政策。

(7)各基层就业项目服务年限计算工龄。服务期满到企业就业的,按照规定转接社会保险关系。

5. 中央基层就业项目详解

(1)"大学生志愿服务西部"计划

"大学生志愿服务西部"计划(以下简称"西部计划")是由团中央、教育部根据国务院常务会议、《国务院办公厅关于做好 2003 年普通高等学校毕业生就业工作通知》和 2003 年全国高校毕业生就业工作电视电话会议精神的要求而实施的,财政部、人社部给予相关政策、资金支持。这项计划从 2003 年开始,按照公开招募、自愿报名、组织选拔、集中派遣的方式,每年招募一定数量的普通高等学校应届毕业生或在读研究生,到西部基层开展为期 1—3 年的志愿服务。

以 2023—2024 年度西部计划实施方案为例,由中央财政支持,面向普通高等学校(教育部《全国普通高等学校名单》所列高校)应届毕业生或在读研究生,按照公开招募、自愿报名、组织选拔、集中派遣的方式,招募选派 2 万名西部计划全国项目志愿者(含已招募的第二十五届中国青年志愿者扶贫接力计划研究生支教团志愿者)到西部地区基层工作。西部计划志愿者服务期为 1—3 年,服务协议一年一签。

2023—2024 年度西部计划紧紧围绕接续全面推进乡村振兴战略的有关部署,分为乡村教育、服务乡村建设、健康乡村、基层青年工作、乡村社会治理、服务新疆、服务西藏 7 个专项。岗位设置严格落实基层导向、乡村导向,重点向国家乡村振兴重点帮扶县、当地乡村振兴重点帮扶县的乡村、易地扶贫搬迁安置社区、全国乡村治理示范村镇、全国乡村振兴科技引领示范村镇调整。

志愿者们可以通过支教、支医、支农等方式,为西部地区的发展贡献自己的力量。同时,志愿者们也可以在农村团委、乡镇团委、基层检察院、基层法院、基层司法援助、西部农村平安建设等多个领域发挥作用,为西部地区的社会建设和发展做出贡献。

①保障机制

按照中共中央办公厅、国务院办公厅《关于进一步引导和鼓励高校毕业生到基层工作的意见》,人力资源社会保障部等单位《关于统筹实施引导高校毕业生到农村基层服务项目工作的通知》《关于做好艰苦边远地区基层公务员考试录用工作的意见》等有关文件规定,西部计划志愿者可享受相应优惠政策。鼓励各地积极出台支持志愿者扎根当地的政策措施。

服务2年以上且考核合格的,服务期满后3年内报考硕士研究生的,初试总分加10分,同等条件下优先录取。

参加西部计划项目前无工作经历的志愿者,服务期满且考核合格后2年内(研究生支教团志愿者自研究生毕业时开始计算),在参加机关事业单位考录(招聘)、各类企业吸纳就业、自主创业、落户、升学等方面可同等享受应届高校毕业生的相关政策。

按规定符合相应条件的,可享受相应的学费补偿和助学贷款代偿政策。

服务期满考核合格的,依实际服务年限计算服务期及工龄(参加工作时间按其到基层报到之日起算),并在服务证书和服务鉴定表中体现。

服务期满1年且考核合格后,可按规定参加职称评定。

出省服务的和在本省服务的志愿者享受同等优惠政策。

西部计划作为中央举办、地方受益的国家项目,所需经费由中央和地方财政共同承担。中央财政按照西部地区每人每年3万元(南疆四地州、西藏每人每年4万元)、中部地区每人每年2.4万元的标准给予补助,通过一般性转移支付体制结算方式拨付省级财政部门。地方各级财政要统筹中央财政补助资金和自身财力,按月足额发放志愿者工作生活补贴,承担志愿者社会保险单位缴纳部分(个人缴纳部分从志愿者工作生活补贴中代扣代缴),保障各级项目办开展志愿者招募、培训、派遣、宣传等工作。按照人力资源社会保障部等单位《关于统筹实施引导高校毕业生到农村基层服务项目工作的通知》要求,各地可参照当地乡镇机关或事业单位从高校毕业生中新聘用工作人员试用期满后的工资收入水平,确定西部计划志愿者工作生活补贴标准,并为在艰苦边远地区服务的志愿者提供艰苦边远地区津贴。符合条件的未就业西部计划志愿者享受相关就业创业扶持政策。

各地要加强统筹协调和督促检查,确保为每名西部计划志愿者(含研究生支教团志愿者)落实社会保险。考虑到西部计划志愿者地域跨度较大、影响安全因素较多等特点,各地要按照全国项目办有关要求,为每名西部计划志愿者(含研究生支教团志愿者)购买重大疾病、人身意外伤害等商业保险。鼓励有条件的地方为志愿者办理其他补充医疗保险。

县级项目办及基层服务单位应为志愿者提供交通、住宿、伙食等方面的便利,提高保障水平。

②报名流程

西部计划的公告报名时间一般在每年的3—6月份。具体流程如下。

领取报名表:报名参加"西部计划",应到所在学校的项目办(一般设在学校团委、毕业生就业指导中心)领取报名表,也可从中国志愿服务网等网址下载报名表。

上交报名表:学生首先需要在西部计划信息系统中填写并下载"报名登记表"。填写好的"报名登记表"需要经过学生所在院系团委的审核并盖章。盖章后的"报名登记表"需要交给所在高校的项目办公室(通常是校团委)进行审核备案。

资格审核:高校项目办在收到学生的"报名登记表"后,会对学生填写的信息进行核实,确保其真实性。审核完成后,高校项目办会在西部计划信息系统中填写相应的审核意见。

笔试、面试:有条件的高校项目办会对报名西部计划的学生进行统一的笔试和面试。笔试和面试的内容包括对学生志愿精神的考查、基本素质能力的考查、逻辑与语言能力的考查以及心理健康的考查等。通过这些考查,选拔出符合岗位要求、具有较强志愿情怀且笔试面试成绩突出的学生。招募省项目办也可以统一组织这些笔试和面试。

体检：根据学校所在地的不同，体检的组织方式有所不同。位于省会城市的学校，其志愿者的体检由招募省项目办统一组织。位于非省会城市的学校，其志愿者的体检则按照省级项目办的要求，由所在地区的地（市）级团委组织统一体检。体检的标准参照全国项目办下发的志愿者体检标准，要求严肃认真。如果发现体检不合格者，招募省项目办需要及时联系相应高校进行调换补录。

公示：体检合格后，录取的志愿者名单会在校园内公示3天。若无异议，该名单会报送给招募省项目办。招募省项目办会审核本省录取的志愿者名单，并在网站上公示3天。公示结果会报送给全国项目办，并及时反馈至服务省项目办。

签订招募协议：公示无异议后，入选的志愿者会与招募省项目办签订招募协议。协议的格式和文本由全国项目办统一提供。协议签订后，全国项目办会委托各招募省项目办向志愿者发"确认通知书"。同时，招募省项目办会协调高校项目办建立志愿者后备人选库。

值得注意的是，每年的西部计划国家政策、招募方案、报考时间等会有所调整，有意报考的同学请以当年学校、西部计划官网公布的信息为准。

(2)"三支一扶"计划

"三支一扶"计划是中华人民共和国政府为引导和鼓励高校毕业生到农村基层从事支教、支农、支医和扶贫工作而实施的一项政策。"三支一扶"计划旨在通过选拔高校毕业生到农村基层服务，为农村基层提供智力支持和人才保障，促进农村基层经济社会发展和社会主义新农村建设。同时，该计划也为高校毕业生提供了到基层锻炼的机会，帮助他们增强社会责任感和实践能力，促进个人成长和职业发展。

2021年5月28日，中央组织部、人力资源社会保障部、教育部、财政部、水利部、农业农村部、国家卫生健康委、国家乡村振兴局、国家林草局、共青团中央决定，实施第四轮（2021—2025年）高校毕业生"三支一扶"（支教、支农、支医和帮扶乡村振兴）计划，通过公开招募、自愿报名、组织选拔、统一派遣的方式，每年选派3.2万名左右的高校毕业生到基层服务。

①保障机制

"三支一扶"人员工作生活补贴标准要按照当地乡镇机关或事业单位从高校毕业生中新聘用工作人员试用期满后的工资收入水平确定,并根据物价、同岗位人员待遇水平等动态调整。在艰苦边远地区服务的,享受艰苦边远地区津贴。中央财政补助标准为西部地区每人每年 3 万元(其中新疆南疆四地州、西藏自治区每人每年 4 万元)、中部地区每人每年 2.4 万元,东部地区每人每年 1.2 万元。"三支一扶"大学生在服务期间的生活补贴标准会因地区而异。一般来说,服务期内的工作生活补贴标准为专科生不低于 2 500 元/月、本科生不低于 2 600 元/月、研究生不低于 2 700 元/月。除此之外,根据年度考核结果,还会发放考核奖励金。考核为称职的每人发放 3 600 元,考核为优秀的每人发放 5 400 元。

"三支一扶"人员按规定参加基本养老、基本医疗、工伤保险。各地可根据实际,按规定为"三支一扶"人员办理补充医疗保险、重大疾病、人身意外伤害等商业保险以及住房公积金。中央财政按照每人 3 000 元的标准,为新招募且在岗服务满 6 个月以上的人员发放一次性安家费。

②优惠政策

"三支一扶"大学生服务期满后,进入市场自主择业。中央要求各地及有关部门要高度重视和做好服务期满的"三支一扶"大学生就业工作,采取多种形式,开辟多种渠道,积极为其就业创造条件。

落实公务员定向考录政策,各省(区、市)每年应拿出公务员考录计划的 10% 左右,面向"三支一扶"计划等服务基层项目人员定向考录。

各级人事、教育、农业、卫生、扶贫等部门,要采取有效措施,充分挖掘就业岗位,制定鼓励政策,积极吸纳服务期满的"三支一扶"大学生进入本系统工作。原服务单位有职位空缺或有相对应的自然减员需补充人员时,要优先聘用服务期满考核合格的"三支一扶"大学生。相关事业单位公开招聘工作人员,应拿出不低于 40% 的比例,聘用具有两年以上基层工作经历的高校毕业生,在同等条件下要优先聘用"三支一扶"大学生。

对于准备自主创业的人员,可享受行政事业性收费减免、小额贷款担保和贴息等有关政策。

到西部地区和艰苦边远地区服务 2 年以上,服务期满后 3 年内报考硕士研究生,同等条件下优先录取。

服务期满考核合格的"三支一扶"大学生,根据本人意愿可以回到原籍或到其他地区就业,凡落实了接收单位的,毕业生就业主管部门负责为其办理相关手续,就业后不再有见习期。凡进入国有企事业单位的,由接收单位按照所任职务或岗位比照同等条件人员确定其工资福利待遇,其服务年限计算为工龄,在今后评定晋升专业技术职务时,同等条件下优先考虑。

期满"三支一扶"人员可按规定享受学费补偿和助学贷款代偿政策。本科及以上学历毕业生参加支医服务的,期满且考核合格后由县级卫生健康主管部门统一安排参加住院医师规范化培训。

③报考条件

"三支一扶"招募对象一般为应届毕业生及毕业两年内未就业的往届毕业生,学历要求大专以上。基本条件为:政治素质好,热爱社会主义祖国,拥护党的基本路线和方针政策;大学专科以上学历,具有工作岗位所需要的专业知识;具有敬业奉献精神,遵纪守法,作风正派;身体健康。

值得注意的是,各地"三支一扶"考试报考条件并不一致,具体大家请关注各地人事考试网以及"三支一扶"招募网。报名人员必须仔细阅读"填表说明"等,登录网上报名系统,填写相关报名信息。报名信息填写须按照下方的栏目填写说明逐项认真填写,不能遗漏,所填内容要准确无误。

④考试内容

"三支一扶"考试分笔试和面试。笔试科目为《职业能力测试》和《综合知识》,笔试不指定考试复习用书;面试和考核由"三支一扶"工作办公室负责,按计划设定一定比例,以县(市、区)为单位按岗位分类,从高分到低分确定进入面试、考核人员名单。

(3)选聘高校毕业生到村任职(大学生村官)

高校毕业生到村任职计划是中国政府为了引导和鼓励高校毕业生到农村基层工作而实施的一项政策。该计划始于2008年,由中央组织部、教育部、财政部、人力资源和社会保障部等部门联合出台,旨在选拔优秀高校毕业生到农村担任村党支部书记助理、村委会主任助理或团支部书记、副书记等职务,以促进农村基层组织的建设和发展。

根据计划,高校毕业生到村任职一般为2—3年,其间由县级组织部门进行管理和考核。在服务期间,大学生将参与农村基层工作,包括但不限于农村经济发展、社会事务管理、文化建设等方面的工作。同时,国家也会给予一定的政策支持和待遇保障,例如发放工作生活补贴、提供社会保险和住房公积金等。

需要注意的是,高校毕业生到村任职计划的具体实施政策会因地区和年份不同而有所不同,建议关注当地政府部门或人事考试网的官方公告,及时了解相关政策和要求。

(4)农村义务教育阶段学校教师特设岗位计划

特岗计划,即农村义务教育阶段学校教师特设岗位计划,是由中央财政设立专项资金,用于特设岗位教师的工资性支出,通过公开招募高校毕业生到西部"两基"攻坚县县以下农村义务教育阶段学校任教,引导和鼓励高校毕业生从事农村教育工作,创新农村学校教师补充机制,逐步解决农村师资总量不足和结构不合理等问题,提高农村教师队伍的整体素质。

该计划自2006年启动实施,2009年开始扩大到中西部地区22个省区的国家扶贫开发工作重点县。招聘的教师主要分为初中教师和小学教师,覆盖了多个县和学校。

特岗计划的实施流程一般包括公开招募、自愿报名、组织选拔、统一派遣等步骤。招募对象主要是高校毕业生,包括本科生、研究生等。在服务期间,特岗教师会享受一定的工作生活补贴、社会保险等政策支持。服务期满后,如果考核合格,特岗教师可以获得相应的证书和就业优惠政策。

需要注意的是,特岗计划的具体实施政策会因地区和年份而有所不同,建议关注当地政府部门或人事考试网的官方公告,及时了解相关政策和要求。

(四)报考军队文职

在大二篇,介绍过在校大学生和应届毕业生参军入伍的优惠政策、基本条件、申请流程等。这里,我们着重介绍应届毕业生投身国防事业的另一种形式——报考军队文职。

1. 军队文职概念

中国人民解放军文职人员,简称军队文职,是指在军队编制岗位依法履行职责的非服兵役人员,是军队人员的组成部分,依法享有国家工作人员相应的权利、履行相应的义务。

军队文职主要是在军民通用、非直接参与作战,且专业性、保障性、稳定性较强的岗位,按照岗位性质分为管理类文职人员、专业技术类文职人员、专业技能类文职人员。管理类文职人员和专业技术类文职人员是党的干部队伍的重要组成部分。

军队文职根据所任岗位,从事行政事务等管理工作,教育教学、科学研究、工程技术、医疗卫生等专业技术工作,操作维护、勤务保障等专业技能工作。根据需要,军队文职还要参加军事训练和战备值勤以及在作战和有作战背景的军事行动中承担支援保障任务,或参加非战争军事行动等。

军队文职实行公开招考、直接引进、专项招录相结合的招录聘用制度。公开招考适用于新招录聘用七级文员、专业技术八级、专业技能三级以下和普通工岗位的文职人员;直接引进适用于选拔高层次人才和特殊专业人才;专项招录适用于从退役军人等特定群体中招录聘用文职人员。

2. 招考条件

(1)年龄限制:以 2024 军队文职人员公开招考报考指南为例,报考九级文员以下管理岗位或者初级专业技术岗位的,年龄为 18 周岁以上、35 周岁以下(1987 年 10 月至 2005 年 10 月期间出生);报考八级文员、七级文员管理岗位或者中级专业技术岗位的,年龄为 18 周岁以上、45 周岁以下(1977 年 10 月至 2005 年 10 月期间出生)。

(2)招考对象:招考对象为符合规定报考条件的社会人员,并具备招考岗位计划明确的户籍、学历、职业资格、工作经历等条件。根据军队文职人员政治考核有关规定,有下列情形的不得报考文职人员:

编造或传播有政治性问题言论;

参加、支持民族分裂、暴力恐怖、宗教极端等非法组织和活动;

与国(境)外政治背景复杂的组织或人员有联系,被有关部门记录在案;

曾受到刑事处罚、行政拘留等;

有涉及淫秽、色情、暴力和非法组织标志等文身;

被开除公职、责令辞职、开除党籍、开除学籍、开除团籍或受到严重纪律处分；

家庭成员、主要社会关系成员因危害国家安全受到刑事处罚或为非法组织成员等。

此外，报考人员不得报考与本人有夫妻关系、直系血亲关系、三代以内旁系血亲关系以及近姻亲关系的军队人员担任领导成员的用人单位的岗位，也不得报考与军队人员有夫妻关系、直系血亲关系、三代以内旁系血亲关系，在同一用人单位双方直接隶属于同一领导人员的岗位或者有直接上下级领导关系的岗位，以及军队人员担任领导职务的人力资源、纪检监察、审计、财务、军事设施等敏感岗位。

3. 报名

军队文职招录，一般由中央军委政治工作部通过军队人才网和"中国军号"App向社会公开发布军队文职人员公开招考信息。由于解放军各军种、部门发布的军队文职招录岗位不统一，招考时间不固定，具体招录岗位信息请以军队人才网公布的为准。

(1)报名方式：在报名时间内，报考人员根据公布的文职人员招考信息，通过军队人才网进行报名，不设现场报名。报考人员按照报名流程及要求，如实填报个人信息和上传相关证明材料，选择用人单位、招考岗位和考试地点。

(2)网上报名注意事项：报考人员应按报名网站登录首页提示的"认真阅读填报说明、缴费说明和考生须知"要求，熟悉公开招考文职人员的相关政策。对需要填写的每一项内容要认真考虑，慎重填报，严肃对待。

(2)由于需要填写的注册及报名信息较为详细，为了确保报名资料提交成功，加快报名速度，建议报考人员在网上报名前，先将需要填写的内容用Word或者记事本等软件编辑录入。在网上填写报名表时，将已准备好的资料一一粘贴到报名系统填写项中即可。

(3)为防止他人修改报考人员的个人资料，报考人员注册或者登录完毕，完成相应操作后，必须退出系统并关闭浏览器。

(4)报考人员填报个人信息时应当准确填写个人联系方式，整个报名期间须保持通信畅通，并及时关注军队人才网发布的取消招考岗位计划、调整入围比例或者等比例缩减招考岗位计划公告，以免错失录用机会。

4. 招录流程

(1)网上报名：在报名时间内，报考人员根据公布的文职人员招考信息，通过军队人才网进行报名，不设现场报名。

(2)资格初审：中央军委机关部委、战区、军兵种、中央军委直属单位、武警部队政治工作部门通过军队人才网报名系统对报考人员填报的信息进行初审，确认是否符合报考条件，一般2天左右反馈初审结果。

(3)参加笔试：笔试在全国各直辖市、省会城市、自治区首府和部分较大城市设置考点。报考人员可在缴费时从系统提供的城市中选择考试地点。为便于考生参加考试，报考者在网上报名时，尽量选择本人工作地或者学习地所在省（自治区、直辖市）设置考点的城市。如本人工作地或者学习地所在城市未设考点，或者该城市设有考点但已满最大承考人数，尽量选择在邻近设置考点的城市参加考试。

①全军统一笔试科目：全军统一笔试科目包括公共科目和1门相应专业科目，主要考核报考人员的综合素质和专业基础。

②如何获取笔试大纲：全军统一笔试大纲分为公共科目和专业科目，其中管理岗位和专业技术岗位共用公共科目考试大纲；专业科目考试大纲区分管理岗位和专业技术岗位两类，按各专业领域和学科门类设置。报考人员可登录军队人才网浏览下载考试大纲。

③笔试时间以军队人才网公布的时间为准。

④查询笔试成绩：密切留意军队人才网信息，一般1—2个月左右提供全军统一笔试成绩查询。考生凭用户名和密码登录军队人才网网上报名系统，查询本人全军统一笔试成绩。报考人员笔试成绩为公共科目和专业科目成绩之和。公共科目和专业科目成绩满分均为100分。

(4)公布入围名单：中央军委政治工作部按照90%考生上线的比例，划定公共科目合格分数线；根据招考岗位入围比例，对达到公共科目合格分数线的，再按照全军统一笔试成绩由高到低确定考试入围人员名单，并在军队人才网公布名单。公共科目或者专业科目单科考试成绩为零分或者缺考的，不列入考试入围人员名单。

(5)公布面试名单：用人单位对考试入围人员的基本情况、学历学位、专业资质、工作经历、准考证等原件或者证明材料进行审查,依据报考人员参加面试意向、资格条件审查等情况确定面试人员名单,名单由中央军委机关部委、战区、军兵种、中央军委直属单位、武警部队政治工作部门汇总审核。

(6)面试:面试由用人单位或者其上级单位组织实施,主要考核报考人员的业务知识和专业技能,一般采取现场答辩、授课试讲、器械操作、能力测验等方式,时间为20分钟左右,也可根据实际需要适当延长。

面试结束后,由组织面试单位现场告知报考人员面试成绩。面试成绩满分为100分,可以保留到小数点后两位。报考人员总成绩按百分制折算。其中,公共科目、专业科目、面试成绩分别占30%、30%、40%,总成绩可保留到小数点后两位。具体面试时间以用人单位或者其上级单位发布的公告(通知)为准。

(7)体检:体检在指定的医疗机构进行,费用由军队承担。

(8)告知预选对象:用人单位按照招考岗位计划人数120%的比例,根据报考人员总成绩由高到低确定预选对象,其数量一般应当多于招考岗位计划人数。其中,面试成绩低于60分或者体检不合格的,不得作为预选对象;总成绩相同的,依次按照面试成绩、专业科目成绩确定排名。用人单位确定预选对象后,将及时告知报考人员是否被确定为预选对象。

(9)政治考核:按照军队征集和招录人员政治考核有关规定,预选对象的政治考核通常由预选对象户籍所在地、经常居住地或者就读高校所在地的县级以上地方人民政府征兵办公室统一组织,同级公安机关具体实施,同级兵役机关、教育部门等配合做好相关工作。

政治考核以考核本人政治思想表现为主,重点考核拥护执行党的理论和路线、方针、政策,遵守国家法律法规,重大原则问题、重大政治斗争中的政治立场、政治态度和现实表现,遵守政治纪律和政治规矩,道德品质、宗教信仰、社会交往、诚实守信和出国(境)等情况,以及家庭成员、配偶的父母、未共同生活的兄弟姐妹的政治背景和违法犯罪等情况。

(10)确定拟录用对象:对政治考核合格的预选对象,用人单位按照总成绩排名确定拟录用对象名单。

(11)公示拟录用名单:拟录用对象名单由中央军委机关部委、战区、军兵种、中央军委直属单位、武警部队政治工作部门统一审核后在本单位军地门户网站和军队人才网同步对外公示。公示内容包括拟录用对象姓名、性别、准考证号、招考岗位和录用分数线，同时公布监督受理电话和电子邮箱，接受社会监督，公示时间为5个工作日。

(12)正式录用。

5. 如何选择报考岗位

建议报考人员提前在军队人才网的"招考专题"栏目中，下载招考岗位计划，查看所有岗位。岗位选报过程分为"岗位查询"和"岗位报考"两步。

报名信息保存成功后，点击报名流程界面中的"选报岗位"按钮，按筛选条件进行岗位选择后，点击岗位列表中的"岗位代码"链接，进入岗位详细信息页面，认真查看后点击"选报"按钮；也可点击岗位列表最后面的"收藏"按钮将感兴趣的岗位放到"岗位收藏夹"中，最多可以收藏5个岗位，进行对比选择报考。点击岗位详细信息页面的"选报"按钮，完成岗位报考操作。

注意事项：

(1)报考人员应认真了解基本的政策和要求，仔细阅读招考岗位计划，结合自身条件，慎重选择适合自己的招考岗位。报考人员如符合考试加分条件，务必选择相应加分人员类别选项，并上传相关证明材料。提交报名资格条件初审前请确认个人信息是否按本人实际情况准确填写，如填报的个人信息和相关证明材料与本人实际情况不一致应及时修改。

(2)报考人员只能报考1个招考岗位，并符合该岗位要求的条件，否则将不被录用。

(3)报考人员在报名时间内资格条件初审未通过的、所报考岗位招考岗位计划取消的，可以改报其他岗位。

（五）就职企业

经过本科四年的学习，除了继续深造读研的同学外，大部分同学将走向社会，进入职场，开始一段崭新的征程。如果把大学比作一个相对封闭的小社会，那么职场就是一个崭新的完整的大社会。

1. 秋招与春招

（1）秋招

秋招，即秋季校园招聘，是各大企业针对即将毕业的大学生进行的一场大规模的招聘活动。这场招聘活动的时间主要集中在每年的 8 月到 12 月，其中，8 月到 10 月是秋招的主要阶段，而 11 月到 12 月则是秋招的补录阶段。

秋招的主要特点如下。

秋招是企业招聘的主要时期，招聘岗位多、需求大，涵盖了各种行业和职位，为毕业生提供了丰富的就业选择。

秋招的企业质量高，包括许多知名的大型企业和国有企业，这些企业往往能提供更具竞争力的薪资和福利待遇。

秋招的流程相对完善，包括校园宣讲、网申、笔试、面试、体检和录取通知等环节，让毕业生能够更全面地了解企业和职位，也更能体现毕业生的综合素质和能力。

对于毕业生来说，秋招是一个非常重要的求职机会。通过参加秋招，毕业生可以提前了解就业市场和企业需求，积累求职经验，提高自己的竞争力。同时，秋招也是毕业生进入心仪企业的一个重要途径。因此，毕业生应该充分准备，抓住秋招的机会，争取获得心仪的职位。

（2）春招

春招，即春季校园招聘，是每年 3 月至 5 月的招聘活动，主要集中在每年的 3 月到 4 月。它是秋季校园招聘的补充，为那些未能在秋招中找到合适工作或想要更多选择的学生提供了机会。

春招的主要特点如下。

岗位较少，因为很多岗位在秋招中已经被填满，春招主要是作为补充招聘。

竞争相对较大，因为此时参加招聘的学生除了秋招中未能找到工作的，还有很多考研没考上也不打算二战的同学，以及秋招已经拿到 Offer 但想要找到更好工作的同学。

招聘流程相对简洁和快捷，因为企业通常不会在春招中投入像秋招那样大量的人力和物力。

对于毕业生来说，春招是一个重要的补充机会，可以帮助他们找到合适的工作。然而,由于春招的岗位较少,竞争较大,因此毕业生需要更加努力地准备,充分展示自己的能力和潜力。

2. 企业分类

不同的国家和地区可能有不同的企业分类标准和方法。此外,随着经济的发展和法律法规的变化,企业类型也可能会有所调整和更新。根据企业的经济性质或行业特点,我们可以进一步细分出更多的企业类型。以下是一些常见的分类。

国有企业:国有企业是指由国家拥有或控制的企业。这些企业通常由国家或地方政府直接经营或委托其他组织经营。国有企业通常在经济中扮演重要角色,特别是在基础设施、公共服务和关键产业等领域。

集体企业:集体企业是由工人或社区居民共同拥有和经营的企业。这些企业通常是在社会主义时期,为了促进经济发展和社会公平而设立的。集体企业可以存在于各个行业,但通常规模较小,员工数量有限。

私营企业:私营企业是由个人或家族拥有和经营的企业。这些企业通常以盈利为主要目标,并且规模大小不一,从小型个体户到大型跨国公司都有。私营企业在经济中占据重要地位,特别是在创新和就业方面。

外商投资企业:外商投资企业是指由外国投资者在中国大陆投资设立的企业。这些企业可以是合资企业(中外合作经营企业)、合作企业(中外合资经营企业)或独资企业(外商独资企业)。外商投资企业在中国经济中发挥着重要作用,带来了资金、技术和市场渠道等资源。

因此,毕业生们在筛选求职企业时,需要综合考虑公司规模、行业前景、公司文化、职位匹配度、薪资待遇、培训和发展机会以及福利待遇等多个维度。通过仔细评估和比较不同公司,你可以找到最适合自己的求职目标的企业。

公司规模:公司规模是一个重要的考虑因素。大型公司通常有更多的发展机会和资源,而小型公司可能更加灵活和创新。你需要根据自己的职业目标和偏好来选择适合自己的公司规模。

行业前景:了解所在行业的发展趋势和前景非常重要。选择一个有发展潜力的行业将为你的职业发展打下良好的基础。你可以通过研究行业报告、咨询专业人士或搜索相关信息来了解行业前景。

公司文化:公司文化对于员工的工作体验和职业发展至关重要。了解公司的价值观、工作氛围和领导风格等信息，判断自己是否能够融入公司文化，并与团队协作共事。

职位匹配度：选择与自己专业背景、技能经验相匹配的职位。考虑职位的职责、发展机会和晋升空间等因素，确保自己能够胜任工作并有所发展。

薪资待遇：薪资待遇是求职者普遍关注的一个重要因素。你需要了解所在行业和地区的薪资水平，并评估公司提供的薪资待遇是否合理和具有竞争力。

培训和发展机会：了解公司是否提供培训和发展机会，这对于个人的职业成长至关重要。一个好的公司应该能够为员工提供持续的学习和发展机会，帮助员工提升自己的能力和竞争力。

福利待遇：除了薪资待遇外，还需要关注公司的其他福利待遇，如五险一金、年终奖、带薪休假、节日福利等。这些福利待遇将直接影响你的工作生活质量和经济状况。

3. 毕业生进入企业就业的途径

校园招聘：企业会在高校举办招聘会，毕业生可以直接到现场投递简历，与招聘人员进行面对面交流。这是毕业生进入企业的一种重要途径，尤其是对于没有工作经验的毕业生来说，更是一种重要的机会。

网络招聘：现在越来越多的企业采用网络招聘的方式，毕业生可以通过各大招聘网站、企业官网等渠道投递简历。网络招聘的优点是方便快捷，可以随时随地投递简历，但需要注意的是，毕业生需要仔细甄别招聘信息的真伪，避免上当受骗。

社会招聘：社会招聘是指企业针对有工作经验的人士进行的招聘。毕业生可以通过社会招聘进入企业，但需要具备一定的工作经验和技能。

内部推荐：如果毕业生有在企业工作的亲友或者老师，可以通过他们的推荐进入企业。内部推荐通常更容易获得面试机会，因为推荐人已经对企业的文化和需求有了一定的了解。

实习转正：许多企业会招聘实习生，如果实习生的表现优秀，企业可能会考虑将其转正为正式员工。这是一种通过实习进入企业的途径，但需要实习生在实习期间表现出色。

4. 求职央企国企

(1)认知误区

现在的国有企业(国企),特别是中央企业(央企),已经经历了市场化改革,不再像过去那样受到行政体制的严格管理。这意味着央企国企早已去行政化,员工不再拥有传统的"编制",他们的工作合同、薪资和福利等都由企业与员工直接协商决定,而不是由机构编制管理部门统一规定。国企员工不在机构编制管理部门管辖范围内,既不算公务员,也不算事业编。这种改革使得国企更加灵活,能够更快地适应市场变化,但同时也要求国企在人力资源管理上更加注重规范化、透明化和法治化。

国有企业首先是企业,实行市场化用工方式,企业资金不是财政拨款,是要在市场竞争中取得效益,来承担员工的工资和社保费用等人工成本。

入职国企央企并不意味着就端上了铁饭碗。虽然国企央企具有一定的规模和实力,但也需要通过市场竞争来选拔人才和招聘员工。在市场经济环境下,企业之间的竞争非常激烈,员工的就业也面临着多种风险和挑战。央企国企员工能进能出、收入能增能减、干部能上能下已经成为常态。

(2)央企和国企的优势

相比一般的社会经营性企业,央企和国企的优势如下。

稳定性高:央企和国企通常具有较为稳定的工作环境和发展前景,对于追求职业稳定发展的求职者来说,是一个很好的选择。

薪酬福利好:央企和国企的薪酬福利体系相对完善,包括较高的基本工资、完善的社保福利、带薪休假等。

发展空间大:央企和国企拥有丰富的资源和广阔的市场,为员工提供了较大的发展空间和晋升机会。

社会责任感强:央企和国企在国家经济和社会发展中扮演重要角色,具有较强的社会责任感,对于希望为社会做出贡献的求职者来说,这是一个很好的平台。

需要注意的是,不同的央企和国企在招聘要求和福利待遇等方面可能存在差异,因此在求职过程中需要仔细研究各个企业的招聘信息和要求,选择适合自己的企业进行申请。同时,在求职过程中也需要不断提升自己的综合素质和技能水平,以更好地适应企业需求和发展趋势。

(3)央企和国企的薪酬体系

央企和国企的薪酬福利体系通常包括以下几个方面。

基本工资:这是员工每月固定收到的薪资,通常根据员工的职位、工作年限和所在地区的最低工资标准来确定。基本工资是员工生活的基本保障,也是企业对员工的基本待遇。

岗位津贴:根据员工所在岗位的特殊性和重要性,企业会给予一定的岗位津贴。例如,对于一些高风险、高技能或者需要长时间工作的岗位,企业会提供额外的津贴来补偿员工的付出。

绩效奖金:这是根据员工的工作表现和完成的任务量来决定的。如果员工的工作表现优秀,完成任务的数量和质量都达到了企业的要求,那么他们就有可能获得绩效奖金。

年终奖:这是企业在每年年底根据企业的经营状况和员工的年度表现来发放的奖金。年终奖的金额通常会比绩效奖金要高,是对员工一年辛勤工作的额外奖励。

福利:除了以上几种形式的薪资,央企和国企还会为员工提供各种福利,如住房公积金、企业年金、餐补、交通补贴等。这些福利虽然不直接体现在薪资上,但也是员工收入的一部分。

其他:有些企业还可能提供股票期权、分红等其他形式的薪资。这些通常是针对高层管理人员或者关键岗位的员工,是企业对他们长期贡献的一种奖励。

总的来说,央企和国企的薪酬福利体系是多元化的,旨在激励员工更好地工作,同时也体现了企业对员工的尊重和关怀。但需要注意的是,不同国企之间的薪酬水平也存在差异。一些规模较大、效益较好的国企,如石油、电力、金融等领域的国企,薪酬水平相对较高。而一些规模较小、效益一般的国企,薪酬水平则相对较低。因此,选择国企就业时,还需要了解具体的企业情况和发展前景。

(4)央企和国企求职步骤

在寻找央企和国企的求职机会时,你可以采取以下步骤。

研究不同的公司和职位:你需要了解哪些央企和国企在你的专业领域内有招聘需求。你可以通过查看公司的官方网站、招聘网站、社交媒体平台以及行业内的专业协会等途径来获取这些信息。

准备简历和求职信:一旦你找到了感兴趣的职位,你需要准备一份专业的简历和求职信。这些文件应该突出你的技能、经验和成就,以展示你为何适合这个职位。

在线申请:许多央企和国企会提供在线申请系统。你需要按照要求填写个人信息、上传简历和其他相关文件,并提交申请。

参加招聘会:你可以参加由学校或招聘机构组织的招聘会,以了解更多公司和职位,并与招聘人员进行面对面的交流。

关注招聘信息:关注各大招聘网站、公司官方网站以及社交媒体平台上的招聘信息,以便及时了解相关企业最新的招聘动态。

建立人脉:与行业内的专业人士建立联系,了解行业动态和求职机会。你可以通过参加行业会议、研讨会等活动来扩展人脉。

准备面试:一旦你的简历被选中,你可能会被邀请参加面试。在面试前,你需要对公司、职位和行业进行充分的了解,并准备好回答可能的问题。

记住,求职是一个持久的过程,需要耐心和决心。不要轻易放弃,继续努力寻找适合你的职位。

(5)央企和国企笔试、面试

①笔试

央企和国企的笔试内容通常包括以下几个方面。

职业能力测试:这是大多数央企都会考察的内容,主要包括言语理解、数学运算、判断推理等。题型和难度与公务员考试相似,但难度相对较低。

专业知识:根据招聘职位的不同,企业可能会考察相应的专业知识。例如,招聘技术岗位的企业可能会考察计算机知识、编程能力等;招聘金融岗位的企业可能会考察金融知识、财务分析能力等。

了解社会热点和时事政治:企业可能会通过一些题目来考察应聘者对当前社会热点和时事政治的了解程度。

英语能力:一些企业可能会考察应聘者的英语能力,包括阅读理解、词汇语法等。

性格测试：一些企业可能会通过性格测试来评估应聘者的性格特点和适应能力，以确定其是否适合所招聘的职位。

需要注意的是，不同企业的笔试内容和难度可能会有所不同，因此应聘者需要提前了解所应聘企业的笔试要求和内容，有针对性地进行准备。同时，还需要注重提高自己的综合素质和能力，包括语言表达、思维逻辑、团队协作等方面的能力，以更好地适应企业的工作要求。

②面试

在央企和国企的面试过程中，具体的面试内容和形式会因企业和职位的不同而有所差异。建议大家在面试前提前了解企业的背景和文化，以及招聘职位的具体要求，做好充分的准备，这样可以更好地应对各种面试问题。以下是一些常见面试题型，供大家参考。

自我介绍：这是面试的常规开场问题，也是展示自己的最好机会。主要考察应聘者的自我认知、表达能力和思维逻辑。在回答时，应简洁明了地介绍自己的基本情况、教育背景、工作经历和特长等。

求职动机与职业规划：面试官可能会询问应聘者选择该职位的原因、职业目标以及未来的发展规划。应聘者需要表达自己对职位的热爱和对未来的明确规划，以展示自己的职业素养和责任感。

个人优缺点：这也是一个常见的面试问题，你需要突出自己的优点，同时诚实地面对并转化自己的不足。

行为面试问题：这类问题要求应聘者描述在过去的工作或生活中遇到的特定情境，并说明自己的应对方法和结果。通过这些问题，面试官可以了解应聘者的实际工作能力、解决问题的能力以及行为模式。

专业知识与技能：根据招聘职位的不同，面试官可能会就应聘者的专业知识和技能进行深入询问。应聘者需要充分准备，展示自己的专业素养和实践经验。

团队合作与人际关系：央企和国企非常重视员工的团队合作能力和人际关系处理能力。面试官可能会询问应聘者在团队中的角色、与同事或领导的相处方式等，以评估其团队协作能力和人际关系处理能力。

压力与挫折应对:面试官可能会询问应聘者在面对工作压力和挫折时的应对方法。应聘者需要表现出积极、乐观的态度和有效的应对策略。

案例分析与解决问题:有时面试官会给出一个实际问题或案例,要求应聘者进行分析并提出解决方案。这主要考察应聘者的分析能力和创新思维。

无领导小组讨论:这是一种多人参与的面试形式,主要考察应聘者的团队协作能力、沟通能力和领导能力。在这种面试形式中,应聘者需要积极表达自己的观点,同时也要尊重他人的意见,共同完成任务。

需要注意的是,企业面试是要全面考核求职者的综合素质和专业能力,筛选能尽快适应并融入企业的优秀人才。因此,针对以上一些常见面试题型,感觉自己有所欠缺的,可以提前查询往年面试题目和类型,进行模拟面试,以更好地适应各种面试挑战。

面试是求职过程中非常重要的一环,特别是在央企和国企的招聘中。以下是一些关于央企国企面试的建议和注意事项。

准备充分:在面试前,要对所应聘的公司和职位有充分的了解,包括公司的背景、文化、业务范围,以及职位的具体要求等。同时,也要对自己的简历和求职信进行复习,确保自己能够清晰地表达自己的经历和能力。

了解面试流程:在面试前,可以通过网络或向他人了解该公司的面试流程,以便做好相应的准备。例如,了解面试的形式(一对一面试、小组讨论等)、面试的时间长度、面试官的构成等。

回答问题要清晰明确:在面试过程中,对于面试官的问题要清晰明确地回答。如果遇到不清楚或不确定的问题,可以坦诚地表达自己的不确定,并尝试给出合理的解释或猜测。

展示自己的优势:在面试中,要尽可能地展示自己的优势和特长。这可以通过具体的例子或经历来体现,让面试官看到你的能力和潜力。

注意形象:面试时的形象要求是穿着得体、整洁干净。一般来说,面试着装以整洁大方为主,避免过于花哨或过于休闲的装扮。注意保持整洁干净的形象,展现出你的专业和严谨。

注意礼仪:在面试过程中,要注意基本的礼仪和礼貌,如进门打招呼、坐下前询问是否可以坐下等。这些小细节都能体现出你的教养和素质。

注意语言表达：在面试过程中，语言表达要清晰流畅，避免使用过多的口语或方言。同时，也要注意保持适当的语速和音量，让面试官能够轻松地理解你的回答。如果有需要，可以提前进行一些口语练习或模拟面试。

注意态度：在面试过程中，要保持积极、自信的态度。对于面试官的问题要认真回答，同时也要注意展现自己的热情和积极性。

注意时间管理：确保准时到达面试地点，这既体现了你的专业素养，也展示了你的尊重和诚意。如果有任何意外情况可能导致迟到，务必提前通知面试官。

最后，需要注意的是，每个公司和职位的面试要求都有所不同，因此需要根据具体情况进行准备。同时，也要在面试前进行充分的练习和模拟，提高自己的面试技巧和应对能力。

5. 求职外企

外商投资企业的类型包括中外合资经营企业、中外合作经营企业和外资企业三种。不管是外商独资企业，还是合资/合作企业，通常都有自己独特的文化和招聘流程，包括面试流程、评估标准等。因此，建议求职者在求职前，深入了解目标外企的文化、业务、价值观和招聘流程，以便更好地适应和准备。

(1) 外企工作需要具备的技能和素质

想要进入外企工作，需要具备良好的外语水平、专业技能、跨文化交流能力、团队合作和领导能力、适应能力和学习能力，以及良好的个人形象和较高的职业素养。

英语水平：由于外企的主要业务通常与国际接轨，因此良好的外语听说读写能力是进入外企所必需的。应聘者需要能够流利地进行日常沟通，理解并回应复杂的业务问题，并能够撰写专业的商务邮件和报告。

专业技能：外企通常更倾向于招聘具有相关领域专业技能的人才。因此，应聘者需要具备与所申请职位相关的专业技能和工作经验，能够独立完成工作任务并解决问题。

跨文化交流能力：由于外企涉及不同国家和地区的文化背景，因此应聘者需要具备跨文化交流能力，能够理解和适应不同文化之间的差异，与来自不同背景的同事和客户进行有效沟通。

团队合作和领导能力：外企注重团队合作和领导能力，应聘者需要能够与团队成员合作，共同完成任务，并在必要时能够发挥领导作用，带领团队实现目标。

适应能力和学习能力：由于外企的业务和需求经常变化，因此应聘者需要具备适应能力和学习能力，能够快速适应不同的任务和环境，并持续学习和提升自己的能力。

个人形象和职业素养：在外企工作，个人形象和职业素养也非常重要。应聘者需要注重自己的外表和言行举止，保持整洁、得体的形象，并展现出自己的职业素养和敬业精神。

(2)外企面试基本环节

初步面试(Initial Interview)：这一环节通常由公司的人事部门(在外企中通常称为人力资源部门)进行。初步面试主要考察应聘者的基本情况，如学历、工作经验、技能等，以及对应聘职位的理解和个人职业规划。面试官可能会询问一些基本的面试问题，以评估应聘者的英语口语能力和沟通能力。

技术面试(Technical Interview)：如果应聘者的初步面试通过，可能会进入技术面试环节。这一环节通常由相关部门的技术专家或经理主持，主要考察应聘者的专业技能和经验。面试官可能会就应聘者的技术背景、项目经验、解决问题的能力等方面进行深入的询问。

业务面试(Business Interview)：业务面试通常考察应聘者对公司的业务、市场、竞争等方面的了解，以及应聘者如何将自己的技能和经验应用到公司的业务中。这一环节通常由公司的高级管理层或业务部门主管主持。

终审面试(Final Interview)：终审面试通常是由招聘主管或公司高层主持的面试，主要评估应聘者是否适合公司的文化和团队，并询问应聘者对公司和职位的期望。这一环节通常会对应聘者的综合能力和素质进行全面评估。

需要注意的是，不同的外企和职位可能会有不同的面试流程和环节。因此，在面试前，应聘者需要了解目标外企的招聘流程和面试环节，并做好相应的准备。同时，在面试过程中，应聘者需要保持自信、积极、专业的态度，充分展示自己的能力和潜力。

(3)外企面试的建议和注意事项

外企求职是一个涉及多个方面的过程，以下是一些建议和注意事项。

关注招聘信息和渠道：外企招聘信息通常会在招聘网站、社交媒体、企业官网等渠道发布。建议关注这些渠道，及时了解外企的招聘信息和要求，并主动投递简历。

了解外企文化和招聘流程：外企通常有自己独特的文化和招聘流程，包括面试流程、评估标准等。在求职前，建议深入了解目标外企的文化、业务、价值观和招聘流程，以便更好地适应和准备。

准备好英文简历和求职信：由于外企通常涉及跨文化交流，英文简历和求职信是必不可少的。在撰写简历和求职信时，要注意突出自己的专业技能和实践经验，同时要注意语法、拼写和格式等细节问题。

不断提升自己的能力和素质：外企通常注重员工的专业技能和综合素质，如沟通能力、团队协作能力、创新能力等。因此，建议不断提升自己的能力和素质，通过学习和实践来提高自己的竞争力。

深入了解公司和职位：在面试前，应聘者需要对公司和所申请的职位有深入的了解。这包括公司的文化、业务、竞争对手，以及所申请职位的职责和要求。这样可以帮助应聘者更好地准备面试，并在面试中展现出对公司和职位的热情和了解。

准备英文面试：外企面试通常使用英文，因此应聘者需要准备好英文自我介绍和回答常见面试问题的能力。在准备英文面试时，应聘者可以注重练习发音、语法和流利度，同时也要注意用词准确、表达清晰。

注意形象和礼仪：在外企面试中，应聘者的形象和礼仪也是非常重要的。应聘者需要穿着得体、整洁，展现出专业精神和自信。在面试过程中，应聘者也要注意保持良好的姿态和礼貌，与面试官进行积极互动。

准备实际案例：外企通常更注重应聘者的实际经验和能力，因此应聘者可以准备一些与工作相关的实际案例，以展示自己在工作中的表现和解决问题的能力。

积极提问和互动：在面试过程中，应聘者也可以主动提问与面试官进行互动，以展示自己的主动性和积极性。这也可以帮助应聘者更好地了解公司和职位，以便做出更明智的职业选择。

(4)外企对英语水平的要求

英语读写能力:对于大多数外企来说,英语读写能力是最基本的要求。应聘者需要能够读懂和撰写英文邮件、报告、合同等文档。这些文档通常涉及公司的业务、项目进展、市场分析等内容,因此应聘者需要具备一定的英语词汇量和语法知识,能够准确理解并表达这些信息。

英语口语和听力能力:对于需要与外国同事或客户进行沟通的职位,外企通常还会要求应聘者具备良好的英语口语和听力能力。应聘者需要能够流利地运用英语进行日常对话、参加会议、进行电话沟通等。同时,还需要能够听懂外国同事或客户的口音、语速和表达方式,准确理解他们的意思。

英语沟通能力:除了基本的听说读写能力外,外企还要求应聘者具备良好的英语沟通能力。这包括能够清晰地表达自己的想法和观点,能够倾听并理解他人的意见和建议,能够进行有效的沟通和协商等。这种沟通能力不仅在工作中非常重要,也是外企文化中非常重要的一部分。

需要注意的是,不同的外企和职位对英语水平的要求可能会有所不同。一些涉及国际化业务的职位可能需要更高的英语水平,而一些较为本土化的职位则可能相对较低。因此,应聘者在准备外企面试时,需要了解目标企业和职位的具体要求,并针对性地提高自己的英语水平。

此外,对于非英语专业的应聘者来说,通过一些英语水平考试(如托福、雅思等)可以证明自己的英语水平。虽然这些证书并不是必需的,但它们可以作为应聘者英语水平的一个参考依据。不过,外企更注重应聘者的实际英语应用能力,因此即使没有这些证书,只要应聘者能够在实际应用中表现出良好的英语水平,也可以获得外企的认可。

6. 求职私企

相较于国企和央企,在私营企业(以下简称"私企")和民营企业(以下简称"民企")就业也具有一些独特的优势和挑战。

(1)优势

灵活性:私企和民企通常更加灵活,能够迅速适应市场变化。这意味着员工可能有机会参与多个项目,获得更广泛的经验。

快速晋升:由于组织结构相对扁平,员工有机会更快晋升到更高层次的职位。

创新氛围：私企和民企往往更加注重创新和创业精神。这为员工提供了发挥创意、实现个人价值的空间。

（2）挑战

工作强度：私企和民企往往面临着更大的市场竞争压力，因此员工可能需要承担更高的工作强度。

稳定性：相对于大型国有企业，私企和民企可能更加不稳定，存在更高的倒闭和裁员风险。

福利待遇：私企和民企的福利待遇可能不如一些大型国有企业优厚，例如社会保险、住房公积金等。

（3）应对方式

提升技能：在私企和民企就业，员工需要不断提升自己的技能，以适应快速变化的市场需求。

建立人脉：积极参与行业活动、加入专业组织等，与同行建立联系，为未来的职业发展打下基础。

关注福利：在选择工作时，除了考虑薪资水平，还要关注公司的福利待遇、工作环境等，确保自己的权益得到保障。

（六）自主创业与灵活就业

1. 自主创业

大学生自主创业是指大学生通过个人及团队的努力，利用所学到的知识、才能、技术和所形成的各种能力，以自筹资金、技术入股、寻求合作等方式，在有限的环境中，努力创新、寻求机会，不断成长并创造价值的过程。它是大学生通过自己的智慧和努力，创办实业，实现自我价值和社会价值的一种就业方式。

大学生自主创业是一个充满挑战和机遇的过程。大学生在创业时需要注意多方面的问题，包括创业方向、商业计划、资金筹集、团队组建、风险防控等，都需要认真思考和做好充分的规划和准备，才更有可能在创业道路上取得成功。

在自主创业之前，有如下几点关键建议。

选择熟悉的创业领域：你需要选择一个你热爱并熟悉的领域，这将有助于你在创业过程中保持热情，同时充分利用你的专业知识和经验。

做好充分的市场调研：在决定创业之前，进行充分的市场调研是非常重要的。你需要了解你的目标市场、竞争对手、客户需求等信息，以便为你的产品或服务制定合适的策略。

制订详细的商业计划：商业计划是指导你创业的重要工具。你需要制订一份详细的商业计划，包括你的创业目标、市场策略、财务预测等。这将帮助你更好地规划和管理你的创业项目。

筹集足够的资金：创业通常需要一定的资金支持。你需要考虑如何筹集足够的资金来支持你的创业项目，这可能包括个人储蓄、亲友投资、天使投资或风险投资等。

建立高效的团队：如果你的创业项目需要多人合作，那么建立一个高效的团队是非常重要的。你需要寻找与你志同道合的合作伙伴，共同为创业项目努力。

注意风险管理：创业过程中可能会遇到各种风险，如市场风险、技术风险、资金风险等。你需要学会如何识别和管理这些风险，以确保项目的顺利进行。

保持持续学习和调整：创业是一个不断学习和调整的过程。你需要关注行业动态、市场变化，及时调整你的商业策略，以适应不断变化的市场环境。

合理利用资源：大学生在创业时，可以充分利用学校的资源，如创业孵化器、导师指导、校友网络等。此外，还可以寻求政府和社会的支持，如创业补贴、贷款政策等。

注重法律和知识产权保护：在创业过程中，遵守法律法规和保护知识产权是非常重要的。你需要了解相关的法律法规，确保你的创业项目合法合规，并保护你的创新成果。

保持积极的心态和耐心：创业是一个充满挑战和不确定性的过程，你需要保持积极的心态和耐心，勇敢面对困难和挫折，不断学习和成长。

大学生自主创业既有优势也有劣势。在创业过程中，需要充分发挥自己年轻精力充沛、有创新思维、学习能力强等优势，同时要不断克服自己经验不足、管理能力不足、资金短缺的劣势，努力提升自己的能力和素质，以实现创业成

2. 灵活就业

大学生灵活就业是指大学生在毕业后选择的一种就业方式，其主要特点是不受传统就业形式的限制，可以根据自身的兴趣、能力和市场需求，自主选择职业、工作内容、工作时间和工作地点等。

具体来说，大学生灵活就业可以包括以下几种形式。

自由职业：大学生可以选择成为自由职业者，通过自己的专业技能和知识，为多个客户提供服务，如写作、摄影、文案策划、设计、翻译、编程、新媒体运营等。

远程办公：随着互联网技术的发展，大学生可以选择远程办公，为外地或国外的企业提供服务，如远程编程、远程客服等。

项目制就业：这种就业形式通常是以完成特定项目为目标，大学生可以在项目期间为用人单位提供服务，项目结束后就业关系也随之结束。如计算机专业的同学，为客户搭建网站、开发 App、小程序等。

短期兼职：大学生可以在业余时间选择短期兼职工作，如家教、服务员、促销员等，以增加收入和实践经验。

自主创业：大学生可以选择自主创业，通过开办小店、网店、工作室等方式，实现自我价值和就业。

第三节 就业扶持政策

对于应届毕业生，国家实施了一系列的就业扶持政策，主要包括以下几个方面。

一、毕业前的扶持政策

（一）求职创业补贴

应届毕业生求职创业补贴是为了帮助毕业生顺利就业和创业而提供的一种经济支持。具体的补贴标准和申请条件可能因地区和政策的不同而有所差异。

一般来说,以下类型的毕业生可能可以申请求职创业补贴:

享受城乡居民最低生活保障家庭的毕业年度内高校毕业生;

残疾高校毕业生;

贫困残疾人家庭高校毕业生;

建档立卡贫困家庭高校毕业生;

特困人员中的高校毕业生;

在校期间已获得国家助学贷款的高校毕业生。

补贴的标准一般是每人一次性补贴 1 500 元,但也可能因地区和政策的不同而有所调整。

要申请求职创业补贴,毕业生需要准备相关的申请材料,如求职创业补贴申请表、身份证明、户籍证明、贫困证明等,并按照规定的流程进行申请。一般来说,申请流程包括网上自愿申请、人力资源社会保障等部门审核校验、公示、资金拨付等步骤。

需要注意的是,具体的申请条件和流程可能因地区和政策的不同而有所差异,建议毕业生在申请前仔细阅读相关政策和公告,了解具体的申请要求和流程。同时,也建议毕业生及时关注当地政府和有关部门的通知,以便及时获取最新的就业创业政策和信息。

(二)职业培训和技能鉴定补贴

职业培训和技能鉴定补贴是针对参加就业技能培训和创业培训的毕业年度高校毕业生的一种补贴。具体的补贴标准和申请条件可能因地区和政策的不同而有所差异。

一般来说,毕业年度高校毕业生参加职业培训并取得职业资格证书或职业技能等级证书、专项职业能力证书、培训合格证书的,可以给予一定的职业培训补贴。补贴的标准可能因不同的证书等级和地区而有所不同,一般按照初级、中级、高级分别给予不同的补贴标准。

对于技能鉴定补贴,一般是针对通过初次职业技能鉴定并取得职业资格证书(不含培训合格证)的毕业年度高校毕业生。具体的补贴标准也可能因地区和政策的不同而有所差异。

要申请职业培训和技能鉴定补贴,毕业生需要准备相关的申请材料,如基本身份类证明、培训合格证书或职业资格证书等,并按照规定的流程进行申请。一般来说,申请流程包括网上自愿申请、人力资源社会保障等部门审核校验、公示、资金拨付等步骤。

需要注意的是,具体的补贴标准和申请条件可能因地区和政策的不同而有所差异,建议毕业生在申请前仔细阅读相关政策和公告,了解具体的申请要求和流程。同时,也建议毕业生及时关注当地政府和有关部门的通知,以便及时获取最新的就业创业政策和信息。

二、毕业后的扶持政策

(一)就业见习补贴

就业见习补贴是一种政府为鼓励企业接纳大学生实习而提供的经济激励措施。当企业接纳大学生进行就业见习时,政府会给予企业一定的补贴,以降低企业的用人成本,并鼓励更多企业提供实习机会。

就业见习补贴的具体标准和申请条件可能因地区和政策的不同而有所差异。一般来说,政府会根据实习生的学历、专业、实习时间等因素来确定补贴标准。企业需要在规定的时间内向相关部门提交申请材料,包括实习生的基本信息、实习合同、实习期间的工资支付凭证等。

需要注意的是,具体的补贴标准和申请条件可能因地区和政策的不同而有所差异,建议企业在申请前仔细阅读相关政策和公告,了解具体的申请要求和流程。同时,也建议大学生及时关注政府和企业的实习招聘信息,以便及时获取最新的实习机会和政策信息。

(二)高定工资级别

对于在基层(县及以下)机关事业单位工作的大中专毕业生,试用期工资可直接按试用期满后工资确定;试用期满后级别工资可高定1至3档;招聘为事业单位正式工作人员的,见习期工资可直接按见习期满工资确定,转正定级时薪级工资可高定1至3级。

(三)享受补贴津贴

在乡镇机关事业单位工作的在编在岗人员,可以享受每人每月500元的乡镇工作岗位补贴;到列入艰苦边远地区范围的县(市、区)机关事业单位工作的,按所在地类别享受相应的艰苦边远地区津贴。

(四)放宽职称评定条件

对于到中西部地区和艰苦边远地区县以下基层单位从事专业技术工作的高校毕业生,申报相应职称时,可不参加职称外语考试或放宽外语成绩要求。

(五)优先选聘招录

此外,应届毕业生在公务员、事业单位选聘招录方面也会得到优先照顾。

(六)岗位补贴

岗位补贴则是指政府为鼓励企业创造更多就业岗位而提供的一种补贴。政府会对符合条件的企业进行资金补贴,以鼓励其增加就业岗位、提高职工待遇等。岗位补贴的对象通常包括新增就业岗位的企业、吸纳就业困难人员的企业等,补贴标准一般根据企业新增就业岗位数量、职工待遇等因素而定。符合条件的企业可以向当地人力资源社会保障部门申请岗位补贴。

(七)基层服务项目

国家鼓励高校毕业生到基层就业,继续组织实施"三支一扶"计划、农村教师特岗计划、大学生志愿服务西部计划等基层服务项目,并合理确定项目规模。

(八)一次性吸纳就业补贴

一次性吸纳就业补贴是政府为了鼓励企业吸纳就业困难人员、高校毕业生等特定群体就业而提供的一种补贴。当企业吸纳这些特定群体就业并符合一定条件时,政府会给予企业一次性的资金补贴,以激励企业增加就业岗位和提高职工待遇。

一次性吸纳就业补贴的具体标准和申请条件可能因地区和政策的不同而有所差异。一般来说,补贴标准可能根据吸纳就业的特定群体类型、企业规模、吸纳人数等因素而定,补贴金额可能从几千元到几万元不等。申请条件通常要求企业新吸纳特定群体就业并签订一定期限的劳动合同,同时可能需要提供相关的申请材料,如吸纳就业人员的身份证明、劳动合同、社保缴纳记录等。

三、创业扶持政策

毕业生创业扶持政策是指政府为了鼓励和支持毕业生自主创业而制定的一系列政策措施。这些政策旨在提供创业环境、降低创业门槛、提供创业资金和指导等方面的支持,帮助毕业生实现创业梦想。以下是一些常见的毕业生创业扶持政策。

创业培训:政府会组织专业的创业培训机构,帮助毕业生了解创业流程、市场分析和商业计划书撰写等关键知识,为毕业生提供创业指导和培训,提高其创业成功率和经营管理能力。

创业补贴:政府会为毕业生提供创业补贴,用于支持其创业初期的各项费用,如场地租赁、设备购置等。

创业贷款:政府会与金融机构合作,为毕业生提供创业贷款,解决其创业资金问题。这些贷款通常具有较低的利率和较长的还款期限,以减轻毕业生的还款压力。

创业税收优惠:政府给予创业企业一定期限的税收优惠,如减免企业所得税、个人所得税等,降低创业成本。

创业场地支持:政府提供创业场地或孵化器,为毕业生提供低成本、高质量的办公空间和设施,营造良好的创业环境。

创业服务支持:政府提供一系列创业服务,如法律咨询、人力资源、市场推广等,帮助毕业生解决创业过程中的各种问题和困难。

需要注意的是,具体的毕业生创业扶持政策因地区和政策而异,毕业生在创业前需要仔细了解当地的相关政策和规定,以确保自己符合申请条件并按照规定的流程进行申请。同时,毕业生也需要认真考虑自己的创业项目和市场前景,制订合理的商业计划和财务规划,确保创业的成功和可持续发展。

第四节　就业流程与档案管理

一、就业流程

(一)就业相关名词解释

1. 就业推荐表

毕业生就业推荐表,也被称为"毕业生双向选择就业推荐表",是学校为了帮助毕业生就业,专门向用人单位提供的一份正式推荐毕业生的材料。这份推荐表主要包含了毕业生的基本情况、学业情况、个人简历、特长爱好、社会表现及社会活动能力、在校奖惩状况、就业意愿、学校推荐意见以及备注等信息。这份表格通常由学生根据自身实际情况填写,并由学校盖章后方为有效。

毕业生就业推荐表具有较高的威信和可信度,是毕业生申请户口、报考公务员等的必备材料,同时也是毕业生与用人单位之间的重要桥梁。对于毕业生而言,认真填写、妥善保管就业推荐表是求职过程中的重要一环。

2. 就业协议书

全国普通高等学校毕业生就业协议书,也被称为"三方协议书",一式三份,是由学校、毕业生和用人单位三方共同签署的一种协议。它的主要作用是明确三方在毕业生就业过程中的权利和义务,解决应届毕业生户籍、档案、保险、公积金等一系列相关问题。该协议在毕业生到单位报到、用人单位正式接收后自行终止。

3. 劳动合同

劳动合同是劳动者与用人单位之间确立劳动关系、明确双方权利和义务的协议。它是保障劳动者和用人单位权益的重要法律文件,也是维护劳动市场秩序和稳定劳动关系的重要手段。

订立劳动合同应当遵循平等自愿、协商一致的原则,不得违反法律、行政法规的规定。在订立劳动合同时,双方应当明确约定工作内容、工作地点、工作时间、劳动报酬、社会保险、劳动保护、劳动条件和职业危害防护等内容。此外,劳动合同还可以约定试用期、保密协议、竞业限制等条款,但这些约定不能违反法律法规的规定。

4. 就业协议书与劳动合同的区别

就业协议书与劳动合同是两种不同的法律文件,它们在性质、作用、内容等方面存在一些区别。

首先,就业协议书是一种由学校、毕业生和用人单位三方共同签署的协议,它的主要作用是明确三方在毕业生就业过程中的权利和义务,解决应届毕业生户籍、档案、保险、公积金等一系列相关问题。而劳动合同则是劳动者与用人单位之间确立劳动关系、明确双方权利和义务的协议,是保障劳动者和用人单位权益的重要法律文件。

其次,就业协议书和劳动合同的有效期限不同。就业协议书的有效期自签订之日起至毕业生到用人单位报到止,而劳动合同的有效期限则由双方约定,可以是固定期限、无固定期限或者以完成一定工作任务为期限。

此外,就业协议书和劳动合同在内容上也存在一些差异。就业协议书主要包括毕业生的基本情况、学业情况、就业意向、用人单位同意接收及学校派遣等内容,而劳动合同则更侧重于明确劳动过程中的权利和义务,如工作内容、劳动报酬、劳动保护、劳动纪律等。

最后,就业协议书和劳动合同的签订时间也有所不同。就业协议书一般在学生毕业前签订,而劳动合同则是在毕业生到用人单位报到后,与用人单位建立劳动关系时签订。

5. 六险二金

"六险二金"是指养老保险、医疗保险、失业保险、补充医疗保险、工伤保险、生育保险以及住房公积金和企业年金。这些是保障职工合法权益和提高职工生活水平的基本保障制度。

养老保险:是指用人单位和个人缴纳的养老保险费,用于职工退休后的生活保障。

医疗保险:是指用人单位和个人缴纳的医疗保险费,用于职工在就医时的医疗费用报销。

失业保险：是指用人单位和个人缴纳的失业保险费，用于职工失业后的生活保障。

工伤保险：是指用人单位缴纳的工伤保险费，用于职工在工作中发生意外受伤时的医疗费和抚恤费的报销。

生育保险：是指用人单位和个人缴纳的生育保险费，用于职工在生育时报销医疗费用和领取生育津贴。

补充医疗保险：是针对基本医保提出的，能够对基本医保进行补充，在基本医保报销完成之后可以使用补充医疗保险进一步报销。

住房公积金：是指用人单位和个人缴纳的住房公积金，用于职工购买或租赁住房等方面。

企业年金：是对基本养老保险的补充，在参保人员达到退休年龄之后，可以多领取一份企业养老年金，目的是增强职工的养老生活保障，完善我国的养老保险制度。

虽然"六险二金"是一种较为全面的员工福利保障制度，但目前还不是法定的社会福利。大多数公司还是提供五险一金，甚至三险一金，能够提供六险二金的公司相对较少，一般是国企、央企以及一些大型的企业单位。这些单位通常注重员工的福利和保障，以提高员工的工作积极性和忠诚度。一些外资企业和合资企业也可能会提供"六险二金"，以吸引和留住优秀人才。

另外，不同行业和地区之间的福利待遇也存在差异，一些行业或地区可能无法提供"六险二金"的保障。因此，在选择工作时，除了关注薪资待遇，还需要了解公司的福利制度，包括是否提供六险二金等，以确保个人的职业发展和生活需求得到满足。

(二)常见就业纠纷问题

1. 试用期问题

试用期是用人单位和劳动者相互了解、协商选择的期间。然而，一些用人单位可能会滥用试用期，如随意延长试用期、在试用期内不签订劳动合同等。劳动者在试用期内应了解自己的权益，如工资、工作时间、保险等，并及时与用人单位沟通协商。

试用期的期限：根据《中华人民共和国劳动合同法》的规定，试用期的长度与劳动合同的期限相关。具体来说，劳动合同期限三个月以上不满一年的，试用期不得超过一个月；劳动合同期限一年以上不满三年的，试用期不得超过两个月；三年以上固定期限和无固定期限的劳动合同，试用期不得超过六个月。

试用期的次数：同一用人单位与同一劳动者只能约定一次试用期。这意味着，如果用人单位和劳动者在签约时约定了试用期，那么在合同期满后再续约时，不能再次约定试用期。

试用期的工资：试用期的工资通常低于正式员工的工资，但不得低于本单位相同岗位最低档工资或者劳动合同约定工资的80%，并不得低于用人单位所在地的最低工资标准。

试用期的社会保险：试用期包含在劳动合同期限内，因此用人单位应在试用期内为劳动者缴纳社会保险费。

在签订劳动合同时，劳动者应认真了解试用期的相关规定，确保自己的权益不受损害。如果用人单位违反试用期的规定，劳动者可以向劳动监察部门投诉或提起劳动仲裁。同时，大学生在求职过程中也应了解公司的试用期政策，以便做出更明智的职业选择。

2. 劳动合同问题

劳动合同是劳动者与用人单位之间的法律协议，对于保障劳动者权益具有重要意义。然而，一些用人单位可能会违反法律法规的规定，如未签订劳动合同、违法解除劳动合同等。劳动者应了解自己的合同权益，及时与用人单位沟通协商，如无法解决问题，可以向劳动监察部门投诉或提起劳动仲裁。

（1）不签劳动合同

不签订劳动合同是一种违法行为，根据《中华人民共和国劳动合同法》的规定，用人单位应当自用工之日起一个月内与劳动者订立书面劳动合同。如果用人单位未与劳动者签订书面劳动合同，劳动者可以要求用人单位支付双倍工资。此外，即使未签订劳动合同，只要存在事实劳动关系，劳动者仍然受到法律的保护，例如同工同酬、工资不低于最低标准、按规定支付加班费等。

对于大学生而言，在就业过程中应当了解自己的权益和义务，坚持要求用人单位签订书面劳动合同。如果用人单位拒绝签订劳动合同或者违反劳动合同法的规定，劳动者可以向劳动监察部门投诉或提起劳动仲裁，维护自己的合法权益。同时，大学生在求职过程中也应当注意保留证据，如工资条、考勤记录、工作服等，以证明与用人单位存在事实劳动关系。

(2)劳动合同签订内容

在签订劳动合同时，有一些规定需要遵守，以确保合同的有效性和合法性。

合同形式：劳动合同应当以书面形式签订，明确双方的权利和义务。口头协议或未签订书面合同的劳动关系不具备法律效力。

合同内容：劳动合同应当具备以下基本条款，用人单位的名称、住所和法定代表人或者主要负责人；劳动者的姓名、住址和居民身份证或者其他有效身份证件号码；劳动合同期限；工作内容和工作地点；工作时间和休息休假；劳动报酬；社会保险；劳动保护、劳动条件和职业危害防护；法律、法规规定应当纳入劳动合同的其他事项。

试用期：试用期是劳动合同的一部分，用于评估劳动者的工作能力和适应性。试用期的长度应根据劳动合同的期限来确定，且同一用人单位与同一劳动者只能约定一次试用期。试用期的工资、福利待遇和社会保险等也应在合同中明确约定。

合同的变更、解除和终止：劳动合同的变更、解除和终止应当遵循法律的规定，确保双方的权益不受损害。例如，劳动合同的变更应当经双方协商一致，并以书面形式进行；劳动合同的解除应当符合法定条件，如劳动者提前通知用人单位等。

违约责任：劳动合同中应当明确约定违约责任，包括违约的情形、违约的后果以及违约责任的承担方式等。这有助于维护合同的严肃性和双方的权益。

3. 拖欠工资问题

拖欠工资问题在我国有明确的法律规定。拖欠工资是违法行为，劳动者有权追索被拖欠的工资，并可以采取法律手段维护自己的合法权益。

支付义务：《中华人民共和国劳动法》规定，工资应当以货币形式按月支付给劳动者本人。不得克扣或者无故拖欠劳动者的工资。这意味着用人单位有义务按时支付劳动者的工资，不得无故拖欠。

克扣和拖欠工资的界定：克扣工资是指用人单位无正当理由扣减劳动者应得工资的行为。拖欠工资是指用人单位未按照规定的时间和标准支付劳动者工资的行为。这些行为都是违法的。

追索工资的权利：劳动者有权利追索被克扣或拖欠的工资。根据《中华人民共和国劳动合同法》第三十条，用人单位拖欠或者未足额支付劳动报酬的，劳动者可以依法向当地人民法院申请支付令，人民法院应当依法发出支付令。

法律责任：用人单位如果拖欠工资，将承担法律责任。根据《中华人民共和国劳动合同法》第八十五条规定，用人单位未按照劳动合同的约定或者国家规定及时足额支付劳动者劳动报酬的，由劳动行政部门责令限期支付劳动报酬、加班费或者经济补偿。逾期不支付的，责令用人单位按应付金额50%以上至100%以下的标准向劳动者加付赔偿金。

对于大学生而言，如果遇到用人单位拖欠工资的情况，可以采取以下措施。

与用人单位协商：首先尝试与用人单位协商，了解拖欠工资的原因，并要求尽快支付。

向劳动监察部门投诉：如果协商无果，可以向当地劳动监察部门投诉，要求用人单位支付拖欠的工资。

提起劳动仲裁或诉讼：如果劳动监察部门无法解决问题，可以向劳动仲裁机构申请仲裁或向人民法院提起诉讼，维护自己的合法权益。

大学生在就业过程中应当了解自己的权益和义务，并保留相关证据，以便在需要时证明自己的权益。

4. 克扣工资和降低福利待遇问题

劳动法规定，用人单位不得克扣或者无故拖欠劳动者的工资。降低福利待遇可以被视为克扣工资的一种形式。如果用人单位未经劳动者同意擅自降低福利待遇，就违反了劳动合同的约定，属于违法行为。劳动者有权要求用人单位按照劳动合同的约定支付工资和福利待遇。如果用人单位擅自降低福利待遇，劳动者可以要求用人单位恢复原有福利待遇或支付差额部分。

5. 承诺以现金形式弥补不缴纳社会保险问题

社会保险是法律规定的劳动者权益，雇主必须依法为员工缴纳社会保险费。企业承诺以现金弥补不交社会保险，在我国法律中是不被允许的。以下是一些相关规定。

法定义务：根据《中华人民共和国社会保险法》规定,用人单位应当依法为职工缴纳社会保险费。这意味着雇主有义务为员工缴纳社会保险费,而不能以任何形式逃避这一义务。

现金弥补无效：社会保险的缴纳是法定的,不能通过私下协议或现金补偿来规避法律义务。即使雇主承诺以现金形式弥补不缴纳社会保险的费用,这种承诺也是无效的。

劳动者权益保护：劳动者有权要求雇主依法为其缴纳社会保险费。如果雇主不缴纳社会保险费,劳动者可以向劳动监察部门投诉,要求雇主补缴社会保险费用,并可能获得相应的经济补偿。

法律责任：雇主如果不依法为员工缴纳社会保险费,将面临法律责任。根据《中华人民共和国社会保险法》第八十四条规定,用人单位不办理社会保险登记的,由社会保险行政部门责令限期改正；逾期不改正的,对用人单位处应缴社会保险费数额一倍以上三倍以下的罚款,对其直接负责的主管人员和其他直接责任人员处五百元以上三千元以下的罚款。

对于大学生而言,在就业过程中应坚持要求雇主依法为其缴纳社会保险费。如果雇主承诺以现金弥补不交金的问题,应明确拒绝这种不合法的做法,并保留相关证据以备不时之需。如果雇主不依法缴纳社会保险费,可以向劳动监察部门投诉,维护自己的合法权益。

6. 违法解除劳动合同

违法解除劳动合同的规定主要体现在《中华人民共和国劳动合同法》(以下简称《劳动合同法》)中。

法律明确禁止的解除情形：根据《劳动合同法》第四十二条规定,劳动者在特定情况下,如从事接触职业病危害作业的劳动者未进行离岗前职业健康检查,或者疑似职业病病人在诊断或者医学观察期间,以及女职工在孕期、产期、哺乳期等,用人单位不得依照本法第四十条、第四十一条的规定解除劳动合同。

用人单位违法解除的后果：如果用人单位违反法律规定解除劳动合同,劳动者可以要求继续履行劳动合同,或者要求用人单位支付赔偿金。根据《劳动合同法》第四十八条规定,用人单位违反本法规定解除或者终止劳动合同,劳动者要求继续履行劳动合同的,用人单位应当继续履行;劳动者不要求继续履行劳动合同或者劳动合同已经不能继续履行的,用人单位应当依照本法第八十七条规定支付赔偿金。

赔偿金的计算:根据《劳动合同法》第八十七条规定,用人单位违反本法规定解除或者终止劳动合同的,应当依照本法第四十七条规定的经济补偿标准的两倍向劳动者支付赔偿金。这意味着赔偿金通常是正常经济补偿的两倍。

特殊解除情形的限制:在某些特殊情况下,如劳动者患病或者非因工负伤,在规定的医疗期内,用人单位也不得解除劳动合同。同样,如果劳动者在本单位连续工作满15年,且距法定退休年龄不足5年的,用人单位也不得解除劳动合同。

解除程序的合法性:用人单位在解除劳动合同时,必须遵循法律规定的程序。如果用人单位未按照法定程序解除劳动合同,其行为同样构成违法解除,并因此承担相应的法律责任。

大学生在就业过程中应当了解这些法律规定,以保护自己的权益。如果认为自己的劳动合同被违法解除,可以采取法律手段维护自己的合法权益,包括要求继续履行合同或要求支付赔偿金等。

二、档案管理

毕业生档案是学生毕业前家庭情况、学习成绩、政治思想表现、身体状况的文字记载材料,是用人单位选拔、聘用毕业生的重要依据。在校时称为学籍档案,毕业后称为人事档案。总的来说,它是个人经历的记录,也是人事管理和服务的依据。

毕业生的档案迁转主要根据毕业生的就业情况来确定。以下是几种常见的档案迁转情况。

(一)已经就业的高校毕业生

如果就业单位具备档案保管权限,如机关、事业单位等,档案会直接转到就业单位进行管理。

如果就业单位不具备档案保管权限,档案会转到生源地或者户籍地的公共就业人才服务机构(人才市场)进行管理。建议选择转到户籍地的公共就业人才服务机构(人才市场)进行管理,并在需要使用档案时通过调档函的方式调取。

灵活就业及自主创业的,转至就业创业地或户籍地公共就业人才服务机构(人才市场),其中转递至就业创业地的,应提供相关就业创业信息。

(二)未就业的高校毕业生

可以选择申请将档案保留在学校2年。但请注意,如果选择将档案留在学校,务必在落实工作单位后,及时办理档案转递手续。如果2年后仍未落实工作,学校会将档案和户口派回生源地。

另一种选择是将档案转到生源地的公共就业人才服务机构(人才市场)进行管理。这种方式适合暂时不想就业或准备在生源地范围内就业的毕业生。优点是手续简单且没有存档费用,开具证明及政审也较为方便。

(三)升学的高校毕业生

如果是继续深造的学生,档案会直接转到就读学校的招生就业指导中心。

在档案迁转过程中,毕业生需要特别注意的是:

根据国家相关规定,档案是严禁自行携带转递的。但在实际操作中,有部分地方和学校存在违规将档案交给本人,让其自行携带的做法。如个人手中持有档案,应第一时间联系户籍地公共就业人才服务机构(人才市场),如实说明情况,或联系所在单位人事部门,完善相关手续及时归档,保护好自己的个人档案。

第五节 就业指导与服务

一、职业定位

大学生职业定位是指大学生在职业生涯规划和就业过程中,通过自我认知、市场调研和职业分析,明确自己的职业目标、职业方向和发展路径的过程。

职业定位是大学生职业生涯规划的核心内容，也是大学生顺利就业和实现职业发展的前提。

职业定位攻略主要包括以下几步。

（一）认识评估自己

自我评估：你需要对自己进行深入了解。这包括你的兴趣、技能、价值观、个性特点以及长期目标等。了解自己的优势和不足，可以帮助你确定哪些职业领域可能适合你。

自我提升：通过实习、兼职或志愿服务等方式获取实践经验，可以帮助你更好地理解职业环境，提升你的技能，并建立职业网络。

寻求专业建议：寻求就业指导老师的帮助，他们可以提供专业的建议和指导，帮助你更好地了解自己的职业兴趣和能力，并制订个性化的职业规划。

（二）研究职业趋势

市场评估：使用各种资源，如招聘网站、行业报告、社交媒体等，查看你感兴趣的领域的就业需求、薪资水平、工作环境等信息。研究就业市场，了解当前和未来的职业趋势。

（三）制订职业规划

确定职业目标：基于你的自我评估和市场调研，设定一个明确的职业目标。这个目标应该是具体的、可衡量的，并且与你的长期规划相一致。

制订职业规划：一旦你确定了职业目标，就需要制订一个详细的职业规划。这个规划应该包括你需要获取的技能、需要完成的教育和培训，以及你计划进入的特定行业或公司。

（四）持续学习提升

持续学习和提升：职业定位不是一次性的过程，而是需要随着时间和经验的积累而不断调整。大学生需要持续学习新的知识和技能，时刻保持对市场和对自己的了解，不断调整和反思自己的职业目标。帮助自己在职业生涯中保持竞争力。

(五)建立网络与人脉

职业成功不仅仅取决于你的技能,还取决于你的人际关系。建立和维护一个广泛的职业网络,与同行、导师、校友和行业内的专业人士保持联系,可以帮助你获取更多的职业机会,了解行业动态,以及获得职业发展的建议和支持。

二、专业与职业方向

所学专业与职业的关系是密切相关的,但并非一一对应。所学专业的就业方向并不是唯一的,毕业生可以根据自己的兴趣、能力和市场需求选择适合自己的职业。同时,随着社会的不断发展,新的就业方向也会不断涌现。因此,毕业生需要保持开放的心态和持续学习的态度,不断提升自己,以应对未来职业发展的挑战。以下是一些学科专业常见的就业方向,仅供大家参考。

(一)理工类专业常见就业方向

理工类专业包含多个领域,如计算机科学、电子工程、机械工程、化学工程等,每个领域的就业方向都有其特点。以下是一些理工类专业常见的就业方向。

技术研发:许多理工类专业毕业生会选择进入技术研发领域,包括新产品或技术的研发、现有产品或技术的改进等。可以在企业、研究机构或政府部门从事相关工作。

工程技术:工程技术是理工类专业毕业生常见的就业方向之一。可以在建筑、制造、能源、交通等领域从事工程设计、施工、管理等工作。

数据分析:在大数据时代,数据分析成了一个非常重要的领域。理工类专业毕业生,尤其是计算机科学和数学专业的毕业生,可以选择从事数据分析师、数据科学家等职业。

教育与培训:许多理工类专业毕业生也会选择进入教育与培训领域,成为教师、培训师或教育顾问等。可以在大学、中学、职业培训机构或在线教育平台工作。

咨询服务：在工程管理、环境科学、信息技术等领域，咨询服务是一个重要的就业方向。理工类专业毕业生可以加入咨询公司，为企业或政府提供专业建议和解决方案。

创业：一些有创业精神和创新能力的理工类专业毕业生可以选择自主创业，开设自己的公司或研发新产品。

（二）人文类专业常见就业方向

人文类专业包含了许多不同的学科领域，如文学、历史、哲学、语言学、心理学等，因此其就业方向也相当广泛。以下是一些人文类专业常见的就业方向。

教育与培训：许多人文类专业毕业生会选择成为教师或培训师，在中小学、大学或职业培训机构从事教学工作，也可以成为教育顾问或教育行政人员。

内容创作与传播：人文类专业毕业生在文学、新闻、传媒等领域具有丰富的知识和敏锐的洞察力，可以选择成为作家、记者、编辑、主持人等，从事内容创作与传播工作。

文化产业管理：随着文化产业的快速发展，越来越多的人文类专业毕业生选择进入文化产业领域，从事文化项目管理、活动策划与执行、文化市场营销等工作。

人力资源管理：人文类专业毕业生通常具有较强的沟通能力、人际交往能力和组织协调能力，这使得他们在人力资源管理领域具有很大的优势。可以成为人力资源专员、招聘专员、培训师等。

心理咨询与辅导：心理学专业的人文类毕业生可以选择成为心理咨询师或心理治疗师，为人们提供心理支持和帮助，也可以在学校、企事业单位或社区从事心理健康教育工作。

研究与学术：许多人文类专业毕业生会继续深造，攻读硕士、博士学位，从事学术研究或成为学者。可以在研究机构、大学或中学从事研究工作，为学术界做出贡献。

（三）经管类专业常见就业方向

经管类专业包含了许多与经济和管理相关的学科，如经济学、财务管理、市场营销、人力资源管理、旅游管理等。这些专业的就业方向相当广泛，以下是一些常见的就业方向。

金融领域：经管类专业毕业生在金融领域有很大的就业潜力。可以进入银行、证券公司、保险公司、基金公司等金融机构，从事投资分析、风险管理、金融产品设计与销售等工作。

企业管理：许多毕业生会选择进入企业，担任各种管理职位，如生产管理、财务管理、市场营销管理、人力资源管理等。可以成为部门经理、项目经理或总经理等。

咨询与服务：经管类专业毕业生在咨询、会计、审计、税务等领域也有很大的就业机会。可以加入咨询公司、会计师事务所等机构，为企业提供专业的咨询服务。

政府部门与公共事业：毕业生还可以进入政府部门或公共事业单位，从事政策研究、经济分析、项目管理等工作。

市场营销与广告：市场营销和广告是经管类专业的传统就业方向。毕业生可以进入企业、广告公司或营销机构，从事市场调研、品牌策划、产品推广等工作。

创业：经管类专业毕业生也具备创业的能力和知识。可以选择自己创业，开设公司或从事其他创新性的商业活动。

（四）法学类专业常见就业方向

法学类专业的就业方向相当广泛，以下是一些常见的就业方向。

律师：法学专业毕业生常见的职业之一是成为律师。他们可以在律师事务所工作，为客户提供法律咨询和代理诉讼等服务。成为律师需要通过司法考试，并获得律师执业资格证书。

法务人员：许多企业、金融机构和政府机构需要法务人员来处理法律事务。法学专业毕业生可以在这些机构担任法务专员、法务经理等职位，负责合同审查、法律咨询、风险管理等工作。

公务员：法学专业毕业生也有很大的机会成为公务员，进入政府部门工作。可以从事司法、立法、行政执法等方面的工作，如法院、检察院、公安局、司法局等。

法律顾问:许多企业和个人需要法律顾问来提供法律咨询和帮助。法学专业毕业生可以在律师事务所、企业、金融机构等机构担任法律顾问,为客户提供专业的法律服务。

法律研究员:法学专业毕业生还可以选择从事法律研究工作,成为法律研究员或学者。可以在研究机构、大学或中学从事法律研究、教学等工作。

其他领域:除了以上几个常见的就业方向,法学专业毕业生还可以在知识产权、环保、贸易、税务等领域从事相关工作。此外,一些毕业生也会选择创业,开设自己的法律服务机构。

(五)医卫类专业常见就业方向

医卫类专业包括医学、药学、护理学等专业,这些专业的就业方向非常广泛。以下是一些常见的就业方向。

医疗卫生机构:医卫类专业毕业生主要的就业方向是进入各类医疗卫生机构,如医院、诊所、社区卫生服务中心等。可以从事临床医疗、护理、康复、医疗管理等工作。在医院,毕业生还可以选择从事医学影像学、检验学、病理学等技术性工作。

药品研发与生产:药学专业毕业生可以进入药品研发机构或制药企业,从事药品研发、生产、质量控制等工作。可以参与新药研发、药物制剂设计、药品生产工艺改进等项目,为医药产业的发展做出贡献。

药品销售与管理:医卫类专业毕业生也可以在药品销售企业、药品零售企业等从事药品销售、药品管理等工作。可以担任医药代表、药品销售员、药品采购员等职位,负责药品的推广、销售、采购等工作。

公共卫生与预防保健:医卫类毕业生可以在公共卫生部门、疾病预防控制机构等从事公共卫生管理、疾病预防与控制、健康教育等工作。可以参与疫情监测、预防接种、健康教育等项目,为提高公众健康水平做出贡献。

医学教育与培训:医卫类专业毕业生还可以进入医学院校、培训机构等从事医学教育、培训等工作。可以担任教师、培训师等职位,培养更多优秀的医学人才。

医学研究与开发：毕业生可以在医学研究机构、生物技术企业等从事医学基础研究、临床研究、生物技术开发等工作。可以参与重大科研项目的研究，推动医学科学的进步。

（六）农学类专业常见就业方向

农学类专业具有广泛的就业方向，涉及农业生产、农业技术、农业管理、农业教育、农业科研等多个领域。以下是一些农学类专业的常见就业方向。

农业生产与管理：毕业生可以在农业企业、农场、农业园区等从事农业生产与管理工作，包括作物种植、畜禽养殖、农业机械化、农业信息化等方面的工作。可以负责农业生产计划的制订、生产过程的组织与管理，提高农业生产效益和产品质量。

农业技术推广与服务：农学类专业毕业生可以在农业技术推广部门、农业合作社、农业企业等机构从事农业技术推广、农业技术服务等工作。可以将先进的农业技术和管理经验传授给农民，帮助他们提高农业生产水平，推广农业科技成果。

农业科研与教育：农学类专业毕业生可以进入农业科研机构、农业院校等从事农业科学研究、教学等工作。可以参与农业科技创新、农业资源利用、农业环境保护等方面的研究，为农业的发展提供科技支撑。同时，还可以担任教师，培养更多优秀的农业人才。

农业政策与行政管理：毕业生可以在农业行政部门、农业政策研究机构等从事农业政策研究、农业行政管理等工作。可以参与农业政策的制定和实施，为政府提供决策支持，推动农业可持续发展。

农产品加工与销售：农学类专业毕业生还可以进入农产品加工企业、农产品销售企业等，从事农产品加工、质量检测、市场营销等工作。

农业信息技术：随着信息技术的发展，农业信息技术也成为农学类专业的一个就业方向。毕业生可以在农业信息技术企业、农业数据中心等机构从事农业信息系统开发、数据分析与应用等工作，推动农业现代化进程。

(七)设计类专业常见就业方向

设计类专业是一个涵盖多个领域的综合性专业,包括平面设计、室内设计、服装设计、多媒体动漫游戏设计等多个方向。设计类专业的毕业生具有广泛的就业方向,可以在多个领域找到适合自己的工作。

以下是一些设计类专业的常见就业方向。

平面设计:平面设计是设计类专业中最为常见的一个方向,主要涉及广告、印刷、出版、媒体等领域。毕业生可以从事平面设计师、UI 设计师、字体设计师、创意总监、包装设计师、网页设计师等职业,为各种媒体和宣传渠道提供视觉设计支持。

室内设计:室内设计主要涉及住宅、商业空间、展览、景观等领域的设计。毕业生可以从事室内设计师、住宅设计师、灯光设计师、家具设计师、展会设计师、景观设计师等职业,为人们创造舒适、美观、实用的室内环境。

服装设计:服装设计主要涉及服装款式、面料、色彩、造型等方面的设计。毕业生可以从事服装设计师、打版师、时尚买手、潮流预测师、时尚活动经理/策划、时尚插画师、时尚造型师等职业,为时尚产业提供设计支持和创意灵感。

广告行业:广告行业是设计类专业毕业生另一个常见的就业方向。毕业生可以从事广告设计师、广告策划师、广告执行等职业,为广告公司提供创意设计和视觉表现支持。

制造业:制造业也是设计类专业毕业生的一个重要就业方向。毕业生可以从事产品设计、外观设计、用户体验设计等方面的工作,为制造业企业提供设计支持和创新动力。

文化创意产业:文化创意产业是一个涵盖电影、动画、游戏、音乐等多个领域的综合性产业。设计类专业毕业生可以在这些领域中从事角色设计、场景设计、动画制作、游戏设计等方面的工作,为文化创意产业提供创意支持和视觉表现。

此外,随着互联网的快速发展,设计类专业毕业生在网络技术行业、电子商务行业等领域也有广泛的就业机会。可以从事网站设计、移动应用设计、用户体验设计等方面的工作,为互联网产业提供设计支持和创新动力。

(八)新闻类专业常见就业方向

新闻类专业主要包括新闻学、广播电视学、广告学、传播学、编辑出版学、网络与新媒体等相关专业。这些专业旨在培养具备新闻理论知识与技能、宽广的文化与科学知识的高级专门人才,能够在新闻、出版与宣传部门从事编辑、记者、管理等工作。

新闻类专业的就业方向主要有以下几个方面。

新闻采编:毕业生可以在各类新闻媒体机构(如报社、杂志社、电视台、广播电台、网站等)从事新闻采访、编辑、报道等工作,需要具备敏锐的新闻嗅觉、扎实的新闻写作能力和良好的媒体素养。

媒体运营与推广:毕业生可以在新闻媒体机构、广告公司、公关公司、品牌策划机构等从事媒体运营、内容创作、品牌推广等工作,需要熟悉媒体市场运作规则,了解用户需求,具备一定的市场分析和营销策划能力。

新闻教育与培训:毕业生可以在高校、研究机构、中学等地方担任新闻学教师或研究员,进行新闻学的教学和研究工作,需要具备丰富的新闻实践经验和较高的学术水平,能够指导学生进行新闻实践活动。

政府与企业宣传:毕业生可以在政府机关、企事业单位的宣传部门工作,负责新闻发布、舆情监测、品牌推广等工作,需要了解政策法规,熟悉宣传策略,具备较强的沟通能力和组织协调能力。

此外,随着互联网的快速发展,新媒体行业对新闻类专业人才的需求也在不断增加。毕业生可以在互联网公司、新媒体平台等地方工作,负责新媒体运营、内容创作、数据分析等工作。

(九)文学、艺术、体育、美术类专业常见就业方向

文学、艺术、体育、美术类专业常见的就业方向同样非常多样化,以下是一些主要的就业方向。

教育:这是文学、艺术、体育、美术类专业毕业生常见的就业方向之一。毕业生可以成为中小学、高中或大学的教师,传授文学、艺术、体育或美术知识,还可以在各类培训机构中担任培训师或教育顾问。

媒体与传播：毕业生可以在电视台、广播电台、报纸、杂志、网络等媒体机构从事新闻采编、编辑、记者、主持人等工作，还可以从事广告、公关、品牌推广等工作，利用自己的创造力和艺术感知能力为各类品牌和公司打造有吸引力的形象。

文化艺术管理：毕业生可以在博物馆、图书馆、剧院、艺术画廊等机构从事文化艺术管理工作，负责策划和组织各类艺术展览、文化活动等。

设计与创意产业：美术类专业的毕业生在设计公司、广告公司、建筑公司等地有广泛的就业机会，可以从事平面设计、室内设计、景观设计、服装设计等各种设计工作，还可以成为独立的设计师或艺术家，开设自己的工作室或画廊。

体育行业：体育类专业的毕业生可以在各类体育俱乐部、学校、健身房等地担任教练或管理人员，负责体育训练、赛事组织等工作，还可以在体育用品公司、体育媒体等机构从事相关工作。

自由职业：许多文学、艺术、体育、美术类专业的毕业生选择成为自由职业者，如作家、翻译、艺术家、设计师等，可以根据自己的兴趣和专长选择适合自己的工作项目，灵活安排工作时间和工作地点。

第六节　平稳度过职场新手期

职场新手期是每个职场新人都会经历的一个阶段，它标志着从学生身份到职业人士的转变。在这个阶段，职场新人需要适应新的工作环境，了解职业文化，掌握工作技能，并与同事和上级建立良好的关系。

一、职场新人要注意的几个原则

作为职场新人，有几个原则是值得注意的，这些原则将帮助你更好地适应职场环境，与同事和上级建立良好的关系，实现个人职业发展。

（一）尊重与谦逊

尊重他人是职场中不可或缺的原则。对待同事、上级和下属，都应保持礼貌和尊重。通过展示尊重和谦逊的态度，不仅能够为自己赢得他人的尊重和信任，还能为个人的职业发展奠定良好的基础。

尊重他人意味着平等对待职场中的每个人，不论他们的职位、经验或背景如何，包括保持礼貌、倾听他人的意见、认真对待他人的建议和反馈，以及在沟通中避免使用冒犯或贬低他人的语言。通过尊重他人，你不仅能够营造一个和谐的团队氛围，还能够建立起与同事、上级和下属之间的良好关系。

与尊重他人相辅相成的是保持谦逊的态度。作为职场新人，你可能缺乏经验和知识，但这并不意味着你应该自卑或傲慢。相反，你应该以谦逊的态度面对自己的不足，并愿意向他人学习和接受指导。谦逊不仅能够帮助你更好地融入团队，还能够让你从他人的经验中汲取智慧，加快自己的成长速度。

要在职场中展现尊重和谦逊的态度，你可以采取以下措施：主动与同事、上级和下属交流，并展示出真诚的关心和兴趣。在沟通中避免使用过于自信或傲慢的语言，保持平和、谦虚的态度。认真倾听他人的意见和建议，并感谢他们提供的帮助和指导。当自己犯错或遇到困难时，勇于承认并积极寻求他人的帮助和支持。在与他人合作时，尊重他人的贡献和成就，并给予适当的赞扬和认可。

（二）诚信与透明

诚信与透明是职场中不可或缺的价值观，它们对于建立和维护信任、促进团队合作以及推动个人职业发展具有至关重要的作用。在职场中，诚信意味着一个人要言行一致，信守承诺，不欺骗或误导他人。而透明则是指在工作过程中保持开放和清晰，让他人了解你的工作进展、面临的挑战以及你所做的决策。

对于职场新人来说，坚守诚信与透明的原则尤为重要。

首先，作为新人，你需要通过展示诚信来赢得同事和上级的信任。这包括在沟通过程中坦诚相待，不隐瞒关键信息，以及遵守承诺，按时完成任务。通过展示诚信，你能够树立一个可信赖的形象，为自己在职场中赢得一席之地。

其次，保持透明的工作方式有助于促进团队合作。当你与他人分享工作进展、遇到的问题以及所需的支持时，团队成员可以更好地理解你的工作状况，并提供必要的帮助。这种开放和透明的态度有助于建立团队合作的氛围，促进成员之间的相互信任和支持。

此外，诚信与透明还有助于个人职业发展。通过保持诚信，你能够建立起良好的人际关系网络，为未来的职业发展打下坚实的基础。同时，透明的工作方式也有助于你发现自身的不足，并及时寻求改进和成长的机会。

要在职场中坚守诚信与透明的原则，你可以采取以下措施。

言行一致：确保你的言辞和行动保持一致，不轻易背离自己的承诺。

坦诚沟通：在沟通过程中保持真实和开放，不隐瞒关键信息或误导他人。

及时更新进展：定期向团队成员和上级汇报工作进展，让他们了解你的工作状况。

勇于承认错误：当犯错或遇到问题时，勇于承认错误并寻求解决方案，而不是掩盖或逃避问题。

（三）勤奋与负责

勤奋与负责是职场新人取得成功的两个重要基石。勤奋代表着对新工作的尊重和投入，而负责则体现了对职责的担当和对团队的忠诚。作为新人，你需要通过勤奋和负责来证明自己，赢得同事和上级的信任和尊重。

首先，勤奋是你在职场中的第一张名片。作为新人，你需要通过投入足够的时间和精力来熟悉工作环境、掌握工作技能，并高效地完成工作任务。勤奋不仅意味着加班加点，更在于合理规划时间、提高工作效率。通过勤奋，你能够展现出对新工作的热情和投入，赢得他人的认可和赞赏。

其次，负责是你在职场中建立信任的关键。作为新人，你可能会遇到一些挑战和困难，但重要的是要勇于承担责任，不推诿或逃避问题。当你遇到问题时，要敢于面对，积极寻求解决方案，并主动向上级或同事寻求帮助。通过负责，你能够展现出自己的担当和责任感，赢得他人的信任和尊重。

要在职场中展现勤奋与负责的态度，你可以采取以下措施。

设定明确的目标：为自己设定明确的工作目标，并制订合理的时间计划，确保能够按时完成任务。

提高工作效率：通过合理的时间管理、优化工作流程、学习高效的工作方法等方式，提高工作效率，减少无效的工作时间。

勇于面对挑战：遇到问题时，不要逃避或推诿，而是积极面对，寻找解决方案,并向他人寻求帮助和支持。

主动承担责任:在工作中,要敢于承担责任,不推卸责任或逃避问题。通过主动承担责任,你能够展现出自己的担当和责任感。

(四)团队合作与沟通

团队合作与沟通是职场成功的关键要素,对于新人来说尤为重要。要学会与同事协作,相互支持,共同完成任务。同时,良好的沟通技巧也是必不可少的。

以下是一些建议,帮助你在团队合作中展现出色的沟通与协作能力。

建立信任:信任是团队合作的基石。通过积极参与、诚实守信和尊重他人,你可以建立起与团队成员之间的信任关系。

积极倾听:倾听是有效沟通的关键。当你与团队成员交流时,要确保全神贯注地倾听他们的意见和想法,理解他们的需求和关注点。

明确角色与责任:在团队中,明确每个人的角色和责任是非常重要的。了解自己的职责范围,并与其他成员共同协作,确保任务能够顺利完成。

提供与接受反馈:及时反馈是团队进步的关键。当你发现团队成员的缺点和不足时,要勇敢地提供建设性的反馈。同时,也要乐于接受他人的反馈,不断改进自己。

建立沟通渠道:除了正式的团队会议外,还可以建立一些非正式的沟通渠道,如小组讨论等,以便团队成员之间能够更加便捷地交流。

尊重多样性:每个团队成员都有自己独特的背景、观点和技能。尊重并欣赏这种多样性,可以促进团队的创新和协作。

解决冲突:在团队合作中,冲突是不可避免的。当冲突发生时,要采取积极、建设性的方式来解决,确保团队的和谐与稳定。

持续学习:作为新人,要时刻保持学习的态度。通过不断学习和提升自己的沟通与协作能力,你可以更好地融入团队,为团队的成功做出贡献。

(五)持续学习与进步

作为一个初入职场的新人,你需要保持学习的热情和态度,保持对知识和技能的渴望,不断提升自己以适应快速变化的工作环境。以下是一些建议,帮助你实现持续学习与进步。

设定学习目标:明确你想要学习的领域和目标。这可以是与你的工作直接相关的技能,也可以是个人兴趣或职业发展规划所需要的知识。

参加培训课程:利用公司提供的内部培训或外部培训机构的机会,参加与工作相关的课程。这些课程可以帮助你快速掌握新的技能和知识。

阅读和学习:利用业余时间阅读与你工作相关的书籍、文章等。保持对行业动态的关注,了解最新的技术和趋势。

寻求导师或榜样:找到一个经验丰富的导师或榜样,向他们请教和学习。他们可以提供宝贵的建议和指导,避免你走弯路。

主动承担挑战:在工作中主动承担具有挑战性的任务。这些任务可以帮助你扩展自己的能力边界,提升解决问题的能力。

反思和总结:定期回顾自己的工作和学习经历,总结经验和教训。通过反思,你可以发现自己的不足,并找到改进的方向。

保持好奇心和探索精神:在职场中保持好奇心和探索精神,不断寻找新的学习机会。不要满足于现状,始终保持对新知识和技能的追求。

利用在线资源:利用互联网上的在线课程、学习平台和社交媒体等资源,进行自我提升。这些资源可以帮助你随时随地学习,提高学习效率。

(六)遵守公司规章制度

每个公司都有自己的规章制度和文化氛围。作为新人,要了解和遵守这些规章制度,尊重公司的文化价值观。这有助于你更好地融入公司环境,与同事和上级建立良好的关系。以下是一些关于遵守公司规章制度的建议。

首先,仔细阅读并理解公司的规章制度。这包括员工手册、公司政策、工作流程等。确保你清楚公司的期望和要求,并明确自己的职责和义务。如果有任何疑问或不明确的地方,不要犹豫,及时向上级或人力资源部门寻求解答。

其次,尊重并遵守公司的文化价值观。每个公司都有自己独特的文化价值观,这是公司凝聚力和员工归属感的重要来源。作为新人,你需要了解和尊重公司的文化价值观,与同事和上级保持一致的行为和态度。这有助于你更好地融入公司环境,与团队建立良好的关系。

同时,遵守公司的工作时间和休息制度。准时上班、按时完成任务是职场的基本要求。此外,合理安排工作和休息时间,保持良好的工作状态和精力,也是对自己和团队负责的表现。

另外,保护公司的财产和机密信息也是非常重要的。公司的财产包括办公设备、资料等,而机密信息则涉及公司的核心竞争力和商业利益。作为员工,你有责任妥善保管公司的财产和机密信息,不泄露给外部人员或滥用于个人目的。

最后,遵守公司的决策和上级的指示。在职场中,尊重上级的决策和指示是基本的职场礼仪。作为新人,你需要认真执行上级的决策和指示,积极配合团队的工作,不擅自改变工作流程或做出与公司政策相悖的决策。

二、职场新人要避免的七个问题

(一)职场新人要避免眼高手低

眼高手低是职场新人中常见的一个问题,表现为对自己的能力评估过高,对实际工作的要求和难度认识不足。这种心态可能导致新人难以融入团队,难以完成工作任务,甚至影响职业发展。因此,职场新人需要避免眼高手低,以实际、谦逊的态度面对工作。

以下是一些建议,帮助职场新人避免眼高手低。

1. 准确评估自己的能力

职场新人需要对自己的能力有一个准确的评估,了解自己的长处和短处。不要过分夸大自己的能力,也不要低估自己的潜力。同时,要保持学习的态度,不断提升自己的技能。

2. 了解工作要求和难度

在进入职场之前,新人需要对所从事的工作有一个基本的了解,包括工作职责、技能要求、工作流程等。这样可以帮助新人更好地适应工作,避免因为对工作的误解而导致眼高手低。

3. 踏实做好基础工作

职场新人往往需要从基础工作做起,如文件整理、数据录入等。这些工作虽然看似简单,却是积累经验和提升能力的基础。新人需要踏实做好这些工作,从中学习和成长。

4. 虚心向他人学习

职场新人需要保持谦逊的态度,虚心向他人学习。无论是向同事请教还是向上级汇报工作,都要保持尊重和谦逊,认真听取他人的意见和建议。这样可以帮助新人更好地了解工作,避免眼高手低。

5. 勇于面对挑战和失败

职场新人刚开始工作时可能会遇到各种挑战和失败,这是正常的。新人需要勇于面对这些挑战和失败,从中吸取教训,不断改进自己的工作方式和方法。不要害怕失败,要敢于尝试和创新。

(二)职场新人要避免好高骛远

职场新人要避免好高骛远,这是因为过高的期望和不切实际的目标可能会导致失望、挫败感和不必要的压力。为了在职场中稳步成长并取得成功,新人需要保持务实和谦逊的态度,制订合理的职业规划,并关注当前的工作任务。

以下是一些建议,帮助职场新人避免好高骛远。

1. 制订切实可行的职业规划

职场新人应该制订一个切实可行的职业规划,明确短期和长期目标。这些目标应该基于自己的能力、兴趣和市场需求,同时也要考虑到所在组织的文化和发展方向。避免设定过于宏大或不切实际的目标,而是逐步提升自己的能力和职责。

2. 关注当前工作

作为新人,首先要做好当前的工作任务。通过专注于当前的工作,你可以逐渐熟悉工作环境,积累经验和建立信任。通过展示出色的工作表现,你可以为自己赢得更多的机会和职责。

3. 持续学习和提升

职场是一个不断学习和成长的过程。作为新人,你需要保持学习的态度,不断提升自己的技能和知识。通过参加培训、阅读相关书籍和文章、寻求领导的指导等方式，你可以不断提升自己的能力和竞争力。

4. 保持谦逊和开放的心态

职场新人需要保持谦逊和开放的心态，愿意向他人学习和接受反馈，不要害怕向同事或上级请教问题，也要认真对待他们的建议和指导。通过不断学习和改进，你可以更好地适应职场环境，并取得更好的职业发展。

5. 合理管理期望

职场新人需要合理管理自己的期望。理解职业发展是一个长期的过程，需要时间和努力。不要过分期待快速晋升或取得巨大的成功。相反，要关注自己的成长和进步，逐步提升自己的能力和职责。

(三)职场新人要避免过于自我

新人往往有着强烈的自我意识和表现欲，但过于自我可能会导致与团队不合，影响工作效率。要学会倾听他人的意见，尊重团队的决策，将个人目标与团队目标相结合。

过于自我通常表现为过分关注个人目标、忽视团队利益、缺乏合作精神、难以接受他人的意见和反馈等。这种行为不仅可能影响职场新人与同事和上级的关系，还可能阻碍他们的个人成长和晋升机会。

以下是职场新人过于自我可能带来的问题。

1. **团队关系紧张**：过于自我的新人可能难以与同事建立良好的关系，因为他们可能过于关注个人利益，而忽视团队的整体利益。这可能导致团队内部出现矛盾和不和谐，影响工作效率和团队士气。

2. **缺乏合作精神**：过于自我的新人可能缺乏合作精神，不愿意与他人分享资源、知识和经验。这可能导致团队内部出现孤立和封闭的现象，阻碍团队成员之间的互相学习和成长。

3. **难以接受反馈**：过于自我的新人可能对自己的能力和表现过于自信，难以接受他人的意见和反馈。这可能导致他们无法及时纠正错误、改进工作，从而影响职业发展和工作效率。

4. **阻碍个人成长**：过于自我的新人可能缺乏自我反思和学习的能力，不愿意承认自己的不足,也无法从他人的成功和失败中学习经验。这可能导致他们错过提升自己的机会,阻碍个人成长和职业发展。

为了避免这些问题,并更好地与团队协同工作,新人需要采取一些具体的行动。

1. **学会倾听**:倾听是沟通的基础。新人应该积极倾听他人的意见和想法,包括团队成员、上级和下级。这不仅有助于了解他人的观点和需求,还能建立起相互尊重和信任的关系。

2. **尊重多样性**:每个团队成员都有自己的背景、经验和观点。新人应该尊重这种多样性,避免将自己的观点强加于人。通过包容和尊重不同的声音,新人能够促进更好的合作和创新。

3. **积极参与团队讨论**:有自己的想法和观点很重要,在团队讨论中,新人可以提出自己的见解,同时也要愿意接受他人的反馈和建议。

4. **寻求合作而非竞争**:职场是一个合作共赢的环境。新人应该避免将同事视为竞争对手,而是寻求与他们合作的机会。通过合作,新人可以学习到更多的经验和知识,同时也能为团队创造更大的价值。

5. **关注团队目标**:个人的成功往往与团队的成功紧密相连。新人应该将个人目标与团队目标相结合,致力于实现团队的整体目标。这样不仅能提升个人的工作效率和成就感,也能为团队的整体发展做出贡献。

6. **接受反馈并持续改进**:新人可能会遇到一些挑战和困难,这是正常的。重要的是要学会接受他人的反馈和建议,并根据这些反馈持续改进自己的工作表现。通过不断学习和提高,新人可以逐渐适应职场环境,并成为一名优秀的团队成员。

(四)职场新人要避免过于依赖他人

职场新人过于依赖他人是一个需要引起关注的问题。过度依赖他人可能导致职场新人缺乏独立思考和解决问题的能力,影响职业发展。以下是一些关于职场新人过于依赖他人的问题及其影响。

1. **缺乏独立思考**:过于依赖他人可能导致职场新人习惯性地依赖别人的意见和建议,而不愿或不敢独立思考和决策。这种习惯长期下去,会削弱独立思考能力，难以在职场中脱颖而出。

2. 缺乏自信心：过度依赖他人可能导致职场新人对自己的能力和价值产生怀疑，缺乏自信心。可能会过分依赖他人的支持和肯定，而不敢独自面对挑战和困难。

3. 影响工作效率：过于依赖他人可能导致职场新人在工作中遇到问题时，无法及时找到解决方案，从而影响工作效率。可能会花费大量时间等待他人的帮助，而不是自己主动寻找解决问题的方法。

4. 阻碍职业发展：长期过度依赖他人可能使职场新人错过许多学习和成长的机会，导致他们在职业发展上受阻。可能会缺乏必要的技能和经验，难以胜任更高层次的工作。

为了避免这些问题，职场新人应该采取以下措施。

1. 培养独立思考能力：职场新人应该学会独立思考和决策，尝试自己解决问题。可以通过参加培训、阅读相关书籍和资料等方式提升自己的知识和能力，从而增强独立思考的能力。

2. 增强自信心：职场新人应该相信自己的能力和价值，勇于面对挑战和困难。可以通过积极参与项目、主动承担责任等方式来提升自己的自信心。

3. 寻求平衡：虽然寻求他人的帮助和支持是很重要的，但职场新人也应该学会在适当的时候寻求帮助，而不是过分依赖他人。应该尝试自己解决问题，只有在必要时才寻求他人的帮助。

(五)职场新人要避免拖延症

拖延是职场新人常见的问题之一，可能导致工作效率低下、影响个人声誉和职业发展。拖延习惯对职场新人来说具有很大的危害。职场新人应该认识到拖延的危害性，积极寻求方法克服拖延习惯，提高工作效率和质量，为个人的职业发展奠定良好的基础。

为了避免过于拖延，职场新人可以采取以下措施。

设定明确的目标和计划：将任务分解为具体的小目标，并为每个目标制订明确的计划。这样做有助于新人更清晰地了解任务的要求和步骤，减少拖延的可能性。

1. **优先级排序**：将任务按照重要性和紧急性进行分类，优先处理那些重要且紧急的任务。这有助于新人更好地管理时间和资源，避免将时间浪费在不紧急或不重要的任务上。

2. **培养自律和专注力**：设定工作时间，避免干扰和诱惑，专注于完成任务。职场新人应该学会抵制社交媒体、手机游戏等分散注意力的干扰，保持专注和自律，提高工作效率。

3. **设定时间限制**：为每个任务设定合理的时间限制，避免过度拖延。可以使用时间管理技巧，将工作时间划分为若干个时间段，每个时间段专注于完成一个任务。

4. **寻求支持和反馈**：与同事、上级或导师保持沟通，寻求他们的支持和反馈。他们可以提供帮助和指导，帮助新人更好地管理时间和任务，减少拖延的可能性。

5. **反思和改进**：职场新人应该经常反思自己的工作习惯和时间管理方法，找出导致拖延的原因，并采取相应的措施进行改进。通过不断反思和改进，新人可以逐渐克服拖延的习惯，提高工作效率和职业竞争力。

（六）职场新人要避免八卦

在职场中，八卦往往指的是传播未经证实或无关紧要的信息，这种行为可能会带来一些负面影响，尤其对于职场新人来说。

以下是一些建议，帮助职场新人避免参与八卦。

1. 专注于自身工作

职场新人应该将主要精力集中在自身的工作上，通过提高工作效率和质量来展示自己的专业能力和价值。参与八卦可能会分散注意力，影响工作效率和职业发展。

2. 树立专业形象

通过积极参与工作、学习新知识、与同事和上级建立专业关系，职场新人可以树立自己的专业形象。避免参与八卦有助于维护这一形象，使自己在团队中受到尊重和认可。

3. 尊重他人隐私

八卦往往涉及他人的私人生活,参与八卦可能会侵犯他人的隐私。职场新人应该尊重他人的隐私,避免传播或讨论与工作无关的个人信息。

4. 建立良好的人际关系

与同事和上级建立良好的人际关系对于职场新人的职业发展至关重要。避免参与八卦有助于维护和谐的工作氛围,促进团队合作和沟通。

5. 树立正确价值观

职场新人应该树立正确价值观,关注积极、有意义的事物。通过参与有益的讨论和活动,提升自己的知识和技能,为团队和公司做出贡献。

6. 学会说"不"

当被邀请参与八卦讨论时,职场新人应该学会婉言拒绝。可以说:"我现在需要专注于工作,不太想聊这个。"或者"我觉得我们应该把精力放在更有价值的事情上。"通过表达自己的立场,职场新人可以避免被卷入八卦漩涡。

(七)职场新人要避免加入小圈子

在职业生涯初期,新人通常对工作环境、团队文化以及同事之间的关系不够了解,可能会因为缺乏经验和政治敏锐度而陷入困境,甚至在不经意间成为别人的棋子。一旦发生职场派系斗争,新人很可能会成为争斗的牺牲品,面临职业发展的阻碍,比如失去晋升机会、被边缘化或被安排做不重要的工作。

如何避免成为斗争的牺牲品?建议职场新人从以下几方面着手。

1. 保持专业和客观

加入小圈子可能会导致职场新人过于依赖特定的小群体,从而失去客观性和独立性。作为职场新人,保持专业和客观是非常重要的,这有助于建立自己的信誉和声誉,赢得同事和上级的信任。

2. 避免加入小圈子

职场新人如果过早地加入某个小圈子,可能会发现自己被卷入不必要的纷争和冲突中,这不仅会分散精力,还可能损害个人声誉和职业发展。

3. 建立广泛的人际关系

职场新人应该努力与不同背景和观点的同事建立良好的人际关系。通过与不同的人交流和合作,新人可以拓宽自己的视野,增强自己的适应能力和团队合作能力。加入小圈子可能会限制新人的社交圈子,导致错失与其他同事建立联系的机会。

4. 维护职业道德和职业操守

职场新人应该始终坚守职业道德和职业操守,避免因为加入小圈子而违反这些原则。加入小圈子可能会让新人陷入利益冲突、不公正待遇或其他不道德行为的风险中,这不仅会损害个人的职业发展,还可能对职业生涯造成长期影响。

5. 专注个人成长和发展

作为职场新人,应该将主要精力集中在个人成长和发展上。通过努力提升自己的能力、学习新知识和技能、积极参与项目等方式,新人可以为自己的职业发展奠定坚实的基础。加入小圈子可能会分散新人的注意力,导致无法充分专注于个人成长和发展。

出版后记

大学是人生中重要的成长阶段,犹如一座桥梁,连接着青涩的青春和成熟的未来。潜心求学修身,学技傍身勇闯职场,是所有大学生朋友的任务和目标。

那么,如何高效度过大学四年,不虚度光阴？如何取得学业、社交、实践、能力等全面发展？如何合理规划、学有所成,从众多竞争者中脱颖而出,成为了众多学子关注的焦点。

正因如此,我们精心策划并编写了《规划大学》这本书,期望能为每一位踏入大学校门的学子提供一份实用、系统且具有指导意义的职业生涯规划指南,帮助他们在大学这个关键的人生阶段,明确目标,合理规划,充分发掘自身的潜力,为未来的人生打下坚实的基础,进而实现个人的价值与梦想。

本书的出版,得到了上海财经大学出版社领导、各部门同仁的大力支持与帮助。从项目策划研讨、立项,到选题申报、编辑,从排版、审定、印制,到发行、营销,一路绿灯,超速推进。在此,向出版社上下所有同仁表示衷心的感谢。

本书的出版,离不开众多参与院校、老师和朋友们的无私奉献与大力支持。在此,谨向所有参与者致以最崇高的敬意和最衷心的感谢。

感谢上海财经大学、中央财经大学、华东理工大学、上海海事大学、北京体育大学、贵州理工大学、哈尔滨医科大学、上海商学院、上海建桥学院、浙江树人学院、上海健康医学院、潍坊科技学院、皖南医学院、山东青年政治学院、黔南民族师范学院、杭州电子科技大学、山西工程科技职业大学等院校相关部门的大力支持。

感谢蒋建荣、潘杰、张宏辉、邱飞、盖均超、高雯、葛欢、李天瑜、蒋峰、李秋虹、李金凤、林莹、梁玉荣、莫佳、秦婧、沈超、施春燕、孙俊芳、田蒙燕、武胜军、吴玉涛、王蕴、卫广麒、夏恩馨、邢文馨、薛靓、赵倩莹、姚正平、姚慧萍、严芳、苑霞霞、张露、张秦、张瑞桐、张宇洋、庄美等老师的辛勤付出。他们凭借丰富的教育经验和对学生的深切关怀，积极参与内容的研讨、编写与审定，提供了大量宝贵的案例和建议。同时，感谢徐俊祥、陈红兵、冯昊、朱晓凤以及前川教育张怀鑫、张家祥等朋友的大力支持，感谢李皓月、林舒思、赵婉汝、陈天天、李怀诚、许昌、周同学等人的无私分享。

在编写的过程中，我们也深知本书可能存在一些不足之处。本书涉及的领域广泛，信息繁多，但由于时间和资源的限制，可能在资料的收集和整理上不够全面，存在疏漏之处；可能在某些内容的整合上不够紧凑和连贯；对于一些新兴的职业趋势和发展变化，或许未能做到及时、全面的涵盖；可能在某些方面的阐述还不够深入，对于一些复杂的问题未能提供尽善尽美的解决方案。尽管我们始终秉持着为读者负责的态度，尽最大的努力确保内容的准确性和实用性，力求为读者呈现出最有价值的内容，但书中还有一些地方或许未能完全满足读者的期望。我们诚恳地希望读者朋友们能够给予理解和包容，并提出宝贵的意见和建议，以便我们在未来的版本中进行改进和完善。

我们深知，职业生涯规划是一个动态的过程，随着社会的发展和变化，本书的内容也需要不断地更新和完善。我们将以此次出版为起点，持续关注大学生的需求和职业发展的动态，不断改进和优化本书的内容，以更好地满足读者的需求。

最后，我们衷心地希望这本《规划大学》能够成为大学生朋友在求学道路上的有益参考，帮助大家在探索自我、认知职业、提升能力的过程中少走弯路，为未来的发展照亮前行的道路。

《规划大学》编委会
2024 年 7 月